中学基礎がため100%

できた！中学社会

地理 下

中学社会

地理 下

本書の特長と使い方

[本書の特長]

十分な学習量で確実に力がつく構成!

学力をつけるためには,くり返し学習が大切。本シリーズは地理・歴史をそれぞれ2冊に分け,公民は政治・経済の2冊分の量を1冊にまとめて,十分な量を学習できるようにしました。

テスト前 5科4択

テスト前に、4択問題で最終チェック!
4択問題アプリ「中学基礎 100」

くもん出版アプリガイドページへ ▶ 各ストアからダウンロード
アプリは無料ですが,ネット接続の際の通話料金は別途発生いたします。

「中学社会　地理　下」パスワード 4739826

※「地理　下」のコンテンツが使えます。

[本書の使い方] ※1 2は学習を進める順番です。

1 要点チェック

まず,各単元の重要事項をチェック!
問題が解けないときにも見直しましょう。

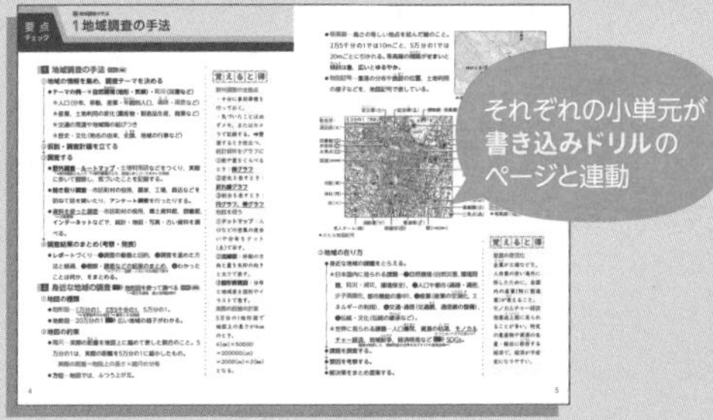

覚えると得 は重要語句,ミスに注意 はまちがえやすい点,
重要 テストに出る! はポイントになる点です。定期テスト前にもチェックしましょう。

2 スタートドリル

地図ワーク や資料の読み取りなどで,
基本用語と地図上の位置を覚えましょう。

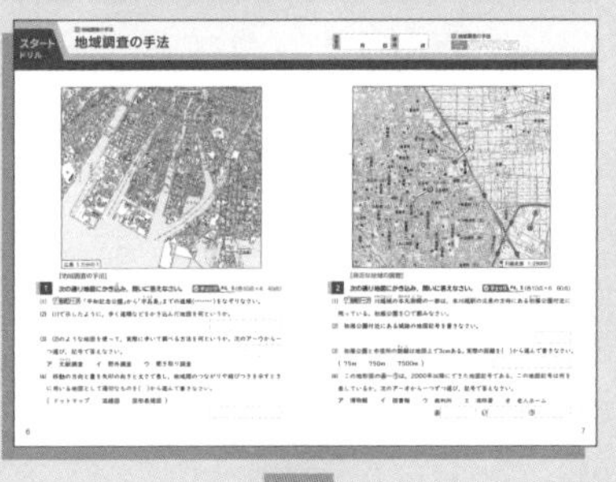

3 書き込みドリル

要点チェックでとりあげた小単元ごとに基本→発展の2段階で学習。
難しかったら,対応する要点チェックで確認しましょう。

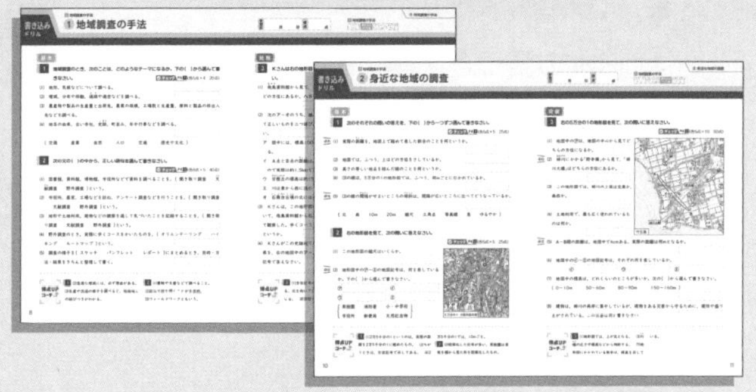

テストでよくでる問題には 必出 マークがついています。 得点UPコーチ はヒントです。
問題が解けないときに解説書とあわせて利用してください。 チェック のように示してあるページと番号で,要点チェックにもどって学習できます。

4 まとめのドリル

単元のおさらいです。ここまでの学習をまとめて復習しましょう。
1～4までが,1章分で構成されています。

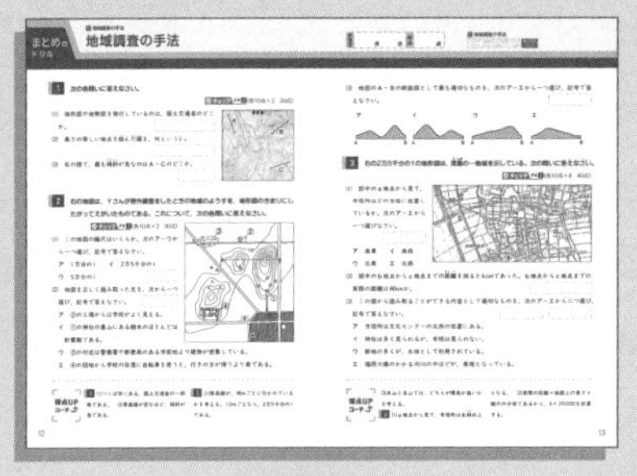

5 定期テスト対策問題

定期テスト前に力だめし。苦手なところは要点チェックやスタートドリルなども使って,くり返し学習しましょう。

6 総合問題

このドリル1冊分の総まとめです。
学習の成果を確認しましょう。

解答書は,本書のうしろにのりづけされています。引っぱると別冊になります。答え合わせをして,まちがえたところは「考え方」をよく読んで直しましょう。

地理 下

もくじ

1 地域調査の手法

- 要点チェック……4
- スタートドリル……6
- ① 地域調査の手法……8
- ② 身近な地域の調査……10
- まとめのドリル……12

2 日本の特色①

- 要点チェック……14
- スタートドリル……16
- ① 日本の自然環境(かんきょう)……18
- ② 自然災害と防災への取り組み……20
- ③ 人口に見る日本の特色……22
- まとめのドリル……24

3 日本の特色②

- 要点チェック……26
- スタートドリル……28
- ① 日本の資源と工業……30
- ② 日本の農林水産業と商業……32
- ③ 世界と日本の結びつき……34
- まとめのドリル……36
- 定期テスト対策問題……38

4 九州地方

- 要点チェック……40
- スタートドリル……42
- ① 自然と交通……44
- ② 九州の農業……46
- ③ 九州の工業……48
- まとめのドリル……50

5 中国・四国地方

- 要点チェック……52
- スタートドリル……54
- ① 自然と交通……56
- ② 瀬戸内(せとうち)の産業……58
- ③ 山陰(さんいん)・南四国の産業……60
- まとめのドリル……62
- 定期テスト対策問題……64

6 近畿地方

- 要点チェック……66
- スタートドリル……68
- ① 自然と大阪大都市圏(けん)……70
- ② 大阪，京都・奈良，神戸(こうべ)……72
- ③ 近畿(きんき)地方の産業……74
- まとめのドリル……76

7 中部地方

要点チェック……78
スタートドリル……80
① 自然と交通……82
② 名古屋(なごや)と中京工業地帯……84
③ 東海の産業……86
④ 中央高地の産業……88
⑤ 北陸の産業……90
まとめのドリル……92

定期テスト対策問題……94

8 関東地方

要点チェック……96
スタートドリル……98
① 自然と首都・東京……100
② 東京大都市圏(けん)……102
③ 京浜(けいひん)工業地帯……104
④ 関東平野の農業と観光……106
まとめのドリル……108

9 東北地方

要点チェック……110
スタートドリル……112
① 自然の様子……114
② 東北地方の農林水産業と文化……116
③ 東北地方の工業と都市……118
まとめのドリル……120

10 北海道地方

要点チェック……122
スタートドリル……124
① 自然と交通……126
② 北海道の農牧業……128
③ 北海道の産業……130
まとめのドリル……132

定期テスト対策問題……134

総合問題(1)……136
総合問題(2)……138

さくいん……140

※地図中にかき込(こ)んだり，色をぬったりする問題は，
指定のない場合は好きな色を使いましょう。

地理 上 のご案内

1 世界のすがた
2 日本のすがた
3 世界の宗教と世界の気候
4 世界の人々の生活と環境
5 アジア州
6 ヨーロッパ州
7 アフリカ州
8 北アメリカ州
9 南アメリカ州
10 オセアニア州

写真，資料提供：悠工房・国土地理院

要点チェック

1 地域調査の手法

1 地域調査の手法 ドリル P8

①地域の情報を集め，調査テーマを決める

- テーマの例…★自然環境(かんきょう)(地形・気候)・防災(災害など)
  ★人口(分布，移動，産業・年齢(ねんれい)別人口，過疎(かそ)・過密など)
  ★産業，土地利用の変化(農産物・製造品生産，商業など)
  ★交通の発達や地域間の結びつき
  ★歴史・文化(地名の由来，史跡(しせき)，地域の行事など)

②仮説・調査計画を立てる

③調査する

- **野外調査**…**ルートマップ**・土地利用図などをつくり，実際に歩いて観察し，気づいたことを記録する。
  (野外調査→野外観察ともいう　ルートマップ→野外調査のとき，実際に歩くコースをかいた地図)
- **聞き取り調査**…市区町村の役所，農家，工場，商店などを訪ねて話を聞いたり，**アンケート調査**を行ったりする。
- 資料を使った調査…市区町村の役所，郷土資料館，図書館，**インターネット**などで，統計・地図・写真・古い資料を調べる。
  (資料を使った調査→文献調査)

④調査結果のまとめ(考察・発表)

- **レポート**づくり…❶調査の動機と目的，❷調査を進めた方法と経過，❸観察・調査などの結果のまとめ，❹わかったことは何か，をまとめる。
  (調査などの結果のまとめ→グラフ・図表・いろいろな地図で表す)

2 身近な地域の調査 ➡ 地形図を使って調べる ドリル P10

(地形図→国土交通省　国土地理院発行)

①地図の種類

- 地形図…1万分の1，2万5千分の1，5万分の1。
  (1万分の1→主要都市のみ発行　2万5千分の1→基本となる地図)
- 地勢図…20万分の1 ➡ 広い地域の様子がわかる。

②地図の約束

- 縮尺…実際の距離(きょり)を地図上に縮めて表した割合のこと。5万分の1は，実際の距離を5万分の1に縮小したもの。

  実際の距離＝地図上の長さ×縮尺の分母

- **方位**…地図では，ふつう上が北。

覚えると得

野外調査の注意点

・十分に事前準備を行っておく。

・気づいたことは必ずメモ，またはカメラで記録する。➡整理するとき役立つ。

統計資料をグラフに

①数や量をくらべるとき：**棒グラフ**

②変化を表すとき：**折れ線グラフ**

③割合を表すとき：**円グラフ，帯グラフ**

地図を使う

①**ドットマップ**：人口などの密集の度合いや分布をドット(点)で示す。

②**流線図**：移動の方向と量を矢印の向きと太さで表す。

③**図形表現図**：分布と地域差を図形やイラストで表す。

実際の距離の計算

5万分の1地形図で地図上の長さが4cmのとき，

4(cm)×50000
＝200000(cm)
＝2000(m)＝2(km)

となる。

●**等高線**…高さの等しい地点を結んだ線のこと。2万5千分の1では10mごと，5万分の1では20mごとに引かれる。等高線の間隔が**せまい**と傾斜は**急**，**広い**と**ゆるやか**。

●**地図記号**…集落の分布や施設の位置，土地利用の様子などを，地図記号で表している。

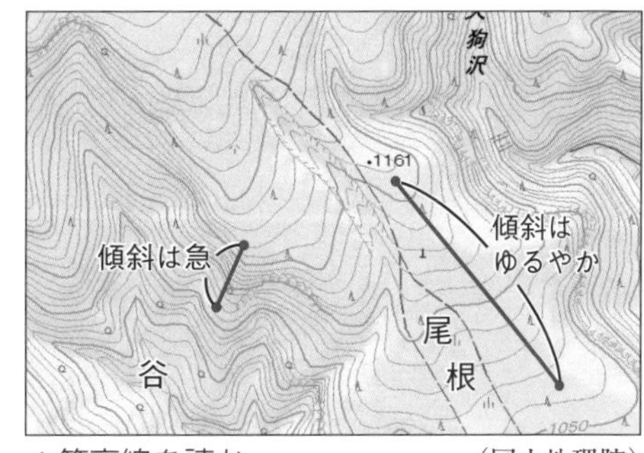

▲等高線を読む　(国土地理院)

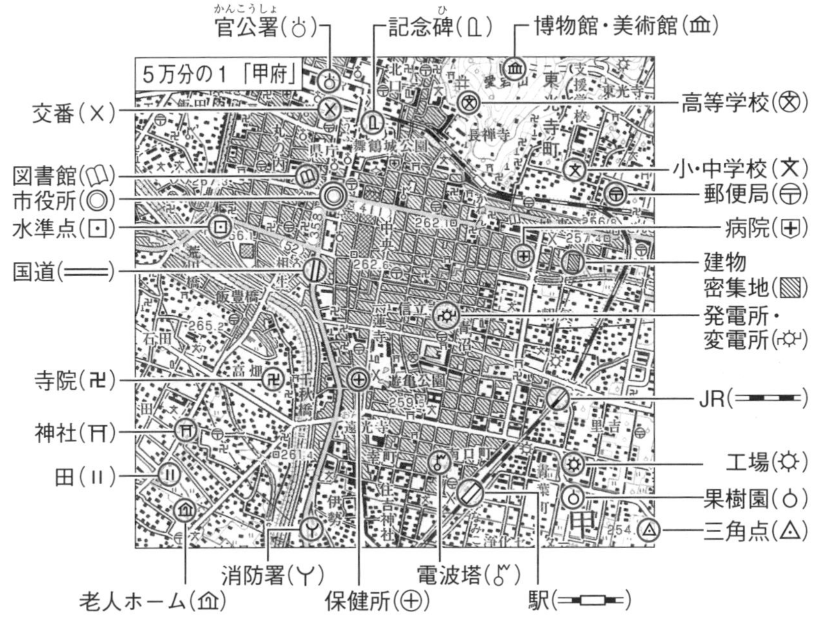

▲おもな地図記号

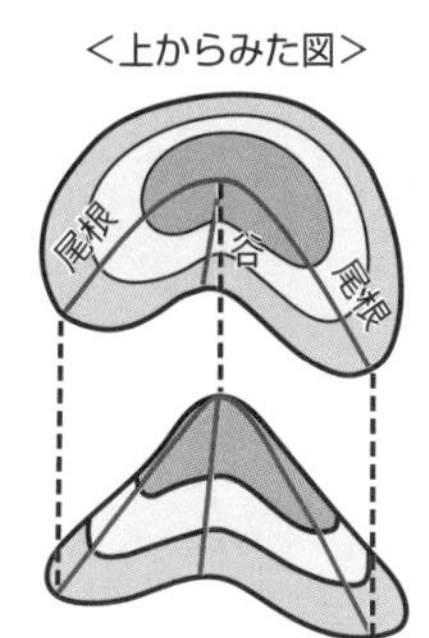

▲尾根・谷と等高線

等高線	種類	2万5千分の1地形図	5万分の1地形図
主曲線	――	10mごと	20mごと
計曲線	━━	50mごと	100mごと

▲等高線の種類と名称

③地域の在り方

●身近な地域の課題をとらえる。

★日本国内に見られる課題…❶自然環境(自然災害，環境問題，**防災・減災**，環境保全)，❷人口や都市(過疎・過密，**少子高齢化**，都市機能の集中)，❸産業(産業の空洞化，エネルギーの利用)，❹交通・通信(交通網，通信網の整備)，❺伝統・文化(伝統の継承など)。

★世界に見られる課題…人口爆発，資源の枯渇，モノカルチャー経済(アフリカ・アジアに多い)，地域紛争，経済格差など ➡ SDGs。(国連が採択した，持続可能な世界をめざす17の開発目標)

●課題を調査する。

●要因を考察する。

●解決策をまとめ提案する。

覚えると得

産業の空洞化
企業が工場などを，人件費の安い海外に移したために，自国内の産業(特に製造業)が衰えること。

モノカルチャー経済
発展途上国に見られることが多い。特定の農産物や資源の生産・輸出に依存する経済で，経済が不安定になりやすい。

スタートドリル

地域調査の手法

広島 5万分の1

【地域調査の手法】

1 次の通り地図にかき込(こ)み，問いに答えなさい。 チェック P4，5（各10点×4　40点）

(1) 地図ワーク 「平和記念公園」から「宇品島(うじなじま)」までの道順（━━）をなぞりなさい。

(2) (1)で示したように，歩く道順などをかき込んだ地図を何というか。

(3) (2)のような地図を使って，実際に歩いて調べる方法を何というか。次のア～ウから一つ選び，記号で答えなさい。

ア　文献(ぶんけん)調査　　イ　野外調査　　ウ　聞き取り調査

(4) 移動の方向と量を矢印の向きと太さで表し，地域間のつながりや結びつきを示すときに用いる地図として適切なものを｛　｝から選んで書きなさい。

｛ ドットマップ　　流線図　　図形表現図 ｝

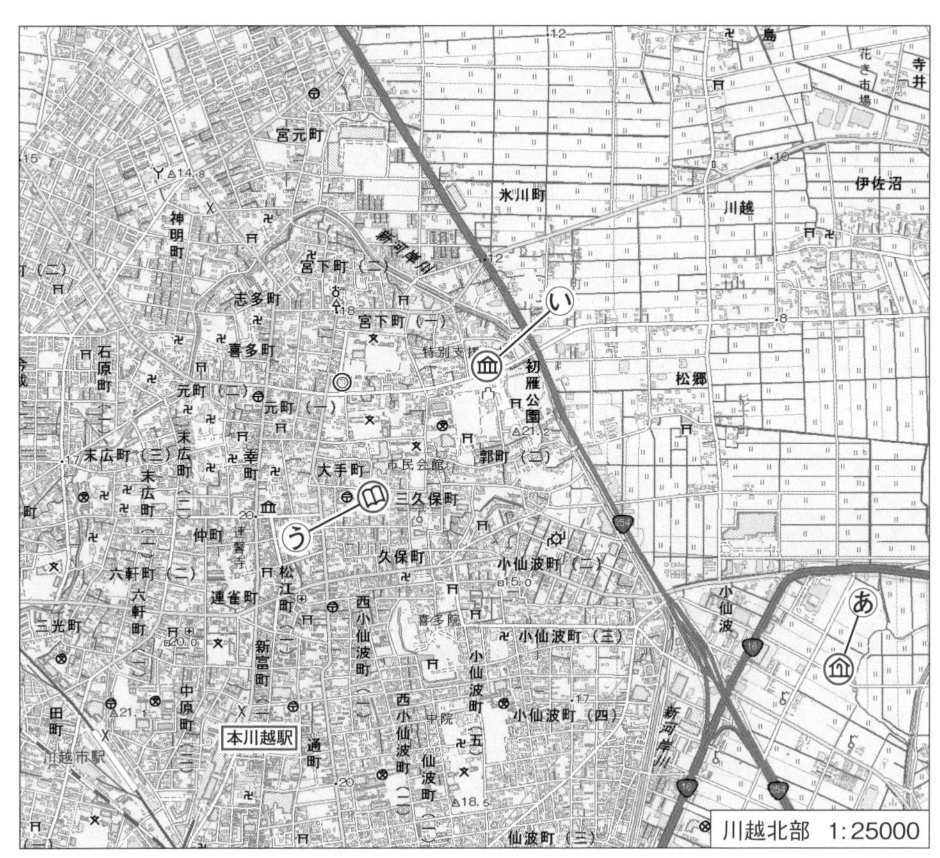

【身近な地域の調査】

2　次の通り地図にかき込み，問いに答えなさい。

チェック P4，5（各10点×6　60点）

(1) 地図ワーク　川越城の本丸御殿の一部は，本川越駅の北東の方向にある初雁公園付近に残っている。初雁公園を○で囲みなさい。

(2) 初雁公園付近にある城跡の地図記号を書きなさい。

(3) 初雁公園と市役所の距離は地図上で3cmある。実際の距離を｛　｝から選んで書きなさい。

｛ 75m　　750m　　7500m ｝

(4) この地形図のあ～うは，2000年以降にできた地図記号である。この地図記号は何を表しているか。次のア～オから一つずつ選び，記号で答えなさい。

ア　博物館　　イ　図書館　　ウ　裁判所　　エ　消防署　　オ　老人ホーム

あ［　　］　い［　　］　う［　　］

書き込みドリル

1 地域調査の手法

基本

1 **地域調査のとき，次のことは，どのようなテーマになるか。下の｛　｝から選んで書きなさい。**

チェック P4 1（各5点×4　20点）

(1) 地形，気候などについて調べる。

(2) 増減，分布や移動，過疎（かそ）や過密などを調べる。

(3) 農産物や製品の生産量と出荷先，農業の規模，工場数と生産量，原料と製品の移出入先などを調べる。

(4) 地名の由来，古い寺社，史跡（しせき），町並み，年中行事などを調べる。

｛ 交通　　産業　　自然　　人口　　交通　　歴史や文化 ｝

2 **次の文の｛　｝の中から，正しい語句を選んで書きなさい。**

チェック P4 1（各8点×5　40点）

(1) 図書館，資料館，博物館，市役所などで資料を調べることを，｛ 聞き取り調査　文献（ぶんけん）調査　野外調査 ｝という。

(2) 市役所，農家，工場などを訪ね，アンケート調査などを行うことを，｛ 聞き取り調査　文献調査　野外調査 ｝という。

(3) 地形や土地利用，建物などの観察を通して気づいたことを記録することを，｛ 聞き取り調査　文献調査　野外調査 ｝という。

(4) 野外調査のとき，実際に歩くコースをかいたものを，｛ オリエンテーリング　ハイキング　ルートマップ ｝という。

(5) 調査の様子を｛ スケッチ　パンフレット　レポート ｝にまとめるとき，目的・方法・結果をきちんと整理して書く。

得点UPコーチ

1 (2)急激な増減には，必ず理由がある。(3)生産や流通の様子を調べると，他地域との結びつきがわかる。

2 (1)書物や文書などで調べること。(2)訪ねて話を聞くことが主目的。(3)フィールドワークともいう。

学習日	月　日	得点	点

発展

3 Kさんは右の地形図をもって史跡巡り(めぐ)をした。これに関して，次の問いに答えなさい。

チェック P4 1（各8点×5　40点）

(1) 飛鳥(あすか)資料館から見て，飛鳥寺跡(あと)はおよそどの方位にあるか。八方位で答えなさい。

(2) 次のア～オのうち，読み取れる説明として正しいものを二つ選び，記号で答えなさい。

ア　図中には，標高100m以下の土地もある。

イ　A点とB点の距離(きょり)は，図中で約3cmなので実際は約1.5kmである。

ウ　甘樫丘(あまかしのおか)の標高は約150mである。

エ　川は東から西に流れる。

オ　石舞台古墳(いしぶたいこふん)の北には小学校がある。

(3) Kさんは，この地形図に歩くコースをかいて，飛鳥資料館から石舞台古墳まで歩いて観察した。歩くコースをかいた地図を何というか。

(4) Kさんがこの史跡巡りをした場所がある県を，右の地図中のア～エから一つ選び，記号で答えなさい。

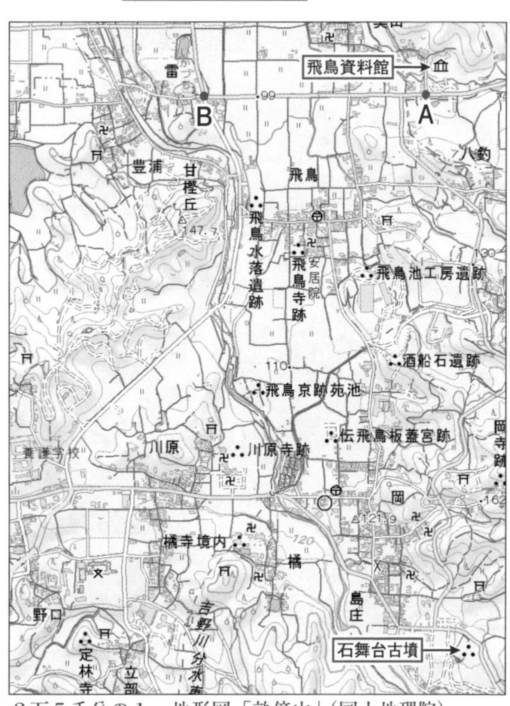

2万5千分の1　地形図「畝傍山」(国土地理院)

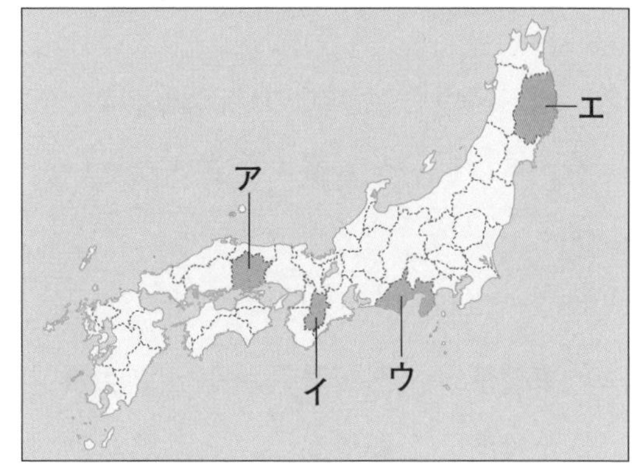

得点UPコーチ

3 (1)方位記号がないときは，上が北になる。北を向いて立つと，右が東，左が西となる。　(2)実際の距離＝地図上の長さ×縮尺の分母，である。3cm×25000を計算する。　(4)飛鳥がヒントとなる。飛鳥文化が栄えた県を答える。

2 身近な地域の調査

基本

1 次のそれぞれの問いの答えを，下の{ }から一つずつ選んで書きなさい。

チェック P4 2(各5点×5 25点)

必出 (1) 実際の距離(きょり)を，地図上で縮めて表した割合のことを何というか。

(2) 地図では，ふつう，上はどの方位をさしているか。

(3) 高さの等しい地点を結んだ線のことを何というか。

(4) (3)の線は，5万分の1の地形図では，ふつう，何mごとに引かれているか。

必出 (5) (3)の線の間隔(かんかく)がせまいところの傾斜(けいしゃ)は，間隔が広いところに比べてどうなっているか。

{ 北 南 10m 20m 縮尺 三角点 等高線 急 ゆるやか }

2 右の地形図を見て，次の問いに答えなさい。

チェック P4 2(各5点×5 25点)

(1) この地形図の縮尺はいくらか。

必出 (2) 地形図中の㋐～㋓の地図記号は，何を表しているか。下の{ }から選んで書きなさい。

㋐ ㋑

㋒ ㋓

{ 果樹園 消防署 小・中学校 市役所 郵便局 天然記念物 }

得点UPコーチ

1 (1)2万5千分の1というのは，実際の距離を2万5千分の1に縮めたもの。 (2)ちがうときは，方位記号で示してある。 (4)2万5千分の1では，10mごと。

2 (2)図案化した記号が多い。果樹園は果実を横から見た形を図案化したもの。

学習日	月　日	得点	点

発展

3 右の5万分の1の地形図を見て，次の問いに答えなさい。

チェック P4 2(各5点×10　50点)

(1) 地図中の㋐は，地図の中心から見てどちらの方位になるか。

必出 (2) 姉川(あねがわ)にかかる「野寺橋」から見て，「姉川大橋」はどちらの方位にあるか。

(3) この地形図では，姉川の上流は北東か，南西か。

(4) 土地利用で，最も広く使われているものは何か。

必出 (5) A－B間の距離は，地図中で4cmある。実際の距離は何mとなるか。

(6) 地図中の㋑～㋓の地図記号は，それぞれ何を表しているか。

㋑　　㋒　　㋓

(7) 地図中の標高は，どれくらいのところが多いか。次の{　}から選んで書きなさい。

{ 0～10m　50～60m　80～90m　150～160m }

(8) 建物は，姉川の両岸に集中しているが，建物をある災害から守るために，堤防や盛り土がされている。この災害は何か書きなさい。

得点UPコーチ

3 (1)地形図では，上が北となる。 (3)川(かわ)幅(はば)の広さや標高などから判断する。 (7)地形図にかかれている数字は，標高を示している。

まとめのドリル

地域調査の手法

1 次の各問いに答えなさい。

チェック P4 2 (各10点×3　30点)

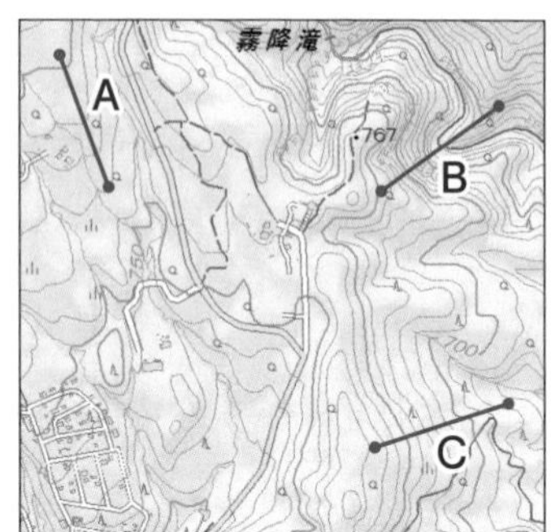

(1) 地形図や地勢図を発行しているのは，国土交通省のどこか。

(2) 高さの等しい地点を結んだ線を，何というか。

(3) 右の図で，最も傾斜(けいしゃ)が急なのはA～Cのどこか。

2 右の地図は，Yさんが野外調査をしたときの地域のようすを，地形図のきまりにしたがってえがいたものである。これについて，次の各問いに答えなさい。

チェック P4 2 (各10点×3　30点)

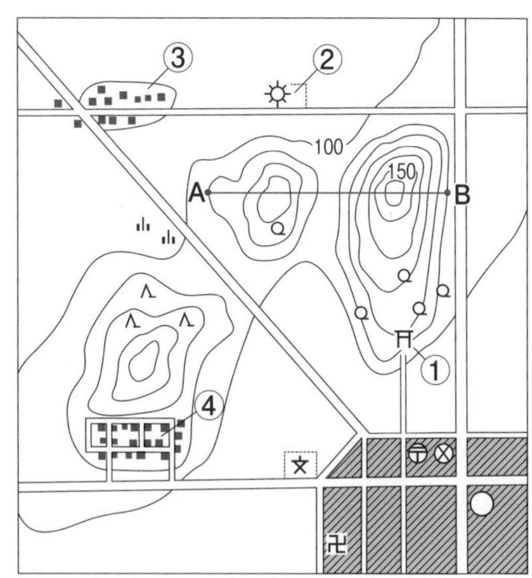

(1) この地図の縮尺はいくらか。次のア～ウから一つ選び，記号で答えなさい。

ア　1万分の1　　イ　2万5千分の1

ウ　5万分の1

(2) 地図を正しく読み取った文を，次から一つ選び，記号で答えなさい。

ア　②の工場からは学校がよく見える。

イ　①の神社の裏山にある樹木のほとんどは針葉樹である。

ウ　③の付近は警察署や郵便局のある市街地より建物が密集している。

エ　④の団地から学校の往復に自転車を使うと，行きの方が帰りより楽である。

得点UP コーチ

1 (1)つくば市にある，国土交通省の一部局である。 (3)等高線が密なほど，傾斜が急である。

2 (1)等高線が，何mごとに引かれているかを考える。10mごとなら，2万5千分の1である。

⑶　地図のA－Bの断面図として最も適切なものを，次のア～エから一つ選び，記号で答えなさい。

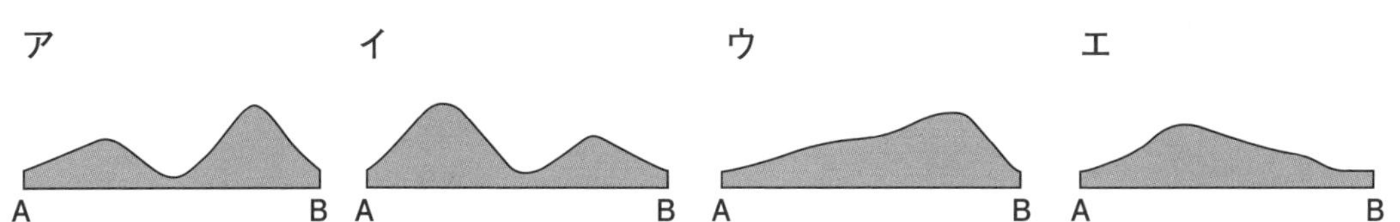

3　右の2万5千分の1の地形図は，津島（つしま）の一地域を示している。次の問いに答えなさい。

チェック P4 2（各10点×4　40点）

⑴　図中のa地点から見て，市役所はどの方位に位置しているか。次のア～エから一つ選びなさい。

ア　南東　　イ　南西

ウ　北東　　エ　北西

⑵　図中のb地点からc地点までの距離（きょり）を測ると6cmであった。b地点からc地点までの実際の距離は何kmか。

⑶　この図から読み取ることができる内容として適切なものを，次のア～エから二つ選び，記号で答えなさい。

ア　市役所は文化センターの北西の位置にある。

イ　神社は多く見られるが，寺院は見られない。

ウ　耕地の多くが，水田として利用されている。

エ　福岡大橋のかかる河川の中ほどが，県境となっている。

得点UPコーチ

⑶A山とB山では，どちらが標高が高いかを考える。

3 ⑴a地点から見て，市役所は右斜（なな）め上となる。　⑵実際の距離＝地図上の長さ×縮尺の分母であるから，6×25000を計算する。

要点チェック

2 日本の特色①

1 日本の自然環境 ドリル P18

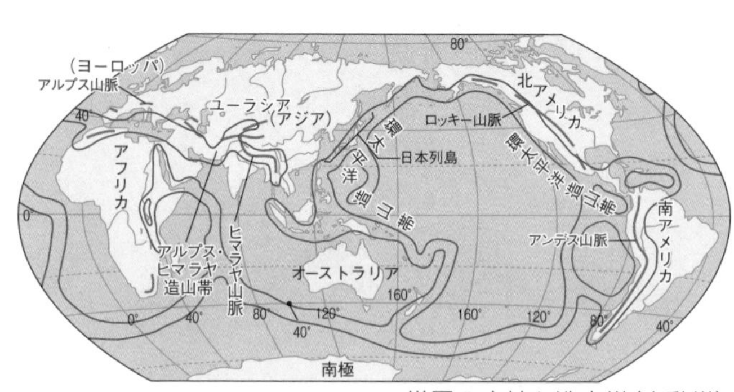

▲世界の山地と造山帯(変動帯)

①世界の地形

- **環太平洋造山帯**…アンデス山脈，ロッキー山脈など。
  └→造山帯は変動帯ともいい，日本列島を含む
- **アルプス・ヒマラヤ造山帯**…アルプス山脈，ヒマラヤ山脈。
- **安定大陸**…アフリカ・南北アメリカ・オーストラリア大陸，シベリア ▶ 広大な低地や平原，高原，長い川。
  └→造山活動が活発でなく，地震などが起こりにくい
  シベリア└→ユーラシア大陸
  長い川…ゆるやかに流れる
- 地形の変化…**火山活動**，**大地の変動**，風化，**浸食**。
  風化…地表の岩石がもろくなったり，こわれる
  浸食└→大地が風や水でけずられる

②日本の地形

- けわしい山地…陸地の**約4分の3**が山地・丘陵地 ▶ 本州中央部にある飛驒・木曽・赤石山脈を**日本アルプス**と呼ぶ。
  └→3000m級の山々が連なる，「日本の屋根」
  日本アルプスと，日本列島ができる時に陥没した**フォッサマグナ**の地域を境に地形が異なる ▶ 東日本は南北方向に高い山脈，西日本は東西方向に低い山地が連なる。
  フォッサマグナ…ラテン語で「大きな溝」という意味の地溝帯
- 海岸…岩石海岸と砂浜海岸 ▶ 砂浜海岸に鳥取砂丘など。
- **リアス海岸**…三陸海岸や志摩半島，若狭湾など。
- 川…距離が**短く**，急流である。**流域面積**が**せまい**。
- 平野と盆地…**扇状地**，**三角州**，台地などの地形。
  扇状地└→長野盆地，甲府盆地は果樹園

③海洋国日本

└→島国ともいう

- 列島を囲む海…東側に太平洋，西に日本海，オホーツク海，東シナ海。
  オホーツク海└→北海道の北東
  東シナ海└→南西諸島の西
- 海底の地形…列島に沿って海溝と列島を取り巻く**大陸棚**。
  海溝└→深さ8000mを超えるものもある
- 海流…太平洋側に暖流の**黒潮**(**日本海流**)と寒流の**親潮**(**千島海流**)がぶつかる**潮境**(**潮目**)。日本海側に暖流の対馬海流。

④温帯の三つの気候区

- **地中海性気候**…夏に乾燥，冬に雨が降る。
  └→地中海沿岸，カリフォルニア，アフリカ南西端など

覚えると得

日本列島
日本は，約3000kmにわたって北東から南西に弓形にのびる列島である。

リアス海岸
山地が海に沈んでできた，出入りの多い海岸。かつての尾根が岬，谷が入り江となったもので，天然の良港となっている。

大陸棚
陸地の周辺の深さ200mまでのゆるやかに傾斜した海底をいう。

扇状地と三角州
扇状地は川が山間部から平地に出た所，三角州は河口付近にできる。

- **西岸海洋性気候**…暖流と**偏西風**(へんせいふう)の影響(えいきょう)で温和。
  - →西ヨーロッパの大部分
- **温暖湿潤気候**(しつじゅん)…年降水量が多い。
  - →中国の長江流域など。日本も大部分が含まれる

⑤ **日本の気候**
→北海道は亜寒帯，南西諸島は温帯の中で亜熱帯とも呼ばれる

- **季節風（モンスーン）**…夏は太平洋から，冬は大陸から吹(ふ)く風。季節で降水量が変わる。
  - →南東の季節風　北西の季節風←
  - →夏は太平洋側，冬は日本海側の降水量が多い
- **梅雨**(つゆ)…6月中ごろから約1か月間続く長雨。
- **台風**(ばいう)…熱帯低気圧のうち最大風速が，17.2m/秒以上となったもの。夏から秋にかけて日本をおそう ➡ しばしば風水害をもたらす。

0　300km
北海道の気候
冷帯(亜寒帯)(あかんたい)
釧路(くしろ)
日本海側の気候
金沢(かなざわ)
瀬戸内(せとうち)の気候
高松(たかまつ)
太平洋側の気候
松本(まつもと)
中央高地の気候
名古屋(なごや)
那覇(なは)
南西諸島の気候
亜熱帯

▲日本の気候区分

2 自然災害と防災への取り組み ドリル P20

① **いろいろな自然災害**

- 土地災害…地震，地すべり，山くずれ，噴火(ふんか)など。
  - →津波が起こりやすい
  - →火砕流，火山灰，噴石被害など
- 気象災害…梅雨や台風による風水害，冷害，干害など。
  - →高潮が起きる
  - →瀬戸内海沿岸など

② **被災**(ひさい)**地支援**…**災害救助法**に基(もと)づく。

③ **防災**への取り組み…防災マップなどの作成，**減災**への取り組み。
→自助，共助，公助
→ハザードマップ

連絡・調整
国
自衛隊
報告・要請
助言など
災害派遣要請
業務の委託
被災した都道府県
支援
要請
ほかの都道府県
日本赤十字社
被害の報告（最初に行う）
職員の派遣
復旧支援
救助活動
消防，病院，警察
水道事業者，電力会社，
ガス会社，鉄道，
放送局など
被災した市区町村
支援
要請
ほかの市区町村
救助の実施・協力
救助活動の実施
被災地

▲災害時の連携(れんけい)

3 人口に見る日本の特色 ドリル P22

① **日本の人口**…**少子高齢化**(こうれい) ➡ 現代は**つぼ型**人口ピラミッド。ふつう，富士山型，つりがね型，つぼ型の順に変化。
→15歳未満は年少人口，65歳以上は老年人口という
男女別，年齢層別の人口構成を表す←
出生率，死亡率が高い←

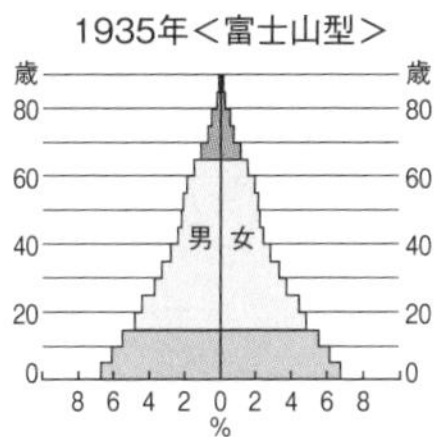

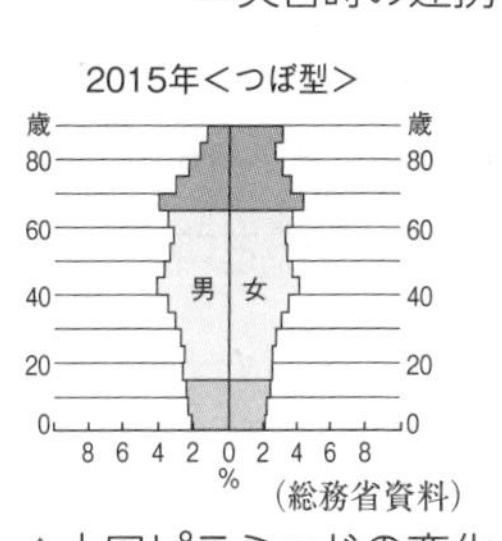

▲人口ピラミッドの変化

- 人口分布の特徴(とくちょう)…東京，大阪，名古屋(なごや)の三大都市圏(けん)の形成。
  - 地方中枢都市，政令指定都市の成長←
- 過密(かみつ)地域の課題…交通渋滞(じゅうたい)，大気汚染(おせん)など ➡ ドーナツ化現象 ➡ 再開発による都心回帰。
  - 地価上昇により都心部の人口が減少←
  - →1990年代
  - →再び都心周辺の人口が増える
- 過疎(かそ)地域の課題…高齢化，人口減少による地域社会が維持(いじ)できなくなる ➡ **Iターン，Uターン**。
  - →2011年頃から
  - →都会から田舎への移住

② **日本の地域区分**

- **7地方区分**…北海道，東北，関東，中部，近畿(きんき)，中国・四国，九州 ➡ 中部，中国・四国はさらに分けることがある。
  - 北陸・中央高地・東海←
  - →山陰・瀬戸内・南四国

覚えると得

首都圏
関東地方(茨城県，栃木県，群馬県，埼玉県，千葉県，神奈川県)に山梨県を加えた地域。

スタートドリル 日本の特色①

【世界の山地と造山帯】

1 次の通り地図にかき込み，問いに答えなさい。 チェック P14 1 (各4点×6　24点)

(1) 地図ワーク 環太平洋造山帯やアルプス・ヒマラヤ造山帯など，造山帯(変動帯)の外側の線をなぞりなさい。

(2) 環太平洋造山帯に属している山脈を，地図から二つ選んで書きなさい。

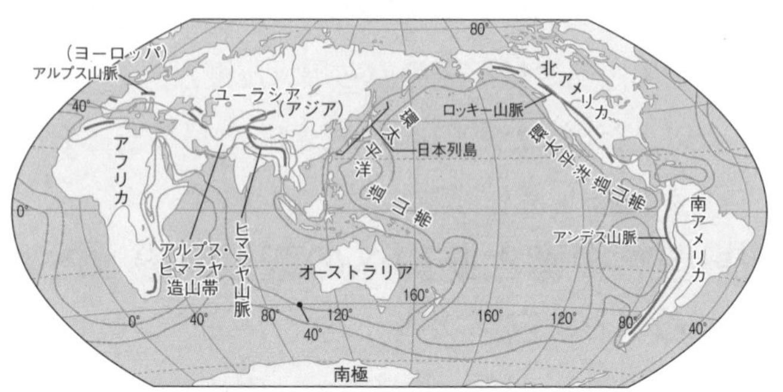

▲世界の山地と造山帯(変動帯)

(3) アルプス・ヒマラヤ造山帯に属している山脈を，地図から二つ選んで書きなさい。

(4) 日本列島は，何という造山帯に属しているか。

【日本の気候区分】

2 次の通り地図にかき込み，問いに答えなさい。 チェック P15 1 (各5点×7　35点)

(1) 地図ワーク 北海道を斜線(▨)でぬりなさい。

(2) 北海道は，何という気候帯に属しているか。

(3) 次の都市は，日本の気候区分において，何という気候に属しているか。

① 名古屋

② 松本

③ 金沢

④ 高松

(4) 南西諸島の気候は，何と呼ばれることがあるか。漢字三文字で書きなさい。

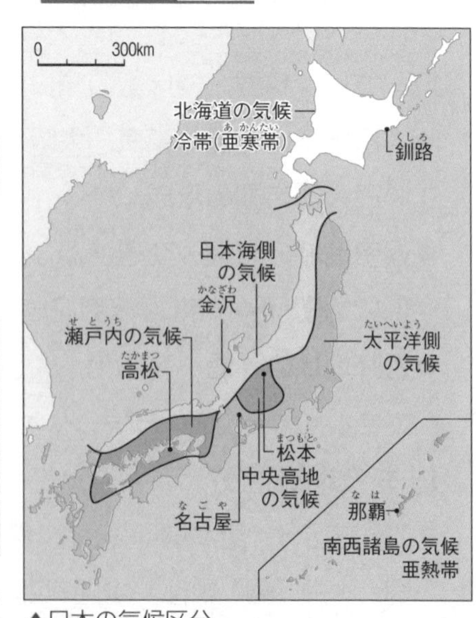

▲日本の気候区分

【自然災害と防災】

3 日本の自然災害について，あてはまるものを{　}から選んで書きなさい。

チェック P15 2 ①③(各5点×5　25点)

(1) 海底を震源とする大きな地震のときには{ 津波　　高潮 }が起こりやすい。

(2) 日本には火山が多く，しばしば地中の溶岩や水蒸気を爆発的に噴き出す{ 洪水　　噴火 }を起こす。

(3) 瀬戸内の沿岸地域にしばしば起こる干害は，{ 土地災害　　気象災害 }である。

(4) 夏から秋にかけて，強風と豪雨を伴って日本に接近する{ 梅雨　　台風 }は風水害をもたらすことが多い。

(5) 各自治体では，災害ごとに被害予想区域や避難場所を示した{ 土地利用図　　防災マップ }を制作している。

【日本の人口】

4 次の通り地図にかき込み，問いに答えなさい。

チェック P15 3 (各4点×4　16点)

(1) 地図ワーク 首都圏の外側の線をなぞりなさい。

(2) 首都圏の都県の平均年齢は，48歳より{ 低い　　高い }。

(3) 日本を7地方区分に分けたとき，{ 中国・四国　　近畿 }地方は，全体の平均年齢が48歳以上の府県が多い。

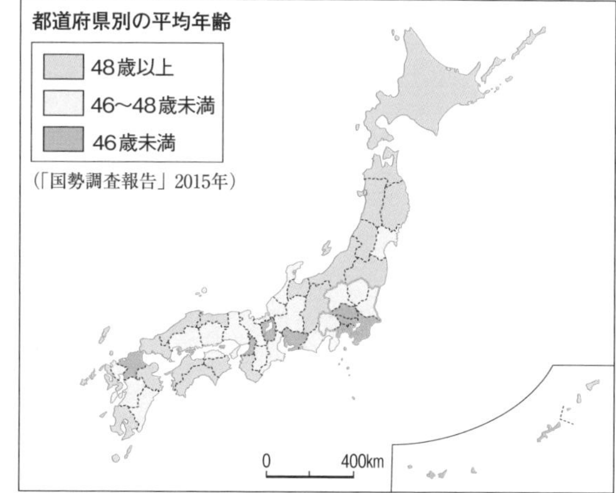

(4) 平均年齢が46歳未満の都道府県は，日本全体の約{ 10分の1　　5分の1 }しかない。

1 日本の自然環境

基本

1 それぞれの文にあてはまる語句を，下の{ }から選んで書きなさい。

チェック P14 1 ①②(各6点×4　24点)

必出 (1) アンデス山脈，ロッキー山脈，日本列島が含まれる世界の造山帯。

必出 (2) アルプス山脈，ヒマラヤ山脈が含まれる世界の造山帯。

(3) 3000m前後の山々が連なる飛驒・木曽・赤石山脈。

(4) ラテン語で「大きな溝」という意味の地溝帯。

{ 世界の屋根　環太平洋造山帯　カルデラ　日本アルプス　フォッサマグナ　アルプス・ヒマラヤ造山帯 }

2 次の文の{ }の中から，正しい語句を選んで書きなさい。

チェック P14 1 (各7点×4　28点)

(1) 日本近海で，太平洋岸を北上する暖流を{ 親潮　黒潮　対馬海流 }という。

(2) 温帯の三つの気候のうち，日本の大部分が属するのは{ 地中海性気候　西岸海洋性気候　温暖湿潤気候 }である。

必出 (3) 山地が海に沈んでできた，出入りの多い海岸を{ 砂浜海岸　フィヨルド　リアス海岸 }という。

(4) 川が河口の近くに土や砂を堆積させてできる平地を，{ 三角州　扇状地　台地 }という。

得点UPコーチ

1 (1)太平洋をとり囲むようにある。(2)ユーラシア大陸の南部にある。

2 (1)日本海流とも呼ばれている。(3)スペインの北西部のria(出入りの多い湾)からつけられたもの。

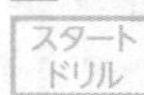

発展

3 次の文にあてはまる地域を右の地図のA～Fから，その地域にある都市の雨温図を下のア～オからそれぞれ選び，記号で答えなさい。 チェック P15 1(各3点×10　30点)

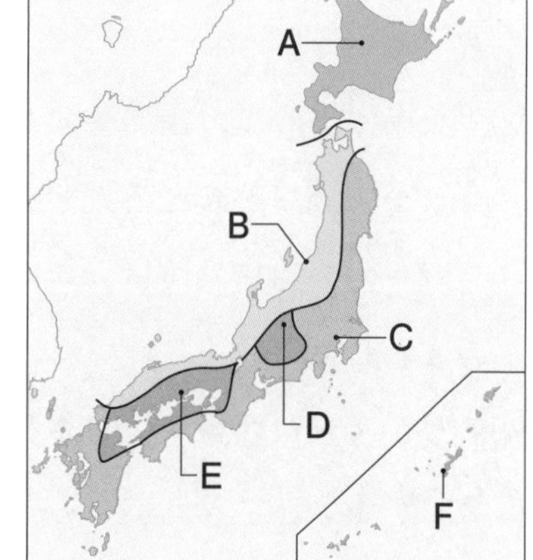

(1) 夏に雨が多く，冬に乾燥する。

(2) 冬に雪のため，降水量が多くなる。

(3) 一年中温和で，降水量が少ない。

(4) 夏と冬の気温の差が大きく，降水量が少ない。

(5) 冷帯の気候である。

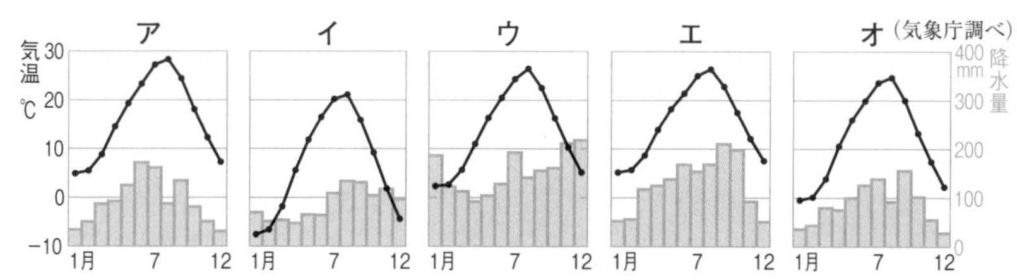

4 次の説明にあてはまる日本の地形や場所の名前を答えなさい。

チェック P14 1 ②(各6点×3　18点)

(1) 陸地周辺の深さ200mまでのゆるやかに傾斜(けいしゃ)した海底。

(2) 川が山間部から平地に出た所にできる水はけの良い土地。

(3) 黒潮と親潮がぶつかる場所。

得点UPコーチ

3 (2)冬の北西季節風のためである。日本のこの地域は，世界有数の豪雪(ごうせつ)地帯。 (5)冷帯の気候は，冬の寒さは厳(きび)しいが，降水量はあまり多くない。

4 (2)果樹園などに利用される。 (3)プランクトンが豊富で好漁場となる。

2 自然災害と防災への取り組み

基本

1 次の文の{ }の中から，正しい語句を選んで書きなさい。

チェック P15 2 ①(各5点×4 20点)

(1) 地震によって海に波が起こり，陸地をおそう災害を{ 地すべり 山くずれ 津波 }という。

(2) 大雨によって，山でくずれた石や砂が水と一緒になって流れ下る{ 液状化 火砕流 土石流 }が起こることがある。

(3) 瀬戸内の沿岸地域は，年間の降水量が少なく，しばしば{ 冷害 雪害 干害 }にみまわれる。

(4) 夏から秋にかけて，日本列島に近づく台風は，{ 津波 高潮 潮境 }をもたらすことが多い。

2 次の文を読み，あとの問いに答えなさい。

チェック P15 2 (各5点×6 30点)

自然災害から身を守るためには，A国や都道府県の防災の取り組み，B地域の人々が助け合うこと，C自分の身は自分で守ることが大切である。

(1) A・B・Cの仕組みや考え方を何というかそれぞれ書きなさい。

A　　B　　C

(2) 次の①～③の文は文中のA・B・Cのどれにあてはまるか，記号で答えなさい。

① 消防による救出活動。

② 災害に備えて，自分や家族の避難リュックを用意する。

③ 近所の人たちが，災害後に協力してかたづけをした。

①　　②　　③

得点UPコーチ

1 (2)地震により液状化になると陥没などが起こる。埋め立て地に発生しやすい。(4)潮境は潮目ともいう。

2 阪神淡路大震災では，救出された人のうち，4分の3は家族や近所の人によるものだったという調査結果がある。

発展

3 右の災害支援のしくみ図について，次の問いに答えなさい。

✓チェック P15 2 (各10点×3　30点)

(1) 図のような支援のしくみは，被災者保護の目的で制定した法律に基づいて実施される。この法律名を書きなさい。

(2) 図中Ⓐの「最初に行う」こととは何か，{　}から選んで書きなさい。

{ 支援物資を配布する
被害状況の報告
ボランティアの募集 }

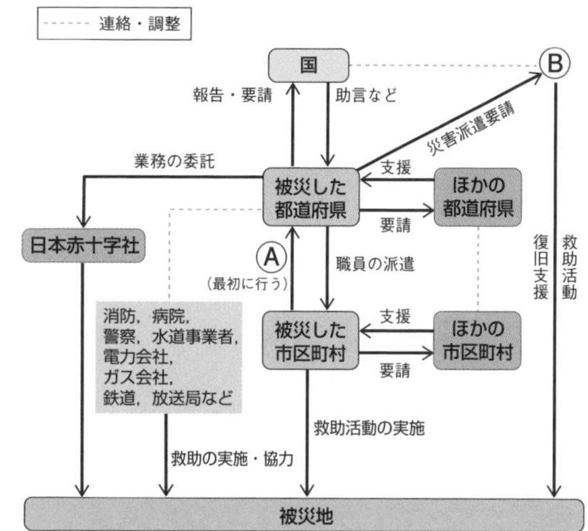

(3) 図中のⒷに入る組織は何か，{　}から選んで書きなさい。

{ 消防団　　警察署　　自衛隊 }

4 災害について，次の□にあてはまることばを書きなさい。

✓チェック P15 2 (各10点×2　20点)

自然災害の発生を完全になくすことはできないので，被害の発生を可能な限り減らす［　①　］という考え方を防災の取り組みに取り入れている。災害時の被害予測や避難場所を示した［　②　］といった地図を作成することはその取り組みの一つである。災害時に適切な行動がとれるように確認することが大切である。

①　　②

得点UPコーチ

3 (1)これは被害発生直後の応急救助の法律。その後の支援・復興については災害対策基本法が適用される。

4 ②現在では多くの自治体が作成して公表している。

3 人口に見る日本の特色

基本

1 次の文の{　}の中から，正しい語句を選んで書きなさい。

チェック P15 3 ①(各6点×5　30点)

(1) 年少人口とは{ 10　15　18 }歳未満の人口をいう。

(2) 老年人口とは{ 60　65　75 }歳以上の人口をいう。

(3) 地価の上昇などにより，都心部の人口が減少する現象を{ ドーナツ化　都心回帰　Ｉターン }現象という。

(4) 地域の人口流出が続いたために，人口減少と高齢化が進み，地域社会の維持がむずかしい状態を{ 人口爆発　過疎　過密 }という。

(5) 生まれてくる子どもの数が減少して，人口全体に占める子どもの割合が低い状態を{ 高齢化　都市化　少子化 }という。

2 右の図について，次の問いに答えなさい。

チェック P15 3 (各10点×2　20点)

(1) 人口を年齢と性別に分けて表した，右のような図を何というか書きなさい。

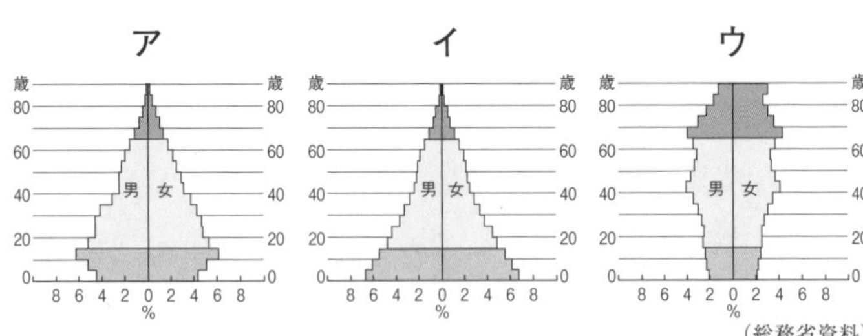

(総務省資料)

(2) 日本ではどのように変化したか，図のア～ウを古い順に並べなさい。

得点UPコーチ

1 (4)人口爆発は，急激な人口増加のこと。発展途上地域に見られる。 (5)現在の日本は老年人口比率が21％を上回る超高齢社会である。

2 (2)現代の日本は，つぼ型である。

発展

3 右の二つの図を見て，次の問いに答えなさい。

チェック P15 3 (各6点×5　30点)

(1) 図Ⅰ中で，経済活動の中心となる人口を何というか，図中の語句で書きなさい。

(2) 図Ⅰ中で，1980年代以降ずっと割合が増え続けているのは何人口か，図中の語句で答えなさい。

(3) 図Ⅱの内容と合うように，［　］にあてはまる語句を書きなさい。

日本の人口分布にはかたよりがある。2015年には，日本の人口の約［ ① ］%が三大［ ② ］に集中している。特に［ ③ ］の人口増加が多い。

① 　② 　③

図Ⅰ　人口の推移

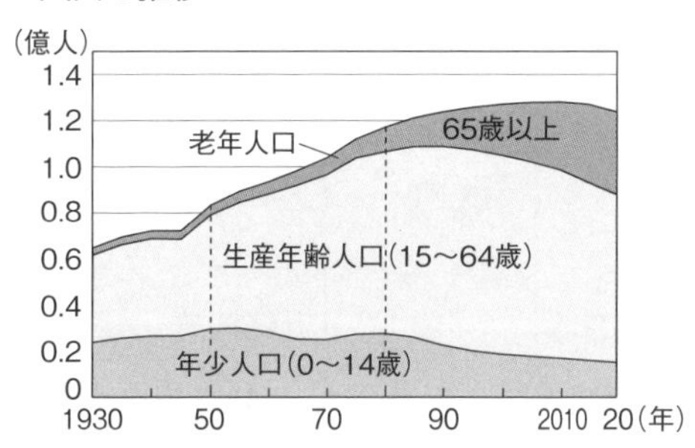

図Ⅱ　人口の集中

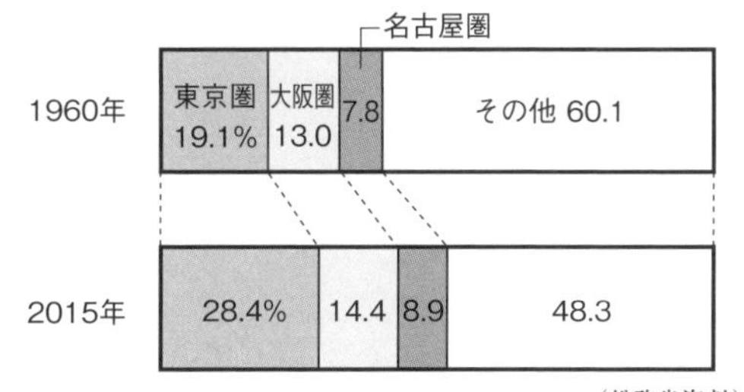

(総務省資料)

4 人口問題について，次の問いに答えなさい。

チェック P15 3 (各10点×2　20点)

(1) 日本では，高齢者の割合が増加し，子どもの割合が減少している。このような現象を何というか。

(2) 都心の人口が減り，郊外(こうがい)が増える現象を何というか。

得点UPコーチ

3 (2)現在では25%以上を占めている。
(3)②東京・大阪・名古屋を中心とする地域。

4 (2)真ん中に穴がある様子から，こう呼ばれる。

まとめのドリル

日本の特色①

1 次の表は，日本のいろいろな地域区分の仕方をまとめたものです。ⓐ～ⓕにあてはまる県名か地域名を書きなさい。

チェック P15 3 ②(各6点×6　36点)

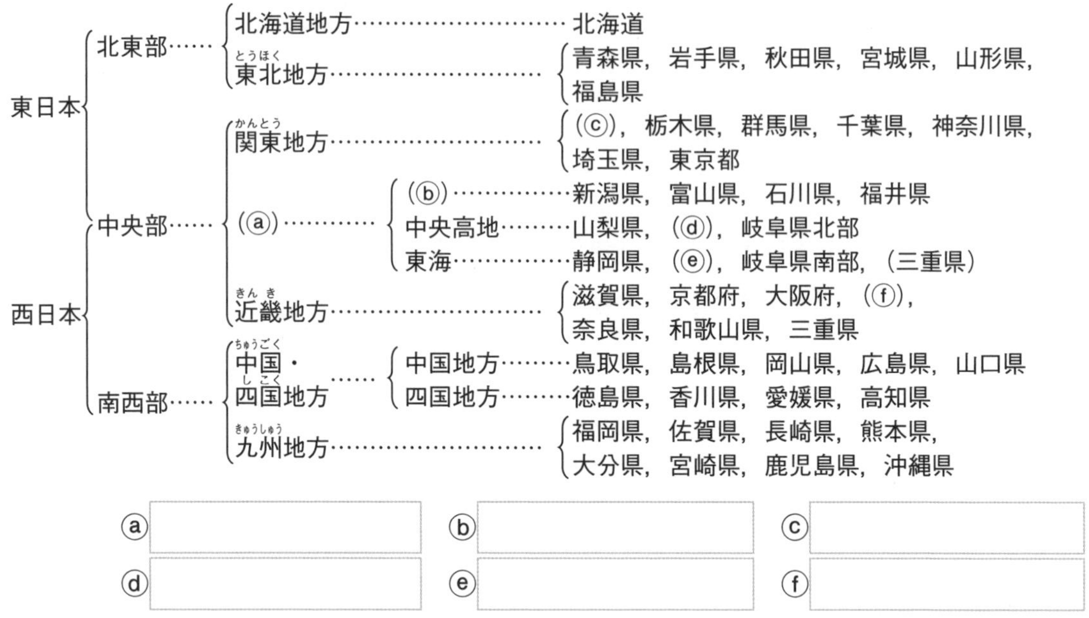

ⓐ　　ⓑ　　ⓒ

ⓓ　　ⓔ　　ⓕ

2 右の地図を見て，次の問いに答えなさい。

チェック P14 1(各8点×2　16点)

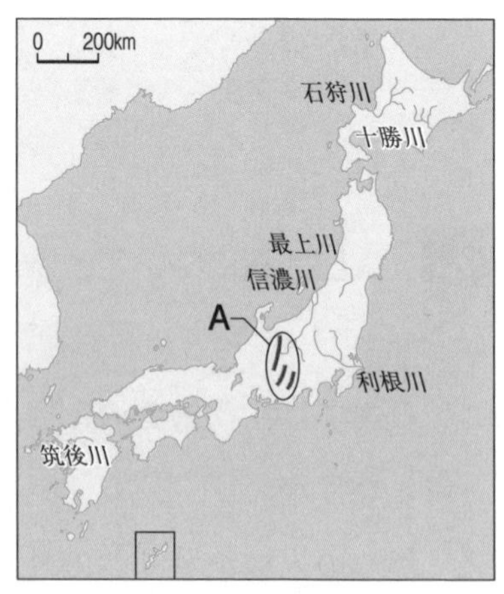

(1) Aの地域にあてはまらない山脈を，次から一つ選んで書きなさい。

｛ 赤石山脈　奥羽山脈　木曽山脈　飛驒山脈 ｝

(2) 下流から上流に向かって，次のような平野や盆地を形成する川を，地図から一つ選んで書きなさい。

庄内平野――新庄盆地――山形盆地――米沢盆地

得点UPコーチ

1 ⓑ中央部の日本海側。雪の多いことで知られる。　ⓒ県庁所在地は水戸市。県と県庁所在地の名前が異なる県の一つ。

2 (1)Aは，日本の屋根，日本アルプスなどといわれ，3000m級の高山が連なる。

3 右の地図やグラフを見て，次の問いに答えなさい。

チェック P15 1 ⑤(各6点×4　24点)

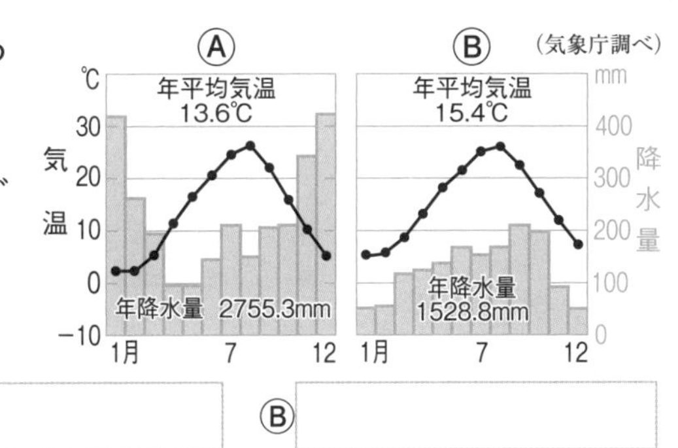

(1) 右の雨温図にあてはまる都市を，地図中から選んで書きなさい。

Ⓐ ＿＿＿＿　Ⓑ ＿＿＿＿

(2) Ⓐの雨温図で，冬に降水量が多いのは何の風の影響か。方位もつけて答えなさい。

(3) Ⓑの雨温図で，6月に降水量が多いのは何の影響か。

4 次のグラフは，日本，エチオピア，アルゼンチンの年齢別の人口の割合を示したものである。次の問いに答えなさい。

チェック P15 3 ①(各8点×3　24点)

(1) 右のグラフから日本を示すものを選び，記号で書きなさい。

(2) 日本のようすを人口ピラミッドで表すと，どのような形になるかを書きなさい。

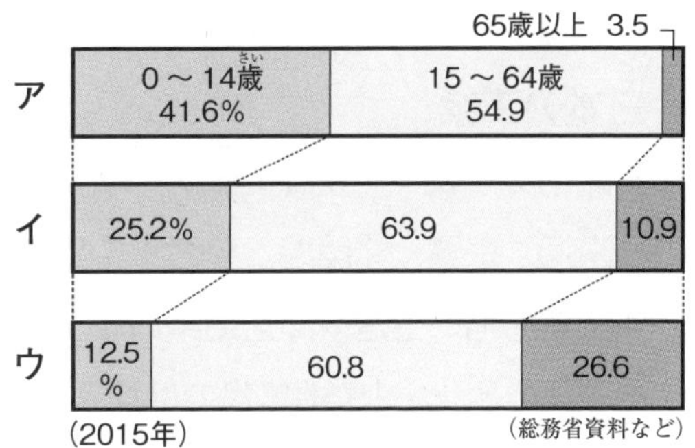

(3) アの国について説明した次の文章の＿＿＿にあてはまる語句を書きなさい。

｛出生率や＿＿＿＿率が高く，人口ピラミッドは富士山型になる。｝

得点UPコーチ

3 (1)Ⓐは冬に降水量が多く，Ⓑは夏に降水量が多くなっている。(2)大陸から吹くこの風は，日本海の上で大量の水蒸気を含む。

4 年少人口の割合と，老年人口の割合で決まる。

要点チェック

3 日本の特色②

1 日本の資源と工業 ドリル P30

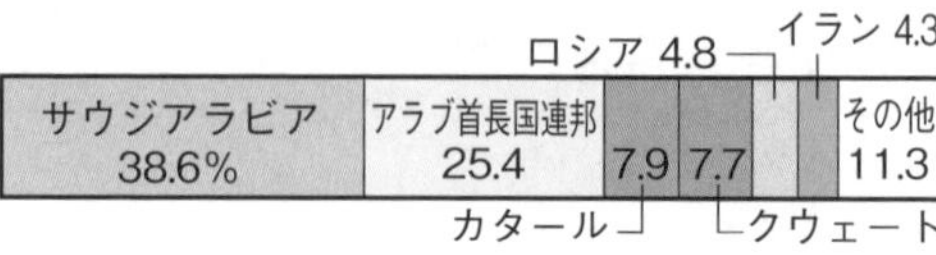

(2019/20年版「世界国勢図会」)
▲日本の石油と石炭の輸入先

① 日本の**鉱産資源**…資源は**輸入**にたよる。
　└→エネルギー源や工業の原料(石炭・石油・鉄鉱石など)

- **石炭**…オーストラリアから多く輸入。
- **石油**…大半は西アジア諸国から輸入。
- **天然ガス**…二酸化炭素排出量(はいしゅつりょう)が少ないという特徴(とくちょう)がある。輸入量は増加。
　└→マイナス162度に冷やし，液化天然ガス(LNG)の形で運ぶ
- **鉄鉱石**…輸入依存率(いぞんりつ)100%。50%以上オーストラリアから輸入。

② 日本の**電力**…**水力発電**から火力発電中心へ。
　└→1950年代まで中心

- **火力発電**……石油，石炭，天然ガスの燃焼熱で発電 ➡ 電力需要(じゅよう)の多い工業地域や大都市に近い平野の**臨海部**に立地。
　└→化石燃料。地球温暖化の一因
- **原子力発電**…ウランで発電。温室効果ガスを排出しない ➡ 冷却水(れいきゃくすい)の得やすい海岸の近くに立地。
　└→東日本大震災の時の事故後割合が減る
- **再生可能エネルギー**…太陽光，風力，バイオマス，地熱など ➡ 利用への取り組みを進める(資源活用・環境保護(かんきょう)) ➡ 持続可能な社会へ。
　└→資源を枯渇させず，二酸化炭素を排出しないでつくられる

③ 日本の工業

- **太平洋ベルト**…関東地方から九州地方北部にかけて ➡ 京浜(けいひん)，京葉，北関東，東海，中京，阪神(はんしん)，瀬戸内(せとうち)，北九州。
- 工業団地…空港や高速道路のインターチェンジ近く。
- 工業の変化…1960年代では**加工貿易**に依存。その後世界各地で生産を行うようになった ➡ **産業の空洞化**(くうどうか)が起こる。
　└→現地生産

覚えると得

バイオマス発電
生物資源を燃やし，発生した熱やガスで発電する。日本では廃棄物(はいき)(ごみ，木材など)を利用することが多い。

加工貿易
原材料や燃料を輸入し，製品をつくって輸出する貿易のこと。日本では黒字が進み，相手国と貿易摩擦(まさつ)が起きた。

2 日本の農林水産業と商業 ドリル P32

① 日本の農業の特色

- せまい耕地…農家1戸あたり約2.5ha。
　└→小規模な自作農　└→アメリカの約70分の1(2017年)
- **機械化**が進む…**兼業農家**(けんぎょう)が多い。
- **食料自給率**が低い…貿易自由化などで，安い外国産におされる ➡ 品質と安全性で対抗(たいこう)。
　└→カロリーベースの食料自給率が37%(2018)
- **米**…昔は転作をすすめていた。
　└→米があまらないよう別のものを作る

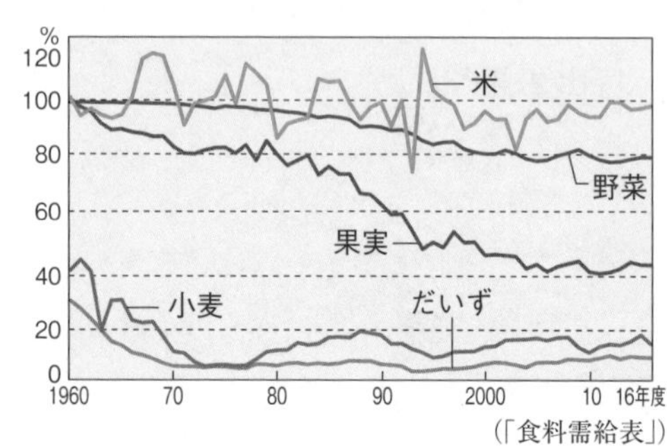

(「食料需給表」)
▲種類別食料自給率の推移

②野菜づくり

- **近郊農業**…市場への近さを生かし新鮮なうちに出荷。
  └→大都市の近く(千葉県，茨城県，埼玉県)
- **促成栽培**…冬の暖かい気候を利用 ➡ 高知県，宮崎県。
- **抑制栽培**…夏の冷涼な気候を利用 ➡ 長野県，岩手県。
- **施設園芸農業**…温室やビニールハウスを利用。

③日本の林業・漁業

- **輸入材**のほうが生産費が安いので，**国産材**より多く使用。
- **排他的経済水域の設定**…領海の外側で沿岸から200海里の範囲 ➡ **遠洋漁業**の衰退。
- **育てる漁業**…養殖漁業や栽培漁業。
  └→一定の大きさまで育てたあと放流する

④日本の商業・サービス業

- 多様な商業施設…スーパーマーケット，コンビニエンスストア ➡ 営業時間が長い。　デパート ➡ 大都市中心部に立地。　ショッピングセンター ➡ 郊外に立地し，大きな駐車場がある。
- **サービス業**…近年，増加している業種は情報通信，福祉，医療，教育。

覚えると得

第一次産業
自然に直接働きかけ，農産物を得る，農林水産業。働き手の高齢化が課題。

第二次産業
材料を得て加工する産業。製造業など。

第三次産業
実際に物の生産に関わらない産業。運輸，教育，医療，福祉，飲食などのサービス業。

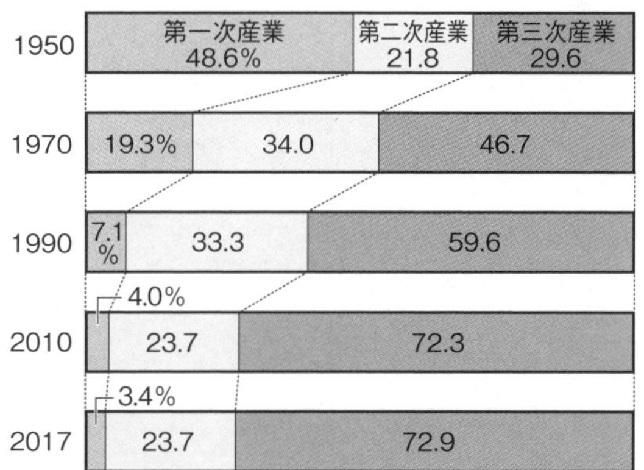

▲産業構造の変化
(国勢調査ほか)

3 世界と日本の結びつき　ドリル P34

①世界の交通・通信

- **航空路線の発達**…ハブ空港間の競争もはげしくなる。
  └→国際線の乗りかえ拠点
- **航空貨物の増加**…電気機器，貴金属，生鮮食料品。
  └→軽くて高価なICなど
  └→魚・肉など
- **大型船による輸出・輸入**…石油などの工業原料や自動車などの重い工業製品が大型船によって大量に運ばれている。
- **情報化社会**…**情報通信技術(ICT)**の発展で，情報のやり取りがさかんになる。

インターネット
コンピューターと電話回線などを結んだ通信網で，世界中の情報を入手できる。

②日本の交通・通信

- **高速道路・新幹線**…全国の主要都市が結ばれる ➡ **時間距離**が大幅に短縮。
  └→ある距離を人々が移動するのにかかった時間
- **スマートフォン・インターネット**…短期間に急速に世界全体に普及してきた。
  └→2018年の人口普及率は79.8%

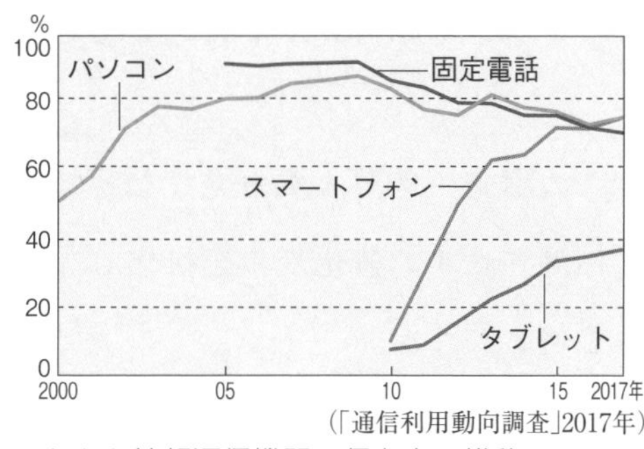

(「通信利用動向調査」2017年)
▲おもな情報通信機器の保有率の推移

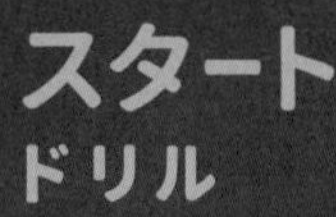

日本の特色②

【日本の石炭の輸入先】

1 次の通り地図にかき込(こ)み，問いに答えなさい。 チェック P26 1 ①(各10点×3　30点)

(1) 地図ワーク 日本の石炭輸入先の国を，下の世界地図に赤色でぬりなさい。

(2) 日本の石炭の輸入先を，輸入量の多い順に二つ書きなさい。

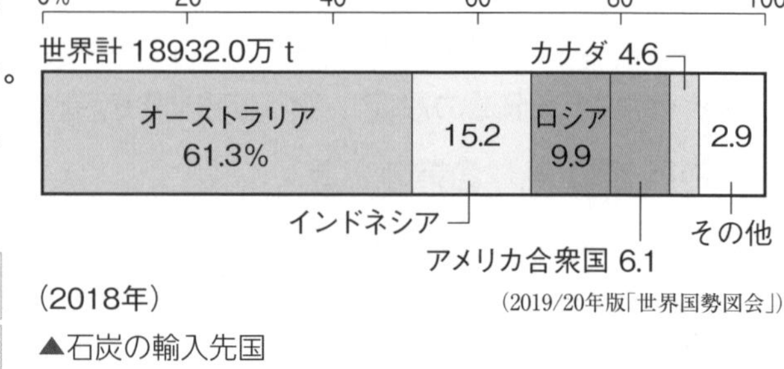

(2018年)　(2019/20年版「世界国勢図会」)

▲石炭の輸入先国

【日本の電力】

2 右のグラフを見て，次の問いに答えなさい。 チェック P26 1 ②(各10点×3　30点)

(1) 日本のおもな発電を書きなさい。

(2) ウランを原料とする発電を書きなさい。

(3) 太陽光・地熱・風力発電などで利用される，資源を枯渇(こかつ)させず二酸化炭素を排出しないエネルギーのことを何というか。

日本の発電量の種類

原子力 3.1
その他 2.5
水力 8.9
総発電量 1兆7億kWh (2017年)
火力 85.5%

(2019/20年「日本国勢図絵」)

【日本の米の生産量】

3 次の通り地図にかき込み，問いに答えなさい。

チェック P26 2 ①(各6点×4　24点)

(1) 地図ワーク 米の生産量が50万t以上の都道府県に赤色をぬりなさい。

(2) 赤色をぬった都道府県の名前を書きなさい。

(3) 地方別に見ると，米の生産量の最も多いところはどこか。

　　　　地方

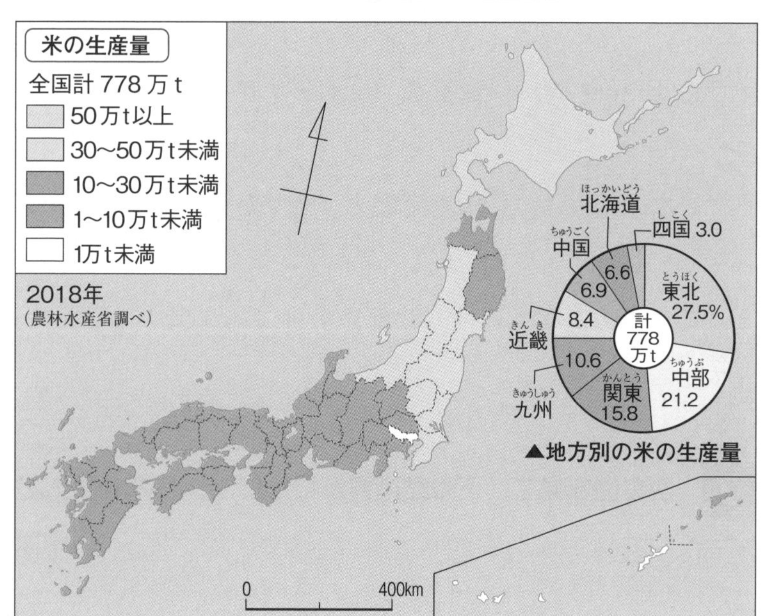

▲地方別の米の生産量

【日本の新幹線】

4 次の通り地図にかき込み，問いに答えなさい。

チェック P27 3(各8点×2　16点)

(1) 地図ワーク 日本列島を通る新幹線をなぞりなさい。

(2) 次のア～エの説明のうち，正しいものを一つ選び，記号で答えなさい。

ア　北海道には，新幹線が通っていない。

イ　関東地方で新幹線の通っていない都県はない。

ウ　四国には新幹線が通っていない。

エ　東北地方の日本海側の県には新幹線は通っていない。

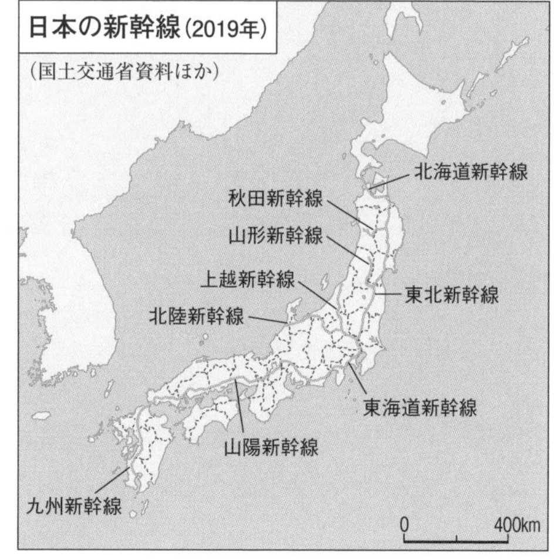

1 日本の資源と工業

基本

必出 **1** 次の文の{　}の中から，正しい語句を選んで書きなさい。

チェック P26 1 (各8点×3　24点)

(1) 石油や{ 石炭　鉄鉱石　ボーキサイト }を化石燃料という。

(2) 日本の電力は，{ 水力発電　火力発電　原子力発電 }が中心となっている。

(3) 関東地方から九州地方北部にかけての工業のさかんな地域を，{ 日本海　瀬戸内（せとうち）　太平洋 }ベルトという。

2 次の図を見て，下の鉱産資源について，日本の輸入量が多い国を順に二つ書きなさい。

チェック P26 1 (各6点×6　36点)

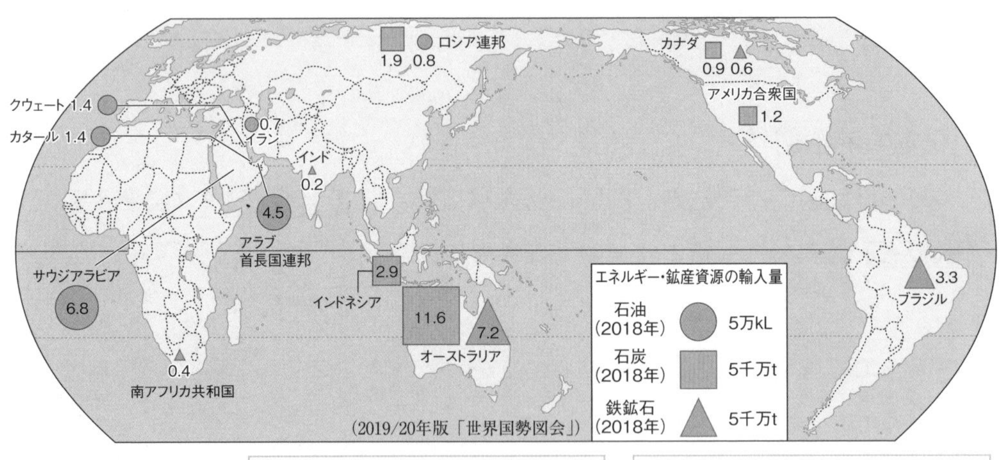

(2019/20年版「世界国勢図会」)

(1) 石油……………………

(2) 石炭……………………

(3) 鉄鉱石…………………

得点UP コーチ

1 (1)化石燃料とは，数百万年前の動植物が，地中にうもれてできたもの。
(2)石炭，石油などで発電するもの。

2 石油は西アジアの国からの輸入が多い。

学習日	月 日	得点	点

3 日本の特色②

スタートドリル / 書き込みドリル❶ / 書き込みドリル❷ / 書き込みドリル❸ / まとめのドリル

発展

3 右の図を見て，次の問いに答えなさい。

チェック P26 1（各4点×10 40点）

(1) 次の県を含む工業地帯・地域の名を書きなさい。

①富山県

②兵庫県

③広島県

④福岡県

(2) 関東地方から九州地方北部にかけてのびる臨海型の工業地域をまとめて何というか。

(3) 生産額から見て，日本最大の工業地帯・地域はどこか。

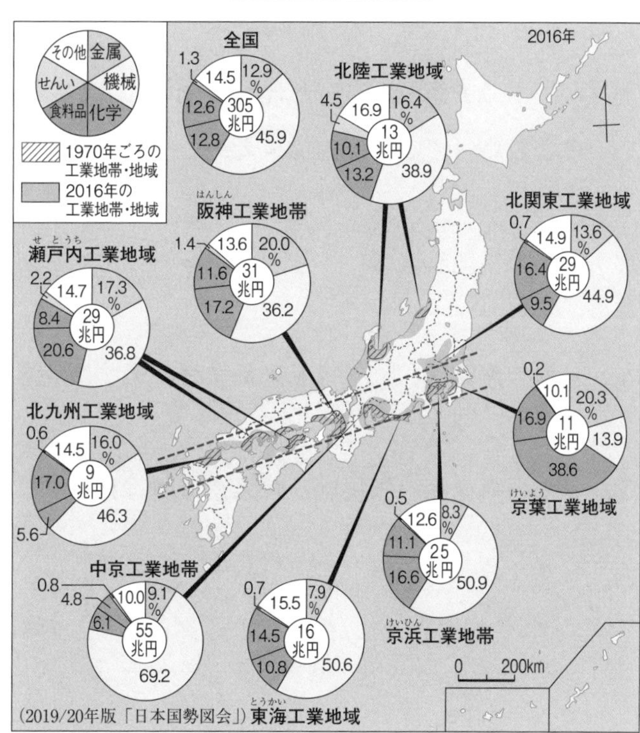

（2019/20年版「日本国勢図会」）

(4) 化学工業の生産割合が一番大きい工業地帯・地域はどこか。

(5) 日本の工業や貿易について，あてはまる語句を書きなさい。

① 日本は原料を輸入し，工業製品にして輸出する［　　］で経済発展を進めてきた。

② 日本の輸出の増加にともなって，相手国との間にさまざまな［　　］が起こるようになった。

③ ②の問題を避けるために生産の拠点を相手国に移したり，人件費の安い国へ移したりする企業が増えた結果，産業の［　　］が起こった。

得点UPコーチ

3 (2)「臨海」とは「海に面する」の意味。(3)京浜工業地帯は東京都，神奈川県，埼玉県を含む。(5)③地域の雇用機会が減少したり，地域経済が衰退したりする。

書き込みドリル

2 日本の農林水産業と商業

基本

1 日本の農業について，次の文の(　)にあてはまる語句を，下の[　　]から選んで書きなさい。

チェック P26 2(各7点×5　35点)

(1) (　　　)が他の先進国と比べて低いことが課題である。

必出 (2) 日本の農村では，農業従事者の(　　　)と後継者(こうけいしゃ)不足の対策が課題となっている。

(3) 日本の耕地面積は(　　　)，アメリカの約70分の1である。

必出 (4) 日本の農業は(　　　)を進めてきたので，人手が少なくてすみ，兼業(けんぎょう)する農家が多い。

(5) 日本の農産物の価格は，輸入農産物に比べて(　　　)ので，国際競争では不利である。

高い　広く　機械化　高齢化(こうれいか)　食料自給率　せまく　安い

2 次の文の{　}の中から，正しい語句を選んで書きなさい。

チェック P27 2(各5点×3　15点)

(1) 価格が安いので，日本では{ 国産材　輸入材 }の使用量が多い。

(2) 各国による，沿岸から{ 12　200　400 }海里の排他的(はいたてき)経済水域の設定以降，日本の遠洋漁業の漁獲量(ぎょかくりょう)は大きく減っている。

(3) 育てる漁業として，{ 沿岸漁業　沖合漁業　養殖(ようしょく)漁業 }や栽培漁業に力を入れている。

得点UPコーチ

1 (2)日本の農業従事者のうち，65歳(さい)以上が約7割を占(し)めている。(3)日本の1戸あたり耕地面積は約2.5haで，アメリカの約70分の1(2017年)である。

2 (3)魚類では，うなぎ，ぶり類，たい類などが育てられている。

学習日	月　日	得点	点

3 日本の特色②
スタートドリル　書き込みドリル❶　書き込みドリル❷　書き込みドリル❸　まとめのドリル

発展

3 右のグラフを見て，次の問いに答えなさい。

チェック P26 2（各7点×5　35点）

(1) 2016年の野菜の食料自給率を表す数値を｛　｝から選んで書きなさい。

｛ 30　　50　　80 ｝

(2) 特に食料自給率が低い作物を二つ答えなさい。

(3) 食料自給率が100%に近い作物を答えなさい。

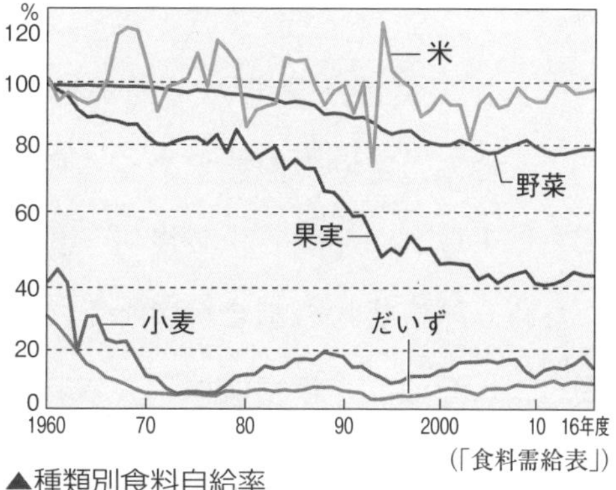

▲種類別食料自給率

(4) 次の文は，国産の作物が外国産の作物におされる理由を説明している。あてはまることばを答えなさい。

｛ 外国産の農作物は，国産のものに比べて値段が＿＿＿から。｝

4 右のグラフについて，各文の(　)にあてはまる語句を，下の｛　｝から選んで書きなさい。

チェック P27 2（各5点×3　15点）

(1) 1950年から2017年までに，割合が最も減少したのは(　　)産業である。

(2) 原材料を得て，(　　)産業は第二次産業にあてはまる。

(3) コンテンツ産業とも呼ばれるアニメーション制作は(　　)産業である。

｛ 第一次　　第二次　　第三次
直接生産を行わない　　加工して生産をする ｝

(年)	第一次産業	第二次産業	第三次産業
1950	48.6%	21.8	29.6
1990	7.1%	33.3	59.6
2017	3.4%	23.7	72.9

（国勢調査ほか）

▲産業構造の変化

得点UPコーチ

3 (3)あまらないように転作を進めていた　　が減少している。時期もあった。

4 (1)農業や林業，漁業などの産業の割合

書き込みドリル

③ 世界と日本の結びつき

基本

1 次の文の{ }の中から，正しい語句を選んで書きなさい。

チェック P27 3(各6点×4 24点)

(1) アジアでは，空港の整備が進み，国際線の乗りかえ拠点(きょてん)である{ ハブ 24時間 地方 }空港の機能をめぐる競争が激しい。

必出 (2) { IC(アイシー) 船舶(せんぱく) 石炭 }・貴金属などの軽量で高価な貨物や生鮮(せいせん)食料品が増加したため，航空貨物の割合が増加している。

(3) ①{ 石油 精密機械 衣料 }などの工業原料や，②{ 天然ガス 石炭 自動車 }などの工業製品が，大型船によって大量に運ばれている。

① ②

2 次の問いにあてはまる答えを，下の{ }から選んで書きなさい。(2)は( )にあてはまる語句を選びなさい

チェック P27 3(各5点×5 25点)

(1) 高速交通網(もう)の整備により，全国の主要都市が結ばれたのは，新幹線と何によってか。

(2) 高速交通網の発達によって，時間距離(きょり)は大幅(おおはば)に(　　)された。

(3) コンピューターによる，情報通信技術を何と呼ぶか。

(4) 無線通信で気軽に通話やデータのやりとりができ，写真や動画も撮影(さつえい)できる急速に普及(ふきゅう)している機器は何か。

(5) 2018年の日本における，インターネットの人口あたりの普及(ふきゅう)率は約何%か。

{ ICT 増加 約30% 約80% スマートフォン 高速道路 短縮 }

得点UPコーチ

1 (2)IC工場は，空港や高速道路のそばにつくられることが多い。 (3)①西アジアなどからタンカーで運ばれる工業原料。

2 (3)SNS(エスエヌエス)なども普及し，人々の生活が変化している。 (4)現在では固定電話よりも契約(けいやく)数が多くなっている。

発展

3 日本の貨物輸送について，次の問いに答えなさい。

チェック P27 3（各9点×3　27点）

(1) 1960年から2016年にかけて，日本の貨物輸送の中心となっているものは何か。

(2) 1960年から2016年にかけて，大きく割合を減らしているものは何か。

(3) 2000年から2016年にかけての輸送重量は増えてるか，減っているか。

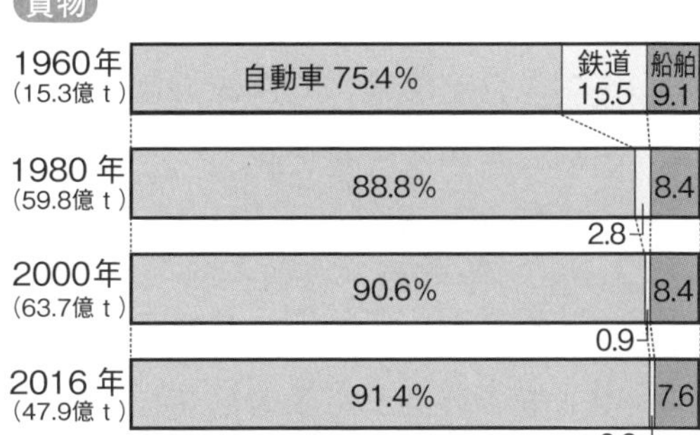

▲国内輸送の内訳の変化

4 情報通信機器の保有率の変化を示す右のグラフを見て，次の問いに答えなさい。

チェック P27 3（各6点×4　24点）

(1) 情報通信機器が普及したのは，ある通信網が整備されたからである。その通信網とは何か。

(2) ㋐，㋑にあてはまる機器を書きなさい。

㋐

㋑

(3) 情報通信技術により情報を中心に発展する社会を何というか。

%
100
80
60
40
20
0
パソコン
㋑
㋐
タブレット
2000　05　10　15　2017年
（「通信利用動向調査」2017年）

▲情報通信機器の保有率の変化

得点UPコーチ

3 (1)高速道路の整備とともに役割が増えていった。　(3)割合だけでなく，総重量にも着目する。

4 (2)㋑家に設置しない家庭も増えている。

まとめのドリル

日本の特色②

1 右の地図をもとにして，次の各問いに答えなさい。

チェック P26 1 ①((1)は完答　各5点×4　20点)

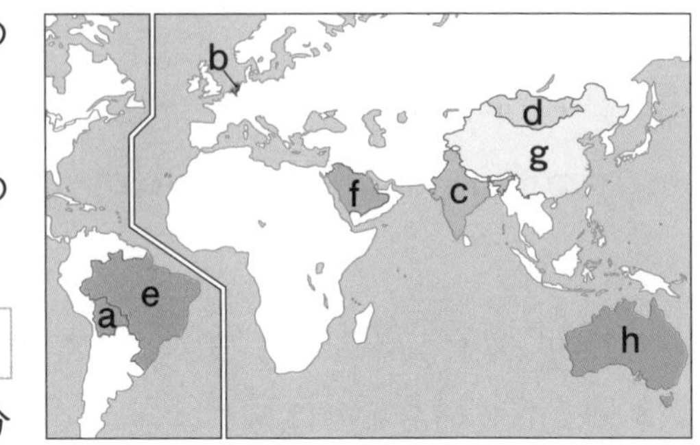

(1) 次の①・②の文にあてはまる国を，地図中のa～hから選び，記号と国名を書きなさい。

① ペルシャ湾（わん）に面した産油国で，日本はこの国から石油を大量に輸入している。

[　　・　　]

② 鉱産資源が豊かで，日本の全輸入量の半分以上をこの国から輸入している鉱産資源もある。

[　　・　　]

(2) 右のグラフは，日本のある鉱産資源の国別輸入割合を示し，アルファベットは地図中の国である。この資源は何か。

[　　　　]

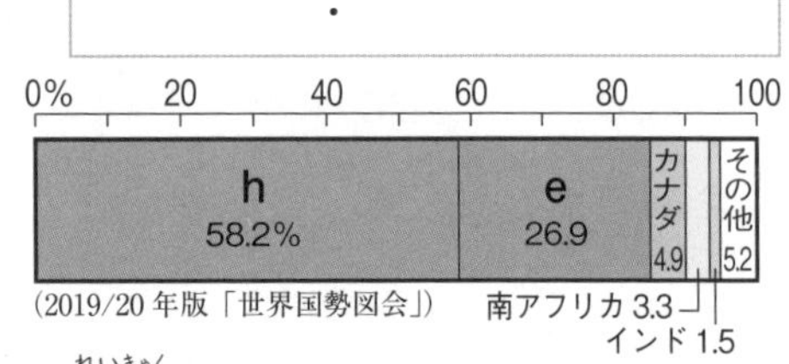

(3) 天然ガスは，輸送に便利なようにマイナス162度に冷却（れいきゃく）して液化される。この液化天然ガスを表すアルファベットを書きなさい。

[　　　　]

必出 2 下の図は，おもな工業地帯・地域の製造品出荷額等の構成を示したものである。ア～エにあてはまるものを[　　]から選んで書きなさい。

チェック P26 1 ③(各5点×4　20点)

	金属	機械	化学	食料品	せんい	その他
ア	20.0%	36.2	17.2	11.6	1.4	13.6
イ	8.3%	50.9	16.6	11.1	0.5	12.6
ウ	17.3%	36.8	20.6	8.4	2.2	14.7
エ	9.1%	69.2	6.1	4.8	0.8	10.0

2016年（2019/20 年版「日本国勢図会」）

京浜（けいひん）工業地帯　中京工業地帯
阪神（はんしん）工業地帯　瀬戸内（せとうち）工業地域

ア [　　　　]　イ [　　　　]
ウ [　　　　]　エ [　　　　]

得点UP コーチ

1 (1)①ペルシャ湾は西アジアにある。
②日本は，石炭と鉄鉱石の多くをこの国に頼っている。

2 金属の割合が高いのは阪神，化学工業がさかんなのは石油化学がさかんな瀬戸内，機械の割合が高いのは中京。

3 右の道県の農業に関する資料を見て，次の問いに答えなさい。

チェック P27 2 ②(各6点×7　42点)

(1)　表中のA～Eの道県は，北海道，埼玉県，和歌山県，高知県，鹿児島県のいずれかである。A・C・D・Eにあてはまる道県名を書きなさい。

A［　　　］　C［　　　］
D［　　　］　E［　　　］

道県＼項目	農業産出額(億円)	農業産出額に占める野菜・果物・畜産の内訳(億円)			人口(万人)
		野菜	果物	畜産	
A	12,762	2,114	61	7,279	5,320
B	5,000	657	95	3,162	1,626
C	1,980	968	69	294	7,310
D	1,225	171	816	53	945
E	1,193	750	118	85	714

2017年　（2020年版「データでみる県勢」）

(2)　表中のCとEの道県について，その農業の特色を表す語句を，下の{　}から解答欄に合うように選んで書きなさい。

C［　　　］・露地栽培
E［　　　］・［　　　］

{ 近郊農業　酪農　施設園芸農業　高冷地農業　混合農業　促成栽培 }

4 右の「漁業部門別漁獲量の推移」のグラフを見て，次の問いに答えなさい。

チェック P27 2 ③(各6点×3　18点)

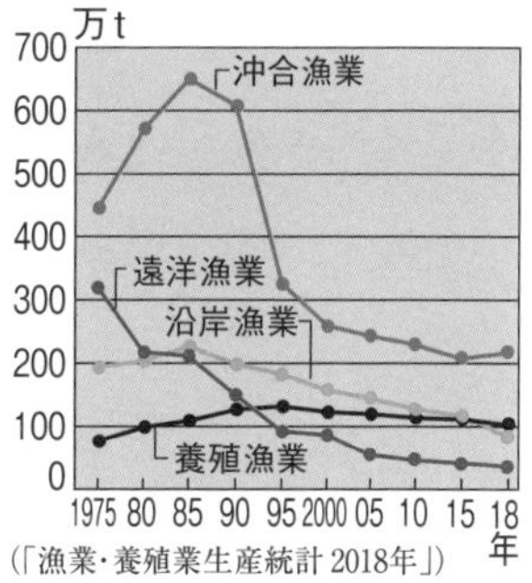

(1)　次の文の{　}から適する語句を選んで書きなさい。

遠洋漁業の漁獲量は，多くの国が沿岸から200海里までの水域での外国船の漁獲を①{ 自由化　保護　制限 }したことで減少した。2015年の漁獲量は1975年の②{ 約2分の1　約5分の1　約9分の1 }に減少したことがわかる。

①［　　　］　②［　　　］

（「漁業・養殖業生産統計 2018年」）

(2)　現在，わが国では，たい類，ぶり類などの養殖が行われている。養殖のほかにも，「たまごからふ化させた稚魚を海に放流し，成長した魚をとる漁業」が行われている。この漁業は何と呼ばれるか。［　　　］

得点UPコーチ

3 (1)北海道は農業と畜産，鹿児島は畜産，和歌山は果物，高知は野菜，埼玉は人口が多い。　(2)混合農業は，ヨーロッパなどで見られる作物栽培と家畜飼育を組み合せた農業。

4 (1)200海里水域は排他的経済水域のこと。

定期テスト 対策問題

学習日　　月　　日　得点　　点

地域調査の手法／日本の特色①／日本の特色②

1 右の地図を見て，次の問いに答えなさい。

チェック P4 1（各5点×7　35点）

⑴ 地図中の㋐は日本最長の川，㋑は日本最大の流域面積の川である。それぞれの河川名を書きなさい。

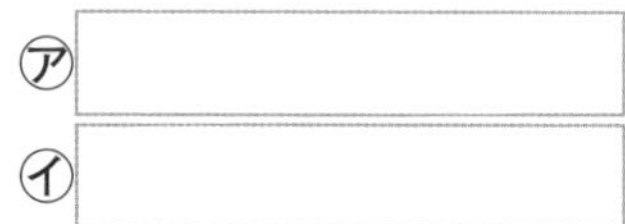

㋐

㋑

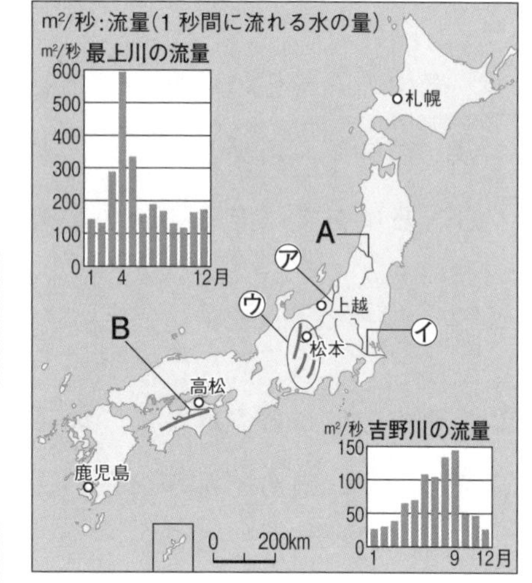

⑵ 地図中の㋒は，飛驒・木曽・赤石山脈を示している。この三つの山脈を合わせて何というか。

⑶ 次のⅠ，Ⅱの雨温図は，地図中のどの都市のものか，それぞれの都市名を書きなさい。

Ⅰ

Ⅱ

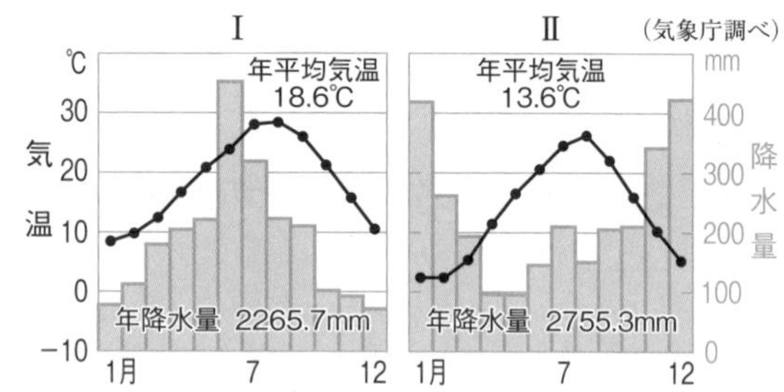

⑷ 地図中の川のA地点，B地点の流量が最も多い月と関係が深い自然現象はどれか。{ }から一つずつ選んで書きなさい。

A　　　B

{ 台風　　やませ　　梅雨　　偏西風　　雪どけ }

2 次ページの地図を見て，次の問いに答えなさい。

チェック P26 1，P27 2（各5点×7　35点）

⑴ 次の文にあてはまる地域を，地図中のア～カから選び，記号で答えなさい。

① 多くのビニールハウスがあり，野菜の促成栽培がさかんである。

② 夏の冷涼な気候を利用して，はくさい，レタスなどの野菜を出荷している。

③ 大都市の近くにあり，近郊農業がさかんで新鮮な野菜を出荷している。

①　　②　　③

(2)　A，Bの地域を含(ふく)む工業地帯名を，それぞれ答えなさい。

A

B

(3)　工業のさかんな地域が連なっている，Cの地域を何というか。

(4)　地図中の瀬戸内海(せとないかい)では，人工的に魚のたまごをふ化させ，稚魚(ちぎょ)まで育てたら海に放流する漁業がさかんである。このような漁業を何というか。

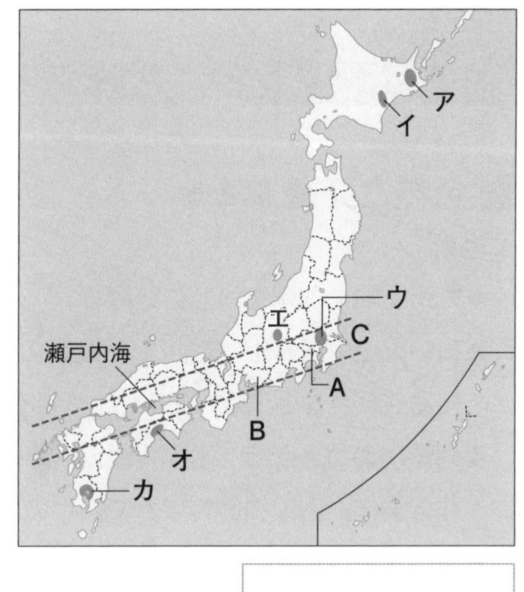

3　右の地形図を見て，次の問いに答えなさい。

チェック P4 2 (各6点×5　30点)

(1)　●で示したAとBの標高差は約何mか。次のア～エから一つ選び，記号で答えなさい。

ア　約300m　　　イ　約350m

ウ　約400m　　　エ　約450m

(2)　この地形図について述べた次の文中の［①］，［②］にあてはまる語句を書きなさい。

「京戸(きょうど)川」は，ほぼ［①］に向かって流れており，この川の北側には［②］が広がっている。

①

②

(3)　地形図中の中央部には，等高線がほぼ同心円状になっている。川が山から平地に出たところにできる，このような地形を何というか。

(4)　Cの地図記号は，何を表しているか。

要点チェック 4 九州地方

1 自然と交通 ドリル P44

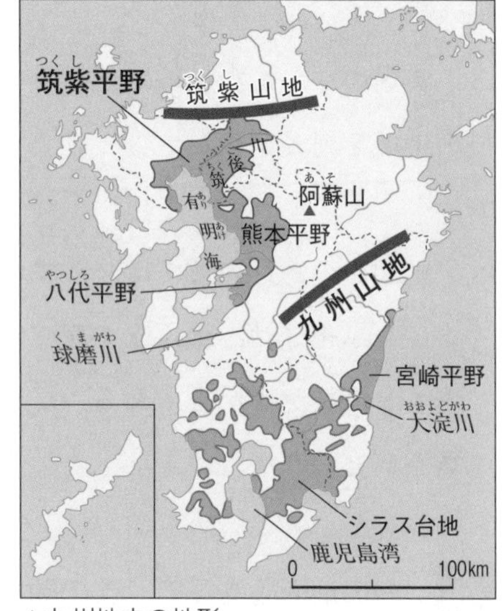

▲九州地方の地形

①地形

- **九州山地**…九州を南北に分ける。
  └→高くてけわしい
- **多い火山**…**阿蘇山**・**雲仙岳**(**平成新山**)・霧島山・**桜島**(御岳)など ➡ **温泉**や**地熱発電**。
  └→噴火で火山灰などの被害を受ける　└→別府など　└→八丁原など
- **阿蘇山のカルデラ**…世界最大級 ➡ 平地で稲作と畑作，山の斜面の草地で**肉牛**の放牧。
- **シラス台地**…火山灰などが積もってできた，**シラス**と呼ばれる地層でできている。
- **さんご礁**…南西諸島で発達。
- **屋久島**…世界遺産(自然遺産)。

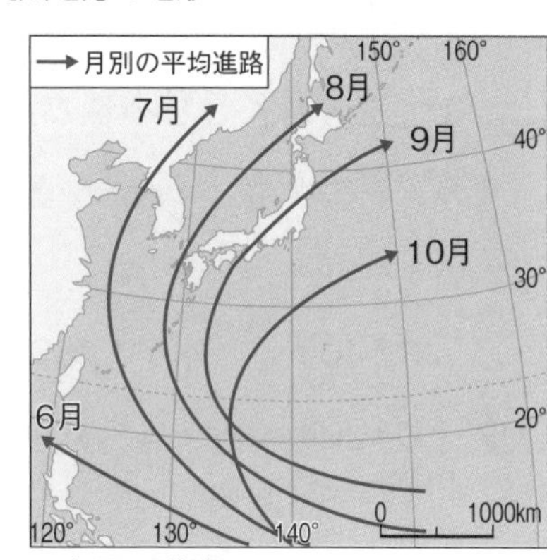

▲台風の進路

②気候

- **温暖な気候**…東西に暖流の黒潮(日本海流)と対馬海流が流れる。南西諸島は亜熱帯とも呼ばれる。
  └→沖縄など
- **降水量が多い**…5月中旬からの**梅雨**に加え，九州南部や南西諸島は**台風の通り道**である。土砂くずれや土石流，高潮などの被害を受けることがある。
  └→沖縄から　シラスの地層はくずれやすい←┘

③九州の交通

- **おもな交通**…本州とは，**東海道・山陽新幹線**でつながり，九州各都市は**九州新幹線**で結びついている。また，高速道路やバスも整備されている。
  └→博多駅〜鹿児島中央駅

④沖縄

- 海水が温かく，きれい…さんご礁が発達 ➡ 観光業がさかん。
  └→開発による赤土被害(雨で赤土が海へ流れ出す)
- リゾート開発により，環境問題が起きる一方，環境保全やエコツアーに取り組む。
- 琉球王国 ➡ 沖縄県 ➡ 第二次世界大戦で戦場 ➡ 戦後，アメリカ軍による占領 ➡ 本土復帰。
  └→15世紀　└→1879年成立　└→地上戦(1945年)　└→軍事基地　└→1972年

⑤持続可能な社会

- **エコタウン**，**環境モデル都市**…**持続可能な社会**をめざす。
  └→北九州市，水俣市など。公害の経験をふまえリサイクルなどに取り組む

覚えると得

カルデラ
火山の噴火で，溶岩や火山灰が噴き出したあとが落ちこんでできたくぼ地。周囲100kmの阿蘇カルデラの火口原には，約5万人が住んでいる。

2 九州の農業 ドリル P46

①九州北部の農業

- **有明海**(ありあけかい)…遠浅で潮の干満の差が大きい ➡ **干拓**(かんたく)によって耕地を拡大。
- **筑紫平野**(つくし)…稲作がさかん ➡ 山がちな場所は**棚田**(たなだ)を利用。
- **二毛作**…稲作のあと，裏作として小麦・大麦などを栽培(さいばい)。
- みかん…佐賀・長崎・熊本県の沿岸部の斜面で栽培。

②宮崎平野の野菜の促成(そくせい)栽培

- **促成栽培**…温暖な冬にきゅうり・ピーマンなどを生産。
  └→沿岸を黒潮が流れる
- **施設(しせつ)園芸農業**…温室を使い，野菜や果物(くだもの)を生産。
  └→マンゴーなど

③シラス台地の農業

- **シラス台地**…火山灰土のやせた土地 ➡ 水田には向かない。
- **畜産**(ちくさん)…肉牛・豚(ぶた)・にわとりを飼育 ➡ 大規模な会社経営。
  └→鹿児島1位(2018) └→宮崎1位(肉用若鶏)
  安い外国産に対して，地域ブランド商品を高く販売(はんばい)して対抗(たいこう)。

④沖縄の農業

- **温暖な気候**…**さとうきび**・パイナップル ➡ 外国産と競争。
  └→石垣島の二期作
- **冬の露地(ろじ)栽培**…野菜・花 ➡ 航空機やフェリーで出荷。
  └→菊

3 九州の工業 ドリル P48

①北九州工業地域

- **八幡製鉄所**(やはた)…**筑豊炭田**(ちくほう)の石炭と中国(ちゅうごく)から輸入した鉄鉱石 ➡ **鉄鋼業**が中心。
  └→1901年に開業
- **輸入先の変化**…第二次世界大戦後，鉄鉱石はオーストラリアからおもに輸入。
  └→北九州市は原料産地から遠くなる

計 9.3 兆円 (2016年)
- 機械 46.3%
- 食料品 17.0
- 金属 16.0
- 化学 5.6
- その他 15.1

(2019/20年版「日本国勢図会」)
▲北九州工業地域の製造品出荷額等の構成

- **エネルギー革命**…1960年代にエネルギー源が石炭から石油に変わる ➡ 炭鉱があいついで閉鎖(へいさ)。
  └→加えて，二度の石油危機が起こり，鉄鋼業などが停滞する

②シリコンアイランド

- **IC(アイシー)(集積回路)工場の進出**…きれいな水と空気。
  └→ほとんどの電気製品に使われている電子回路
- **空港付近や高速道路沿いに進出**…航空機で輸送。
  └→ICは小さく軽く高価なため

③その他の工業都市…大分市 ➡ 鉄鋼。 長崎市 ➡ 造船。

中津市(なかつ)，苅田町(かんだまち)，宮若市(みやわか) ➡ 自動車。 久留米市(くるめ) ➡ ゴム。
└→大分県 └→福岡県 └→福岡県

覚えると得

屋久島
ユネスコの世界遺産(自然遺産)に登録されている。日本では，知床(しれとこ)(北海道)，白神(しらかみ)山地(青森・秋田県)，小笠原(おがさわら)諸島(東京都)が登録されている。

促成栽培
ビニールハウスや温室などを使い，出荷時期を早めるように栽培すること。時期がずれるため高い値段で売れる。

水俣病(みなまた)
水俣市にあった化学工場の排水(はいすい)の中にメチル水銀が含(ふく)まれていたことが原因。魚介類(ぎょかいるい)が汚染(おせん)され，それを食べ続けた人が水銀中毒となった。

ミスに注意

★二毛作と二期作…一年間に，同じ耕地で異なった作物を二回つくることを二毛作，同じ耕地に同じ作物を二回つくることを二期作という。米の裏作に野菜などをつくることが二毛作である。一年に一回しかつくらないことを単作という。

スタートドリル

九州地方

【九州地方の地形】

1 次の問いに答えなさい。

チェック P40 1 ①(各5点×5　25点)

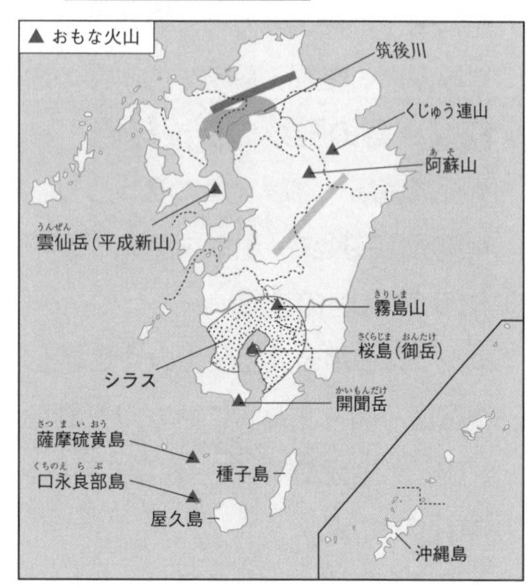

(1) 九州地方を南北に二分する九州山地について答えなさい。

① 地図ワーク 九州山地をなぞりなさい。

② ①の近くにあり，世界最大級のカルデラをもつ火山を地図中から選んで書きなさい。

③ ②の火山が属する県の県庁所在地を書きなさい。

(2) 筑後川が流れる九州地方最大の平野の名を書きなさい。

(3) 九州の南部に広がる火山灰土のやせた地層を何というか。

【九州地方の気候】

2 次の問いに答えなさい。

チェック P40 1 ①②(各5点×5　25点)

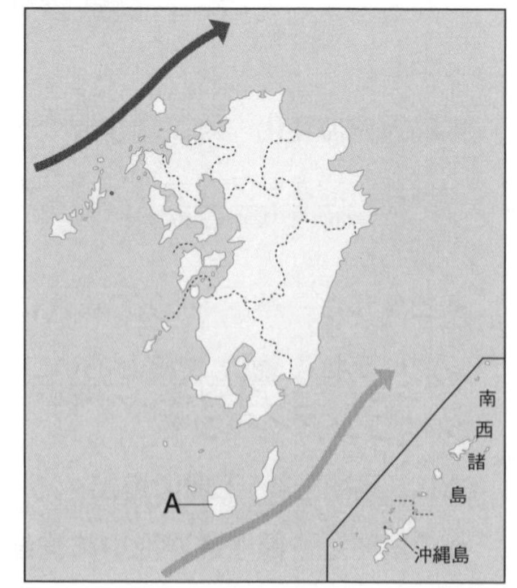

(1) 九州地方に温暖な気候をもたらす黒潮(日本海流)について答えなさい。

① 地図ワーク 黒潮をなぞりなさい。

② 温かく，きれいな海がある沖縄で発達するものは何か。{ カルデラ　　さんご礁 }から選んで書きなさい。

③ 世界自然遺産に登録されたAの島名を書きなさい。

(2) 夏から秋に，豪雨と強風をもたらすものを何というか。

(3) (2)が起こす災害を，{ 津波　　高潮 }から選んで書きなさい。

【九州地方の農業】

3 次の通り地図にかき込み，問いに答えなさい。

チェック P41 2 ①②（各5点×4　20点）

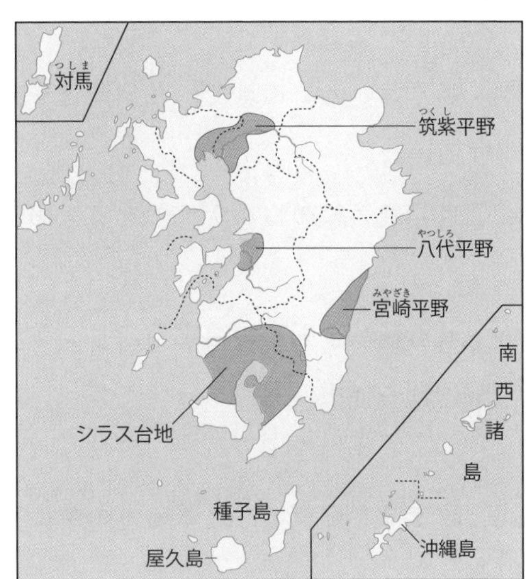

(1) 地図ワーク 筑後川をなぞりなさい。

(2) 一年間のうちに，同じ耕地で異なる作物を二回作ることを何というか。{ 二期作　二毛作 }から選んで書きなさい。

(3) 次の文にあう地域を地図中から選んで書きなさい。

① 温暖な冬にきゅうりなどの促成栽培がさかん。

② 九州で有数の米の産地。

【九州地方の工業】

4 次の通り地図にかき込み，問いに答えなさい。

チェック P40 1，P41 3（各5点×6　30点）

(1) 地図ワーク 北九州工業地域を⬭で囲みなさい。

(2) 地図ワーク 九州新幹線をなぞりなさい。

(3) 九州地方がシリコンアイランドと呼ばれているのは，どんな工場が進出したためか。

(4) 次の文にあう都市を地図中から選んで書きなさい。

① 北九州工業地域の中心都市で，現在はエコタウンに選ばれている。

② 化学工業が発達したが，1960年代に公害病が起こった。

③ 沖縄の県庁所在地。

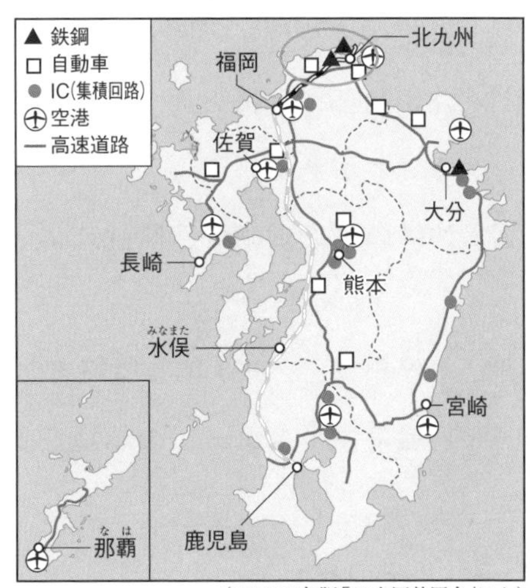

（2019/20年版「日本国勢図会」ほか）

1 自然と交通

基本

1 次のそれぞれの文にあてはまる地名を，右の地図中から選んで書きなさい。

チェック P40 1 (各5点×5　25点)

必出 (1) 高くけわしい山地で，九州地方を南北に二分する。

必出 (2) 世界最大級のカルデラのある火山。

(3) 湧出量が全国一の温泉があり，多くの観光客が訪れる都市。

必出 (4) 政令指定都市で，九州地方の中心となっている。

(5) 日本にある米軍基地面積の全体の約70%が集中する地域。

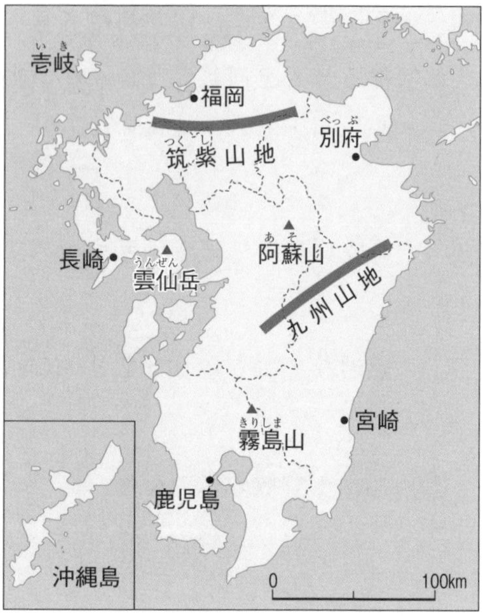

2 次の文の{　}の中から，正しい語句を選んで書きなさい。

チェック P40 1 (各7点×3　21点)

(1) 九州南部は台風の通り道になることが多く，{ 高潮　火砕流　津波 }の被害を受けることがある。

(2) 沖縄のさんご礁は，開発によって{ 火山灰　赤土　洪水 }の被害を受けている。

(3) 水俣市は，2001年に環境省と経済産業省から，{ バイオマスタウン　エコタウン　環境マイスター }の承認を受けた。

得点UPコーチ

1 (1)北部の山地は，低くてなだらか。(3)大分県の都市。火山の多い九州には，多くの温泉があり，全国から観光客が訪れる。(5)2017年現在。

2 (3)自治体，住民，企業などが連携する環境調和型のまちづくりを国が支援する。

学習日	月 日	得点	点

発展

3 右の地図を見て，次の問いに答えなさい。

チェック P40 1（(5)は完答　各6点×6　36点）

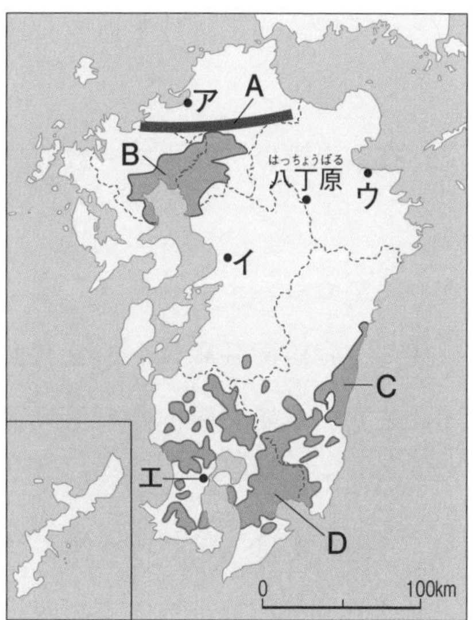

(1) 地図中のAは，低くてなだらかな山地である。山地名を答えよ。

(2) 地図中のB・Cの平野名を書きなさい。

B　　　C

出 (3) 地図中のDには，火山灰土の台地が広がっている。この台地名を書きなさい。

(4) 地図中の八丁原（はっちょうばる）などには，どのような種類の発電所があるか。

(5) 政令指定都市で，九州地方の中心となっている都市を，地図中のア～エから一つ選び，記号と都市名を書きなさい。　　・

4 右の雨温図は沖縄県の県庁がある那覇（なは）市のものである。これについて，次の問いに答えなさい。

チェック P40 1（各9点×2　18点）

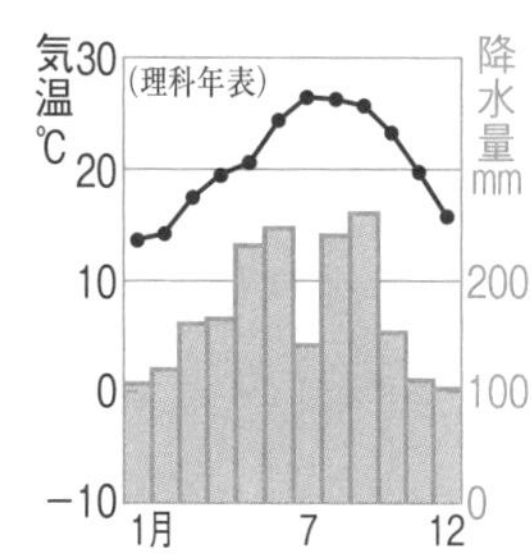

(1) 那覇市周辺の気候は何と呼ばれているか，漢字三文字で書きなさい。

出 (2) 降水量が9月に多いのは，この地域が何の通り道になることが多いからですか。

得点UPコーチ

3 (1)かつての国の名がつけられている。(3)「白い砂」という意味。姶良（あいら）カルデラ（今の鹿児島湾（わん））から噴出（ふんしゅつ）した火山灰が積もったもの。

4 (2)はじめは北西に進み，途中（とちゅう）から北東に進むような進路をとる。

書き込みドリル

② 九州の農業

基本

1 次の文の{ }の中から，正しい語句を選んで書きなさい。

チェック P41 2(各7点×5　35点)

(1) 干拓によって耕地を拡大してきたのは，{ 有明海　周防灘　日向灘 }である。

必出 (2) 筑紫平野は，九州で有数の{ あずき　米　じゃがいも }の産地である。

(3) 温室やビニールハウスを使い，野菜や果物などの出荷時期を調整する農業を{ 近郊農業　施設園芸農業　企業型農業 }という。

必出 (4) 佐賀・長崎・熊本県の沿岸部の斜面では，{ ぶどう　みかん　りんご }の栽培がさかんである。

(5) 沖縄県では，年じゅう暖かい気候を利用して，{ さとうきび　じゃがいも　らっかせい }・パイナップルの栽培がさかんである。

必出

2 南九州の農業について，次の文の　　にあてはまる語句を，下の{ }から選んで書きなさい。

チェック P41 2(各5点×4　20点)

鹿児島県や宮崎県の南部には，火山灰土が積もった ①　　 台地が広がっている。ここでは水持ちが悪いため， ②　　 や畜産が中心となっている。このうち笠野原ではダムを建設し，かんがい施設を整えたので，野菜・茶・飼料作物などを栽培している。冬でも温暖な宮崎平野では， ③　　 を使って野菜の ④　　 を行っている。

{ 稲作　三角州　カルデラ　ビニールハウス
畑作　シラス　促成栽培　マングローブ }

得点UPコーチ

1 (1)遠浅で干満の差が大きいことを利用して，昔から干拓が行われてきた。

2 ②かつては，さつまいもを栽培していた。　④温暖な気候を利用し，他の地域より早く出荷する栽培方法。

学習日　月　日　得点　点

発展

3 右の地図やグラフを見て，次の問いに答えなさい。

チェック P41 2（各5点×9　45点）

(1) 地図中のAの米づくりのさかんな平野名を書きなさい。

必出 (2) 野菜の促成栽培がさかんな，地図中のBの平野名を書きなさい。

(3) 次の文は，地図中のBの平野が促成栽培に向いている理由である。あてはまることばを書きなさい。

｛ 地図のBの平野のそばに，［ ① ］が流れているため，冬でも［ ② ］気候だから。 ｝

①

②

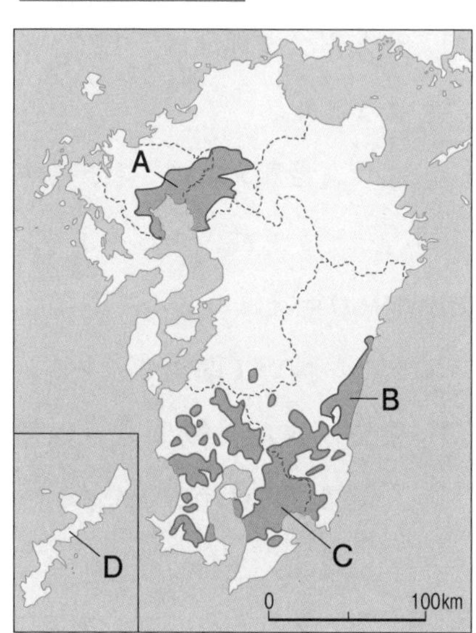

必出 (4) 地図中のCの台地に積もっている，火山灰の地層を何というか。

(5) 右のグラフは，県別の家畜の飼育割合である。㋐・㋑の九州の県名を答えなさい。

㋐

㋑

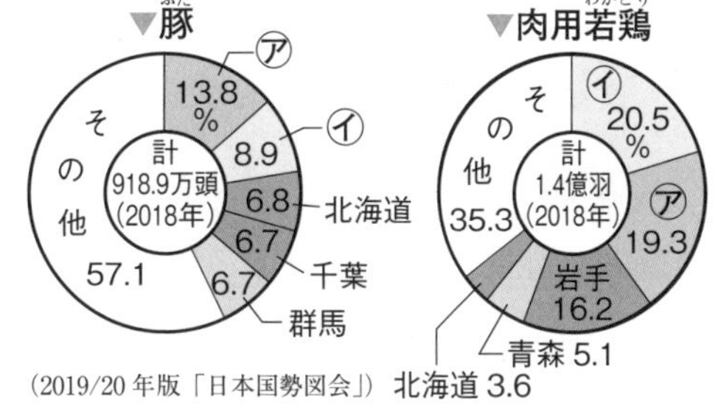

（2019/20年版「日本国勢図会」）

(6) 次の文は九州の畜産の特徴を説明したものである。あてはまることばを入れなさい。

｛ 安い外国産に対して，品質の良い地域［　　］商品を開発する。｝

(7) 地図中のDの県の一部では一年の間に二度米づくりをする。このような栽培を何というか書きなさい。

得点UPコーチ

3 (1)小麦・大麦などの裏作もさかん。(5)㋐・㋑とも南九州に位置する県。(6)他にも，ふん尿をバイオマスのエネルギーとして利用する循環型農業の取り組みもはじまっている。

3 九州の工業

基本

1 北九州工業地域について，次の文の{　}の中から正しい語句を選んで書きなさい。

チェック P41 3 (各5点×4　20点)

必出 (1) 北九州工業地域は，1901年に開業した{ 別府(べっぷ)　八幡(やはた)　八代(やつしろ) }製鉄所が発展のもとになった。

(2) 第二次世界大戦後，石炭や鉄鉱石は{ オーストラリア　サウジアラビア　メキシコ }などから輸入されるようになった。

必出 (3) 1960年代にエネルギー源が{ 石炭　石油　ボーキサイト }に変わったため，炭鉱があいついで閉鎖(へいさ)された。

(4) 金属工業が機械工業へ転換(てんかん)され，福岡県苅田町(かんだまち)や宮若(みやわか)市などで{ 自動車　製鉄　造船 }の生産がさかんになる。

2 次のそれぞれの文にあてはまる工業都市を，右の地図中から選んで書きなさい。

チェック P41 3 (各6点×5　30点)

必出 (1) 自動車工業がさかん。

必出 (2) 化学工業の工場が，メチル水銀の入った排水(はいすい)を流し，公害病が発生した。

(3) 江戸(えど)時代の外国との窓口。大造船所がある。

(4) ゴム工業が発達し，タイヤの生産がさかんである。

(5) 鉄鋼業がさかん。

得点UPコーチ

1 (1)当時の八幡村，現在の八幡東区につくられた。 (3)輸入するには，太平洋側の港が便利になった。

2 (2)公害病には，この都市名がついている。 (4)伝統的工芸品のかすりの産地としても知られる。

学習日　　月　　日　得点　　点

4 九州地方
スタートドリル　書き込みドリル❶　書き込みドリル❷　書き込みドリル❸　まとめのドリル

発展

3　北九州工業地域について，次の問いに答えなさい。

チェック P41 3（各5点×4　20点）

(1) 右のグラフ中の，Aの工業名を書きなさい。

(2) 北九州工業地域の発展の基礎（きそ）となった，製鉄所の名を書きなさい。

	A	機械	化学	食料品	せんい	その他
全国	12.9%	45.9	12.8	12.6	1.3	14.5
北九州工業地域	16.0	46.3	5.6	17.0	0.6	14.5

2016年（2019/20年版「日本国勢図会」）

▲全国と北九州工業地域の製造品出荷額等の構成

(3) (2)の製鉄所が北九州につくられたのは，近くに何と呼ばれる石炭の産地があったからか。

(4) 石炭から石油へのエネルギー源の転換（てんかん）や石油危機により，工業が停滞（ていたい）した。このエネルギー源の転換のことを何というか。

4　九州地方のIC（アイシー）工場について，次の問いに答えなさい。

チェック P41 3（各6点×5　30点）

(1) IC工場の進出によって，九州地方は何と呼ばれるようになったか。

(2) IC工場は，どのようなところに立地しているか。

(3) 次の文は，ICを航空機で運ぶことができる理由である。あてはまることばを書きなさい。

｛ICは，小さくて［①］。さらに値段が［②］から。｝

① 　②

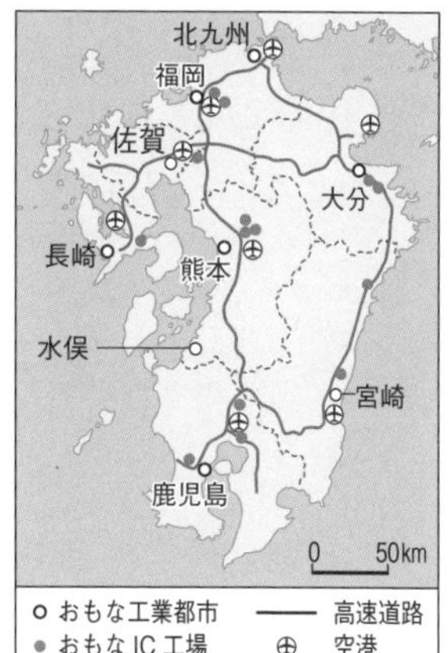

得点UPコーチ

3 (1)北九州工業地域では，全国平均よりもAの割合が高くなっている。 (4)これにより，(3)の炭鉱が閉山してしまった。

4 (1)その材料の名をとって呼ばれている。(2)地図からわかることを書く。交通機関に着目する。

九州地方

1 右の地図とグラフを見て，次の問いに答えなさい。

チェック P40 1，P41 2 （(1)(2)は完答　各5点×6　30点）

(1) 地図中のア～クは，各県の県庁が置かれている都市を示している。このうち，人口が100万人以上の都市を一つ選び，記号と都市名を書きなさい。

［　　・　　］

(2) 九州地方には，県庁が置かれている都市名と県名とが異なる県が一つある。その県名と都市名を書きなさい。

［　　県・　　市］

(3) 次の文中の［①］，［②］にあてはまる県名や語句を，それぞれ書け。また，［③］にあてはまる家畜(かちく)を下の｛　｝から選んで書きなさい。

九州南部の［①］県から宮崎県や熊本県にかけての地図中の［　］の地域には，火山噴出物(ふんしゅつぶつ)が堆積(たいせき)した［②］台地が広がっている。この地域では，農地の改良が進み，茶や野菜，飼料作物の栽培(さいばい)がさかんになった。また，肉牛，［③］，にわとりなどの畜産(ちくさん)もいちじるしく増加し，2018年の［③］の飼育頭数は，［①］県が全国第1位，宮崎県が全国第2位となっている。

｛馬　乳牛　豚(ぶた)　羊｝

①［　］
②［　］　③［　］

(4) 次の文は，宮崎平野で行われている促成(そくせい)栽培の利点である。あてはまることばを書きなさい。

｛出荷を通常出回らない時期に早められることで，［　］値段で売れるから。｝

［　］

得点UPコーチ

1 (1)九州地方の政治・経済・文化の中心地となっているところが，政令指定都市である。　(3)①南九州にある県。③おもに肉にする家畜。乳牛は北海道で多く飼育されている。

2 九州地方の工業について，次の文と右の地図を見て，下の問いに答えなさい。

チェック P40 1，P41 3（(3)(7)は完答　各10点×7　70点）

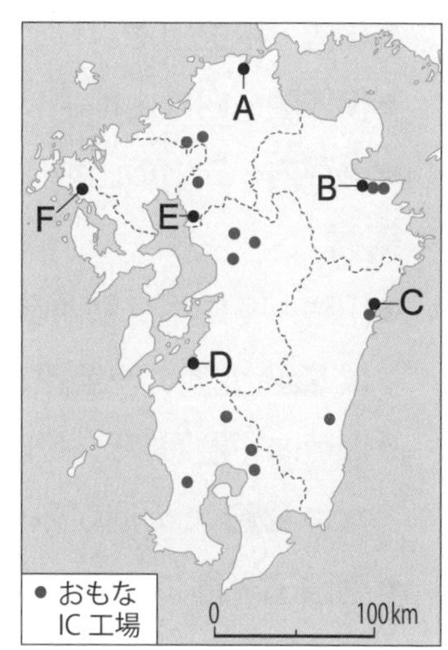

九州地方では明治（めいじ）時代の半ばになると，いちはやく地図中のAの都市内に①官営の製鉄所が建設された。この製鉄所がつくられたのがきっかけとなって，Aを中心とする地域は，現在では〔 ② 〕工業地域となっている。

工業が発展する一方で，③高度経済成長期に工場から排出（はいしゅつ）された物質により水が汚（よご）され，全国的に知られる公害病が発生したところもある。現在では持続可能な都市として，エコタウン事業の承認を受けたり，〔 ④ 〕モデル都市に選ばれている。鉄鋼業が停滞（ていたい）した1970年代になると，地図中の●にIC（アイシー）工場が進出するようになり，九州地方は〔 ⑤ 〕と呼ばれるようになった。

(1) 下線①の近くで，かつて採掘（さいくつ）が行われていたエネルギー源を，次から一つ選びなさい。

｛ 石油　　鉄鉱石　　石炭　　銅 ｝

(2) 文中の〔 ② 〕にあてはまる地名を書きなさい。

(3) 下線③にあてはまる都市を，地図中のB～Fから選び，記号と都市名を書きなさい。

・

(4) 文中の〔 ④ 〕にあてはまる語句を書きなさい。

(5) 文中の〔 ⑤ 〕にあてはまる語句を書きなさい。

(6) IC工場は輸送の観点から空港や＿＿＿のインターチェンジの近くに建てられる。＿＿＿にあてはまる語句を答えなさい。

(7) 航空機での輸送を可能にするICの特徴（とくちょう）を三つ書きなさい。

・　・

得点UPコーチ

2 (1)①は八幡（やはた）製鉄所。近くに筑豊（ちくほう）炭田がある。　(2)都市名と工業地域名が同じである。　(7)この特徴により，航空機やトラックでの輸送が可能になる。

要点チェック

5 中国・四国地方

1 自然と交通 ドリル P56

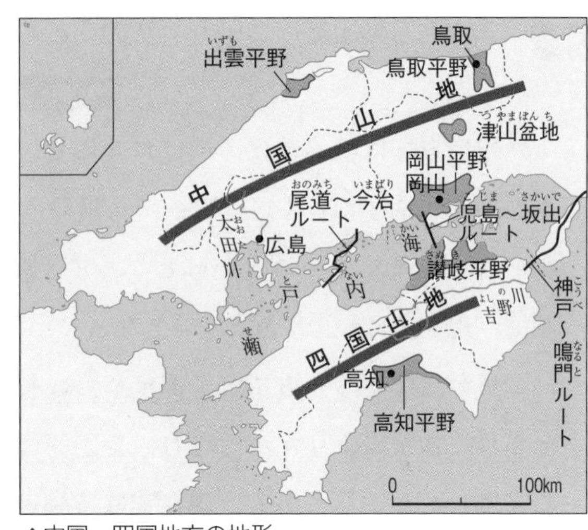

▲中国・四国地方の地形

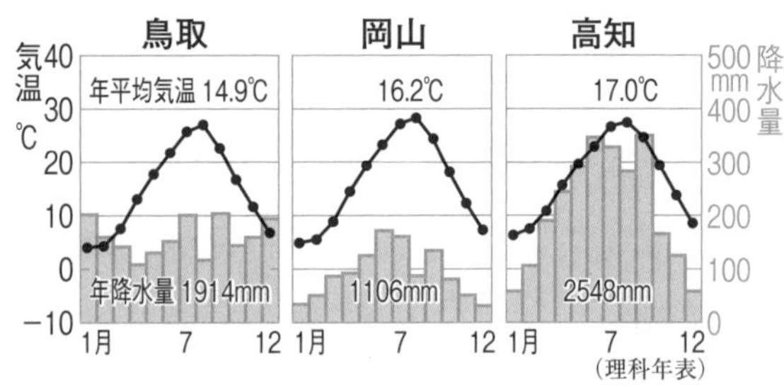

▲鳥取・岡山・高知の気候

①三つの地域区分

- **山陰**…**中国山地**より北側の地域。
  └→低くてなだらか
- **南四国**…**四国山地**より南側の地域。
  └→高くてけわしい
- **瀬戸内**…二つの山地にはさまれた地域。

②気候

- 山陰…冬に雨や**雪が多い**日本海側の気候 ▶ 北西の季節風と暖流の影響。
  └→対馬(つしま)海流
- 瀬戸内…温暖で，一年を通して**雨が少ない** ▶ **ため池**が多く見られる。
  └→讃岐(さぬき)平野
- 南四国…夏に**高温多雨**となる ▶ 南東の季節風と暖流の影響。台風の襲来。
  └→黒潮

③広島市の歴史

- **世界で最初の被爆都市**…第二次世界大戦末期の1945年8月6日に**原子爆弾**が投下される ▶ 数年のうちに20万人以上の人が死亡した。
- **原爆ドーム**…世界遺産(文化遺産)。
  └→広島県には他にも厳島神社がある
- **「平和記念都市」の宣言**…原水爆禁止を世界にうったえる。
- **地方中枢都市**…中国・四国地方の政治・経済・文化の中心。

④本州四国連絡橋

- **神戸～鳴門ルート**…**明石海峡大橋**と**大鳴門橋**。
- **児島～坂出ルート**…**瀬戸大橋** ▶ 鉄道と自動車専用道路が通る。
  └→1988年に完成
- **尾道～今治ルート**…「**瀬戸内しまなみ海道**」。

⑤地方空港…日本海側を中心につくられる。

⑥交通・通信の整備による地域の変化…高速道路や本州四国連絡橋の開通で**自動車**による移動が可能に ▶ 大都市へ人が移動するようになる。

地方では地元の商店街が衰退したりする。ストロー現象←┘

覚えると得

広島市
太田川の三角州につくられた都市。第二次世界大戦前は「軍都」であった。現在は自動車，造船などの輸送用機械工業がさかんである。

ストロー現象
都市間が交通網で結ばれ，大都市に人が移動する現象。

2 瀬戸内の産業 ドリル P58

①瀬戸内工業地域

- **瀬戸内海**…古代から海上交通・沿岸交通が発達。
  └→日本最大の内海
- **工業用地**…干拓地や塩田跡地，埋め立て地などを利用。
- **特徴**…海上交通の便の良さを生かした金属工業や化学工業がさかん。
- **石油化学コンビナート**…倉敷市(水島地区)，徳山市(現周南市)，新居浜市。
  └→岡山県　└→山口県　└→愛媛県
- **鉄鋼**…倉敷市，福山市，呉市。
  └→広島県

せんい 2.2
その他 14.7
機械 36.8%
計 29.1兆円 (2016年)
8.4
金属 17.3
化学 20.6
食料品
(2019/20 年版「日本国勢図会」)

▲瀬戸内工業地域の製造品出荷額等の構成

②瀬戸内の農業…乾燥した気候に対応。

- **讃岐平野**…かんがい用のため池。
- **果樹栽培**…みかん，ぶどう，レモンなど。
  愛媛県の宇和海沿岸←┘　└→岡山県　└→広島県

③瀬戸内の水産業

- **養殖漁業**…広島湾のかき，愛媛県のまだい。
- **栽培漁業**…卵をかえして稚魚に育て，それを海に放流する。
  └→弱い時期を人の手で育てる

3 山陰・南四国の産業 ドリル P60

①山陰の農業

- **鳥取平野**…平野部で米づくり，丘陵地でなしの栽培。
- **鳥取砂丘の開発**…防砂林をつくり，かんがい設備を設置 ➡ らっきょう・メロンなどを栽培。
  └→くろまつなど　└→スプリンクラー

②高知平野の野菜の促成栽培…他地域よりも早く出荷。

└→高値で売れる

- **促成栽培**…ビニールハウス ➡ きゅうり・なすなどの栽培。
  └→施設園芸農業
- **輸送園芸農業**…フェリー・トラックで京浜・阪神などに出荷。

③過疎化の対策…特に，山間地や離島で見られる。

- **耕作放棄地**…水田や森林を維持できない。
- **村おこし，町おこし**…特産品のブランド化，イベント活動。インターネットを利用した町おこし。
  └→販売や情報発信
- **市町村の合併**…福祉サービスの維持，市町村の収支の安定のため。
  └→伝統の風化や行政サービスの低下が課題
- **地産地消**…地域で生産したものは，地域で消費するという考え方。

覚えると得

瀬戸内の気候
夏の季節風を四国山地が，冬の季節風を中国山地がさえぎるため，一年じゅう雨の少ない気候となっている。

コンビナート
関連する工場を一つの地域に集め，それぞれの工場の製品が他の工場の原料として運ばれるように，パイプラインなどで結びつけて生産する企業の集団や，その工業地域のこと。

過疎化
村の人口が急激に減ったため，学校が廃校になったり，バスが通わなくなったりして，村の生活を続けることがむずかしくなること。耕作放棄地も拡大する。

重要 テストに出る!

愛媛県でみかん，高知県でなすが，全国有数の生産をあげている。

スタートドリル

中国・四国地方

【中国・四国地方の自然と気候】

1 次の問いに答えなさい。

チェック P52 1 ①②(各5点×6 30点)

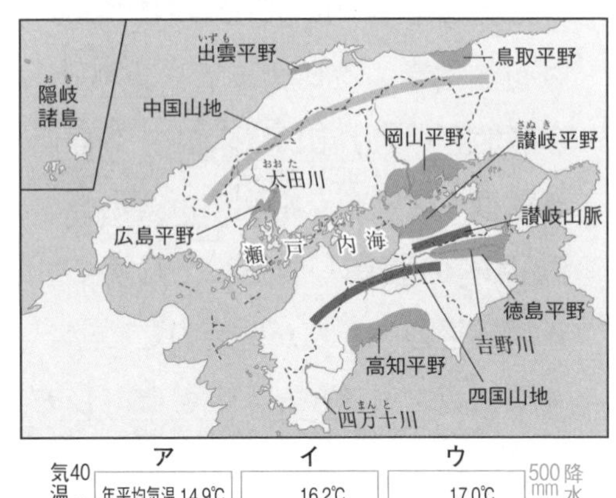

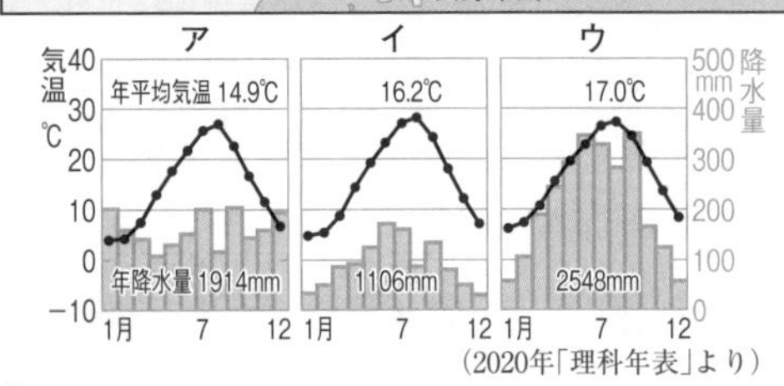

(2020年「理科年表」より)

(1) 地図ワーク 中国地方を二分する中国山地をなぞりなさい。

(2) 中国山地より北を{ 瀬戸内　山陰 }地方という。

(3) 四国山地より南の南四国地域は{ 瀬戸内　太平洋側 }の気候である。

(4) 夏は南東から，冬は北西から吹いて，気候に影響をあたえる風を何というか。

(5) 瀬戸内にある岡山市の雨温図をア～ウから選びなさい。

(6) 年間降水量が少ないため，農業用水を確保するため「ため池」をつくった四国地方にある平野名を書きなさい。

【中国・四国地方の交通と都市】

2 次の問いに答えなさい。

チェック P52 1 ③④(各2点×6 12点)

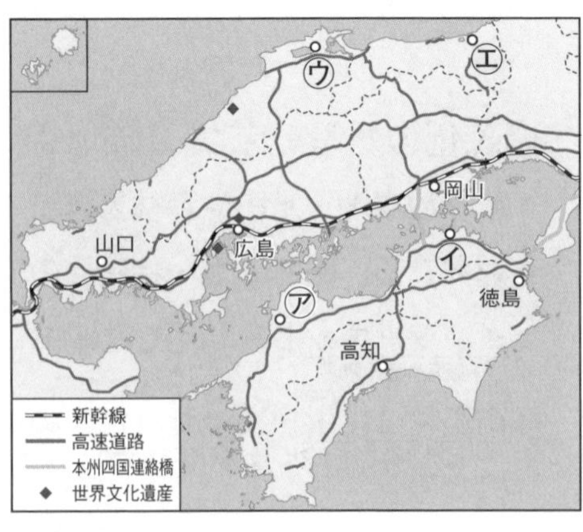

(1) 地図ワーク 本州四国連絡橋のうち，児島～坂出ルートの瀬戸大橋をなぞりなさい。

(2) 地図中の㋐～㋓の県庁所在地の名前を書きなさい。

㋐　㋑

㋒　㋓

(3) 世界文化遺産の「原爆ドーム」がある地方中枢都市を書きなさい。

【瀬戸内の工業】

3 次の問いに答えなさい。

チェック P53 2 ①(各6点×5　30点)

(1) 中国・四国地方の工業地域名を書きなさい。

(2) 地図ワーク (1)の工業地域に色をぬりなさい。

(3) 倉敷，岩国などでさかんな工業を書きなさい。

(4) 玉野，尾道，下関，今治でさかんな工業を書きなさい。

(5) (1)が全国と比べてさかんな工業は，金属工業と何か。

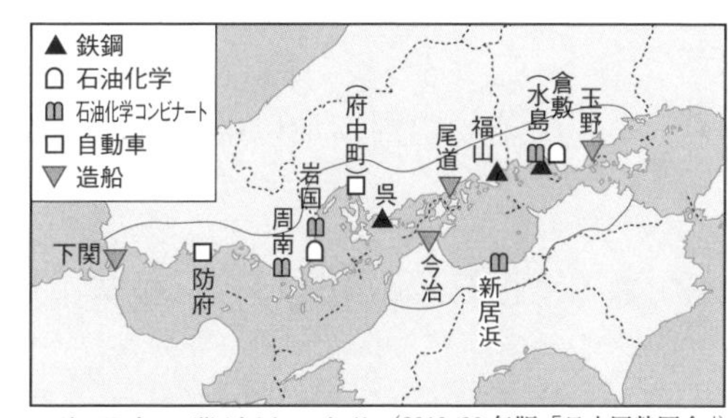

▼瀬戸内工業地域の変化 (2019/20年版「日本国勢図会」)

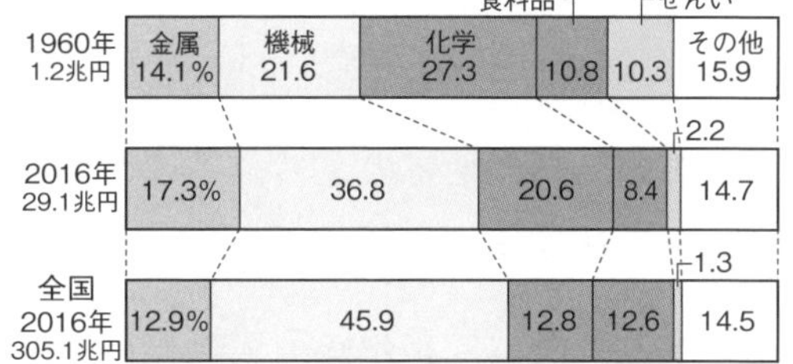

【中国・四国地方の農水産業】

4 次の問いに答えなさい。

チェック P53 2 ②③，3 ①②(各4点×7　28点)

(1) 次の文にあう地域や県名を，地図中から選んで書きなさい。

① かんがい用のため池が有名な平野。

② 温暖な気候を利用して，ビニールハウスできゅうりやなす，ピーマンなどの促成栽培を行っている。

③ 平野部で米づくり，丘陵地でなしの栽培が行われている。

④ ぶどうやももの栽培がさかんな平野。

⑤ かきの養殖で全国有数の生産量をほこる県。

⑥ まだいの養殖が有名で，グラフのAの県。

(2) 地図ワーク 島根県を地図中から探し，色をぬりなさい。

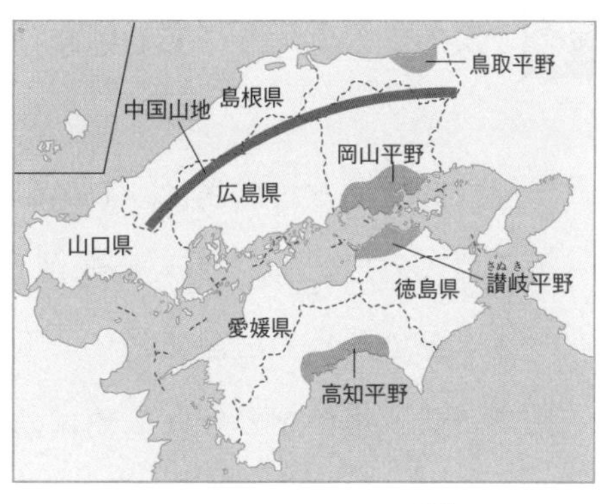

みかん 74.1万t	和歌山	A	熊本	静岡	長崎	その他
	19.5%	16.2	11.6	11.0	7.1	34.6

(2017年)　(2019/20年版「日本国勢図会」)

1 自然と交通

基本

1 次の文の{ }の中から，正しい語句を選んで書きなさい。

チェック P52 1（各6点×5 30点）

必出 (1) 中国山地と四国山地にはさまれた地域は，{ 山陰(さんいん)　瀬戸内(せとうち)　南四国 }と呼ばれる。

(2) 高くてけわしい山地は，{ 筑紫(つくし)山地　四国山地　中国山地 }である。

(3) 中国・四国地方のうち，一年を通して雨が少ない気候であるのは，{ 山陰　瀬戸内　南四国 }である。

(4) 中国・四国地方のうち，冬に雨や雪が多い気候であるのは，{ 山陰　瀬戸内　南四国 }である。

必出 (5) 瀬戸大橋は，本州四国連絡橋(れんらくきょう)のうちの{ 神戸(こうべ)～鳴門(なると)　児島(こじま)～坂出(さかいで)　尾道(おのみち)～今治(いまばり) }ルートにあたる。

2 次の文の□にあてはまる語句を，下の{ }の中から選んで書きなさい。

チェック P52 1 ③（各5点×4 20点）

「軍都」であった広島は，1945年8月6日に①□を落とされ，数年のうちに20万人以上の人が死亡した。第二次世界大戦後，二度とこのような悲劇をくりかえさないため，広島は②□を宣言し，原水爆(げんすいばく)禁止を世界にうったえている。復興をとげた広島は，③□として，各省庁の出向機関や裁判所などが集まる地となり，④□や造船業などがさかんな工業都市に発展してきている。

{ 卸売業(おろしうりぎょう)　原子爆弾(げんしばくだん)　自動車工業　地方中枢(ちゅうすう)都市　平和記念都市 }

得点UPコーチ

1 (2)九州地方，中国・四国地方，近畿(きんき)地方とも，南部にある山地が高くてけわしい。(3)山地にはさまれた地域は，降水量が少なくなる。

2 ①世界で最初に，この被害(ひがい)を受けた。③地方の中心都市という意味。

学習日　月　日　得点　点

発展

3　右の地図を見て，次の問いに答えなさい。

チェック P52 1 (各5点×6　30点)

必出 (1)　右の雨温図にあてはまる都市を，地図中から選んで書きなさい。

(2)　地図中のA・Bの山地名を書きなさい。

A

B

必出 (3)　地図中のCとDは本州四国連絡橋のうちの神戸～鳴門ルートに，Eは同じく児島～坂出ルートにあたる。それぞれの橋の名称(めいしょう)を書きなさい。

C　D　E

4　右の図は中国・四国地方のある季節の気象のしくみを示す模式図である。次の問いに答えなさい。

チェック P52 1 (各5点×4　20点)

(1)　図中のA・Bを流れている，海流名を書きなさい。

A　B

(2)　図中の矢印の風を何というか。方向もつけて答えなさい。

(3)　この図が表している季節はいつか。

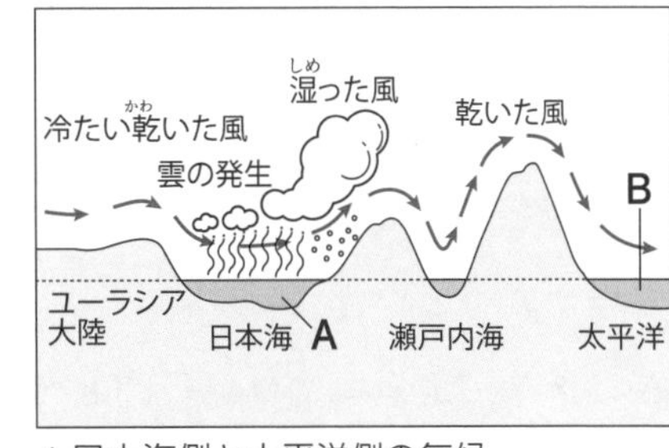

▲日本海側と太平洋側の気候

得点UPコーチ

3 (1)冬に降水量が多くなっている。これは，雪や雨である。

4 (2)大陸のほうから風が吹(ふ)いている。
(3)日本海側に雲が発生していることから考える。

2 瀬戸内の産業

基本

1 瀬戸内工業地域について，次の問いに答えなさい。

チェック P53 2（各5点×5　25点）

必出 (1) 右のグラフのA～Cにあてはまる工業を，次の｛　｝から選んで書きなさい。

｛ 化学　　機械　　金属　　窯業 ｝

A　　B　　C

A	B	C	食料品	せんい	その他
36.8%	20.6	17.3	8.4	2.2	14.7

計 29.1兆円　2016年（2019/20年版「日本国勢図会」）

▲瀬戸内工業地域の製造品出荷額等の構成

(2) グラフのBの工業がさかんな都市を，次の｛　｝から二つ選んで書きなさい。

｛ 倉敷　　呉　　周南　　福山 ｝

2 次の文の｛　｝の中から，正しい語句を選んで書きなさい。

チェック P53 2（各8点×5　40点）

必出 (1) 愛媛県が全国有数の生産をあげているものは，｛ ぶどう　　みかん　　りんご ｝である。

(2) (1)の栽培の中心となっているのは，｛ 宇和海　　土佐湾　　水島灘 ｝の沿岸の日当たりの良い斜面である。

必出 (3) 広島湾では，｛ かき　　たい　　はまち ｝が養殖されていて，日本一の生産をあげている。

(4) 卵をかえして稚魚に育て，それを海に放流する漁業を｛ 遠洋漁業　　沿岸漁業　　栽培漁業 ｝という。

(5) 近年，広島県では，｛ ぶどう　　さくらんぼ　　レモン ｝の栽培がさかんになってきている。

得点UPコーチ

1 (1)瀬戸内工業地域は，全国平均と比べると，化学工業の比重が大きい。 (2)コンビナートをつくっている。

2 (2)南西部の宇和海沿岸は温暖で，冬でも霜がおりないところが多い。 (3)全国の約6割を生産している（2018年）。

学習日　月　日　得点　点

5 中国・四国地方
スタートドリル　書き込みドリル❶　書き込みドリル❷　書き込みドリル❸　まとめのドリル

発展

3 次の文を読んで，あとの問いに答えなさい。

チェック P53 2（各5点×4　20点）

日本最大の内海である〔 ① 〕は，古代から海上交通・沿岸交通が発達していた。第二次世界大戦後になると，農業用地としてつくられた干拓地（かんたくち）や埋立地（うめたてち），〔 ② 〕跡地（あとち）などが工業用地として利用され，次々と工場が建てられた。倉敷市の水島（みずしま）地区や徳山（とくやま）（現在の周南市）などにはⓐ石油に関連する企業（きぎょう）が集まり，それぞれの工場の製品が他の工場の原料として運ばれるように，パイプラインなどで結びつけて生産する仕組みが整備された。また，福山には大規模な製鉄所がつくられるなど重化学工業が発達した。

(1) 文中の〔　〕の①・②にあてはまる語句を書きなさい。

①　　②

必出 (2) この文が説明している工業地域の名前を書きなさい。

(3) 下線部ⓐのような地域のことを何というか。

4 次の問いに答えなさい。

チェック P53 2（各5点×3　15点）

必出 (1) ため池が数多くつくられてきたのは，香川県の何という平野か。

(2) (1)のようなため池が必要なのは，瀬戸内の気候が一つの原因である。どのような気候かを説明しなさい。

(3) 温暖な愛媛県の宇和海沿岸などで，日当たりの良い斜面を利用してさかんにつくられている果物（くだもの）は何か。

得点UPコーチ

3 (3)このしくみの中で，石油の精製から製品の加工まで行われる。

4 (1)近年は香川用水から水が得られるようになった。

3 山陰・南四国の産業

基本

1 次の文の{ }の中から，正しい語句を選んで書きなさい。

チェック P53 3(各7点×3 21点)

必出 (1) きゅうり・なすなどの促成栽培がさかんなのは{ 岡山平野　高知平野 }である。

必出 (2) 鳥取平野の丘陵地で栽培され，鳥取県が全国有数の生産をあげているのは{ なし　ぶどう　もも }である。

(3) 日本最大の鳥取{ 砂丘　砂鉄　砂漠 }が耕地化され，らっきょう・メロンなどがつくられている。

2 次の文を読んで，あとの問いに答えなさい。

チェック P53 3(各6点×5 30点)

高知平野は，ⓐ近くを流れる暖流の影響で冬でも暖かい。この気候を利用して，ⓑビニールハウスや温室などの施設を使った農業がさかんで，ⓒ野菜の出荷時期を早めるように栽培している。また，ⓓ収穫した野菜を，フェリーやトラックで京浜や阪神などへ出荷する農業でもある。

必出 (1) 下線部ⓐ～ⓓのことを，それぞれ何というか。次の{ }の中から選んで書きなさい。

{ 親潮　促成栽培　施設園芸農業　黒潮　露地栽培　輸送園芸農業 }

ⓐ　ⓑ　ⓒ　ⓓ

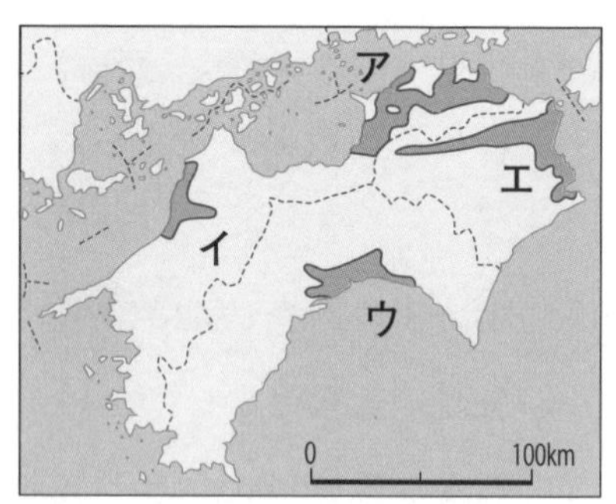

(2) 高知平野の位置を，地図中のア～エから選び，記号で答えなさい。

得点UPコーチ

1 (2)二十世紀なしが多くつくられ，県の花にもなっている。

2 (1)ⓐ別名を日本海流という。ⓓ大都市から遠い地域で行われている園芸農業のこと。

学習日　月　日　得点　点

発展

3 次のグラフは，ある地域の人口ピラミッドです。あとの問いに答えなさい。

チェック P53 3((2)完答，各7点×3　21点)

(1) 山間部や離島(りとう)などで現在問題になっている，人口が減ってしまう現象を何というか。

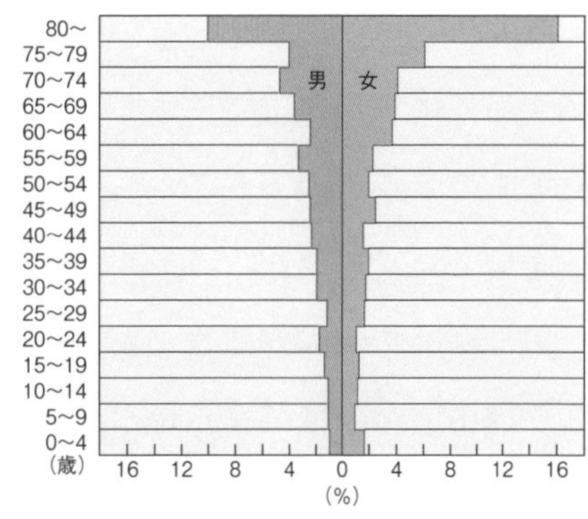

(2) 右のグラフは，(1)の問題が見られるか，見られないか，答えなさい。また，その理由も書きなさい。

理由：

(3) (1)の問題の対策として，地域で生産したものを，地域で消費するという考え方がある。この考え方を何というか書きなさい。

4 南四国で行われる農業について，次の問いに答えなさい。

チェック P53 3(各7点×4　28点)

(1) 黒潮の影響で冬でもあたたかい，南四国の平野はどこか。

(2) この平野で行われる，温暖な気候を利用して，夏野菜を冬から初夏にかけて栽培する方法を何というか。

(3) (2)によりさかんに生産されている農作物を，次の{ }から二つ選んで書きなさい。

{ キャベツ　なす　はくさい　きゅうり }

3 (1)学校が廃校(はいこう)になったり，バスが通わなくなったりする。 (2)年齢層(ねんれいそう)が上がるにつれ，数値が大きくなっている。

4 (2)宮崎平野などでも，同じような農業が行われている。 (3)ピーマンもさかんに栽培される。

まとめのドリル

中国・四国地方

1 右の地図を見て，次の問いに答えなさい。

チェック P52 1，P53 2 ((4)完答，各10点×8　80点)

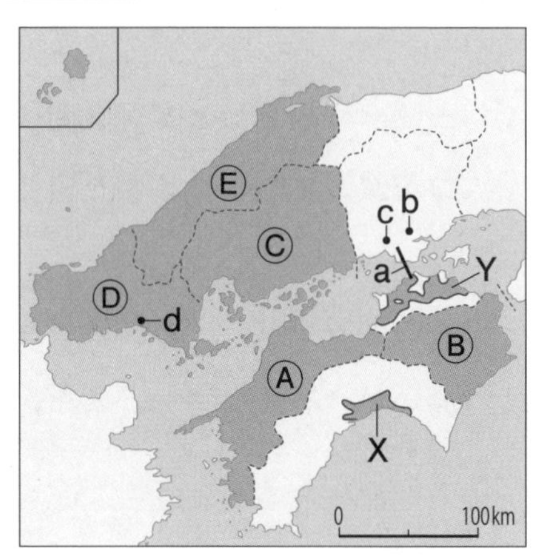

(1) Ⓐ県は全国有数のみかんの生産地である。県名を答えなさい。

(2) 略地図中に▒▒で示した地域X，Yにあてはまるものを，次のア～エから一つずつ選び，記号で答えなさい。　X［　　］　Y［　　］

ア　かつて海岸部でさかんであった製塩業は衰退し，塩田の跡地は工業用地などとして利用されている。

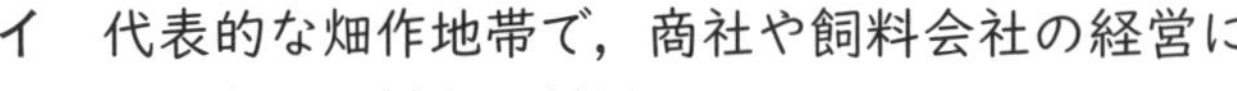

イ　代表的な畑作地帯で，商社や飼料会社の経営による大規模な養鶏や養豚が見られる。

ウ　古くからの干拓地が広がった米作の先進地域であったが，今では，い草や野菜の栽培が増えている。

エ　野菜の促成栽培が行われており，とくに，なすは全国有数の生産量をほこっている。

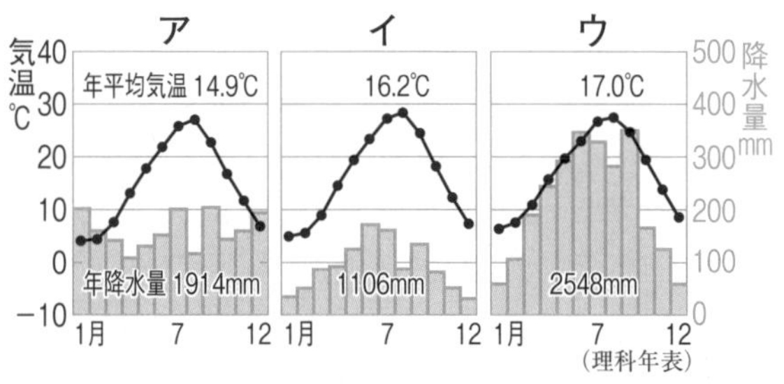

資料　(2017年)　(2020年版「データでみる県勢」)

県名＼項目	産業別人口割合 第1次	第2次	第3次	人口増加率(%) 2005～2010年の5年間の増減	漁業生産量(千t)	工業出荷額(億円)
ア	6.2	23.3	70.5	−0.65	137	11841
イ	7.9	23.7	68.5	−0.65	143	42008
ウ	2.7	26.5	70.8	−0.12	123	102356
エ	8.1	22.6	69.4	−0.77	22	17935

(3) 地図中のaは，1988年に開通した本州四国連絡橋の一つである。この別称を漢字四文字で答えなさい。

(4) 新幹線の駅がある，bの都市名を漢字で書きなさい。また，bの雨温図を，上のア～ウから一つ選び，記号で答えなさい。　［　　・　　］

得点UPコーチ

1 (1)この県のみかんの生産量は全国有数である。　(2)Xが高知平野，Yが讃岐平野である。坂出の塩田は，日本一の規模をほこっていた。　(3)aは児島～坂出ルートで，全長約37km。道路と鉄道の2段式になっている。

(5) 地図中のc，dの都市にある臨海工業地域では，石油化学工業に関連する企業が一定の地域に集まって効率的な生産活動を営んでいる。このような形態を何というか答えなさい。

(6) 資料中のア～エは，地図中のⒷ～Ⓔのいずれかの県を示している。Ⓒ，Ⓔ県はどれか，それぞれ記号で答えなさい。　Ⓒ　Ⓔ

2 右の地図とグラフを見て，次の問いに答えなさい。

チェック P52 1，P53 2，3(各4点×5　20点)

(1) 地図中のAは，高くてけわしい山地である。この山地名を書きなさい。

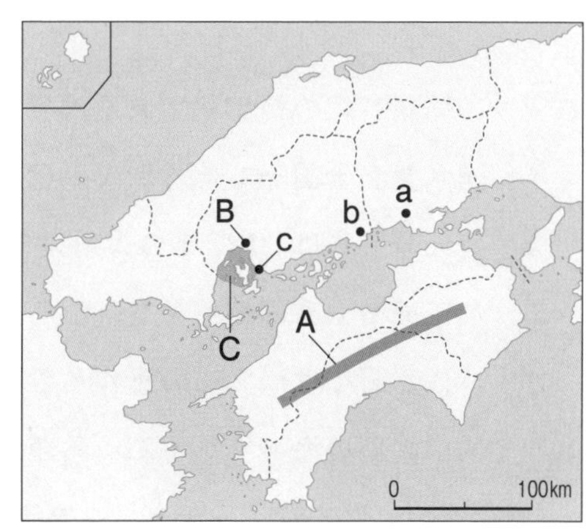

(2) 地図中のBは，何という都市の宣言をして，原水爆の禁止を世界にうったえているか。

(3) 地図中のCの湾でさかんに養殖されている水産物は何か。

(4) 地図中のa～cの都市に共通して発達している工業を，次の{　}から選んで書きなさい。

{ 自動車　石油化学　造船業　鉄鋼業 }

(5) 右のグラフは，なしの県別生産量の割合を示しており，グラフ中の㋐は中国・四国地方の県である。この県名を答えなさい。

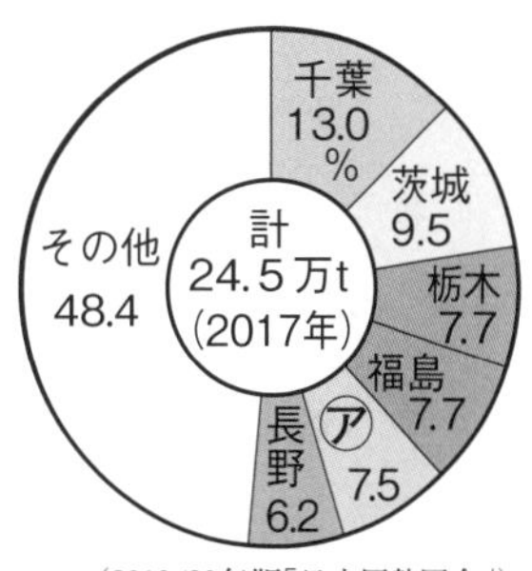

(2019/20年版「日本国勢図会」)

得点UPコーチ

(5)cは倉敷，dは周南である。 (6)Ⓔ県は島根県。過疎地が多い。漁獲高は高い。

2 (1)四国地方を，北四国と南四国に分けている山地。 (2)Bは広島市。世界で最初に原子爆弾の被害を受けた。 (4)bは福山，cは呉である。

定期テスト 対策問題

学習日	月 日	得点	点

九州地方／中国・四国地方

1 右の地図を見て，次の問いに答えなさい。

チェック P40 1，P41 2，P52 1，P53 2（各9点×8 72点）

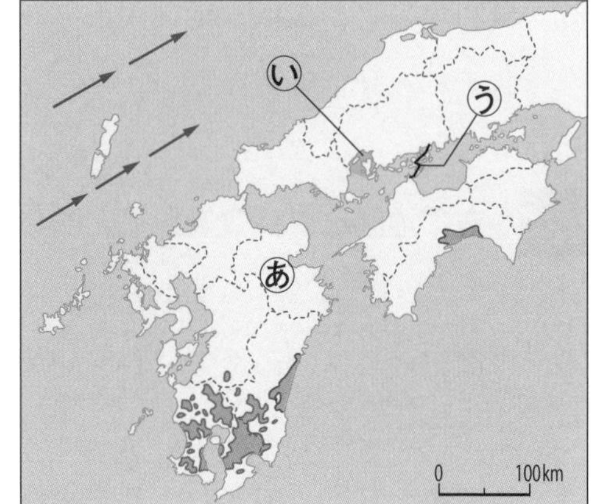

(1) 地図中の──→は，海流を示している。日本海側の地域の気候に大きな影響（えいきょう）をあたえるこの海流の名称（めいしょう）を書きなさい。

(2) 地図中のⓐの県にあてはまることがらを，次のア～オから二つ選び，記号を書きなさい。

ア 山陽新幹線の終着駅である博多（はかた）駅がある。

イ 湧水（ゆうすい）量が全国一である別府（べっぷ）温泉がある。

ウ 雲仙普賢岳（うんぜんふげんだけ）は1992年の大噴火（ふんか）の際に多くの死者を出した。

エ 八丁原（はっちょうばる）や大岳（おおだけ）に地熱発電所がある。

オ 八代（やつしろ）平野では，水田の裏作としていぐさの栽培（さいばい）がさかんである。

(3) 地図中のⓘの海域でさかんに養殖（ようしょく）されている水産物を，{ }から選びなさい。

{うなぎ　はまち　かき　真珠（しんじゅ）}

(4) 地図中のⓤは，本州四国連絡橋（れんらくきょう）の一つである。これについて答えなさい。

① ⓤのルート名を，次の{ }から選びなさい。

{ 神戸（こうべ）～鳴門（なると）ルート　児島（こじま）～坂出（さかいで）ルート　尾道（おのみち）～今治（いまばり）ルート }

② ⓤにあてはまることがらを次から一つ選び，記号を書きなさい。

ア 鉄道と自動車専用道路の両方が通っている。

イ 明石海峡大橋（あかしかいきょうおおはし）と大鳴門橋（おおなるときょう）という，二つの大きな橋がある。

ウ 多くの島々が橋で結ばれ，「しまなみ海道」と呼ばれる。

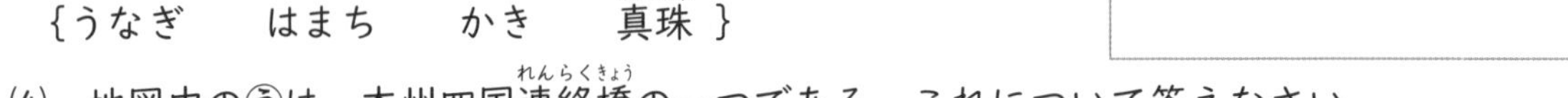

(5) 地図中の▬▬で示した地域には，火山噴出物（ふんしゅつぶつ）が厚く積もった台地が広がっている。この台地を何というか。

⑹　地図中の［　　］で示した地域に共通して見られる農業の特色を,「気候」「野菜」の二つの語句を用いて，40字以内で書きなさい。

2　右の地図を見て，次の問いに答えなさい。

チェック P41 3, P53 2（各4点×7　28点）

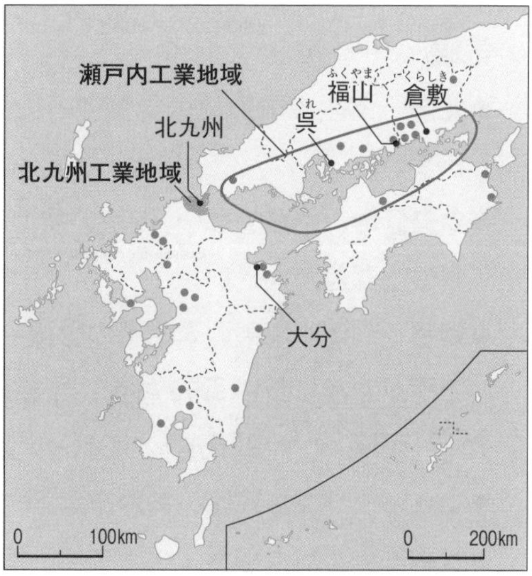

⑴　地図中の●は，ＩＣ（集積回路）工場の分布を示している。これについて，次の問いに答えなさい。

①　ＩＣ工場を建てるのに適した場所の説明として正しいものをア～ウから一つ選び，記号を書きなさい。

ア　空港や高速道路の近くなど，交通の便のよいところ。

イ　人の出入りの少ない小さな島。

ウ　人口の多い都市の近く。

②　ＩＣ工場が九州地方に多く進出したために，九州地方は何と呼ばれているか。

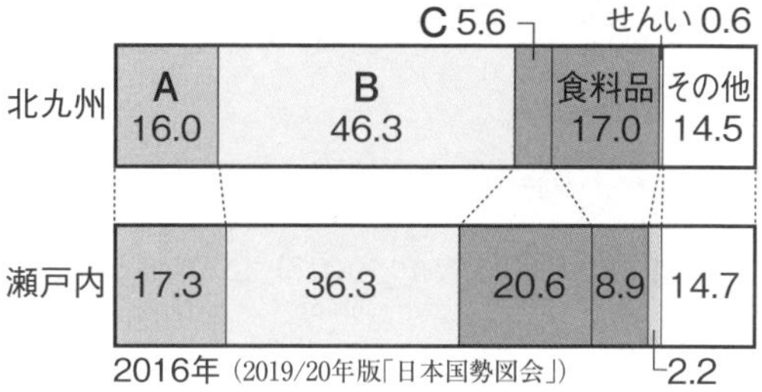

瀬戸内工業地域
北九州
北九州工業地域
福山
倉敷
呉
大分
0　100km
0　200km

	A	B	C	食料品	せんい	その他
北九州	16.0	46.3	5.6	17.0	0.6	14.5
瀬戸内	17.3	36.3	20.6	8.9	2.2	14.7

2016年（2019/20年版「日本国勢図会」）

⑵　地図中の●の都市に共通してさかんな工業は何か。工業名を書きなさい。

⑶　●と●の位置を比べると，●は臨海部のみにある。その理由の一つを下の{　}の文章で説明した。あてはまる語句を漢字一文字で書きなさい。

{ ⑵の原料は重く，ほぼ外国産のため，［　　］で大量に運んでくるから。}

⑷　右上のグラフは，北九州工業地域と瀬戸内工業地域の製造品出荷額等の構成を示している。グラフ中のA～Cにあてはまる工業名を書きなさい。

A　　　B　　　C

要点チェック 6 近畿地方

1 自然と大阪大都市圏 ドリル P70

①地形

- **紀伊山地**…太平洋岸までせまる。
  └→高くてけわしい
- **リアス海岸**…若狭湾岸，志摩半島。
  └→原子力発電所が集まる

②気候

- **北部**…北西の季節風の影響で冬に雨や雪が多い。
- **中央低地**…雨が少ない。内陸の盆地は夏と冬の気温差が大きい。
  京都盆地，奈良盆地←
- **南部**…黒潮や南東の季節風の影響で，温暖で雨が非常に多い ▶ 林業，果樹栽培。
  └→日本海流
  └→年降水量が3000mm以上のところもある

▲近畿地方の地形

③**大阪（京阪神）大都市圏**…京都・大阪・神戸が中心。

- **ニュータウンの建設**…神戸市など。
- **ターミナル駅の整備**…大阪市梅田駅や難波駅など。
  └→周辺の再開発が進む

2 大阪，京都・奈良，神戸 ドリル P72

①大阪

- 「天下の台所」…江戸時代に全国の物資が集散する商業都市。
- **経済の中心**…卸売業がさかん。東京の一極集中の影響を受ける。
  └→問屋街
- **交通の整備**…関西国際空港の国際線の強化など。

②京都・奈良
  └→国際観光都市

- **古い都**…奈良に**平城京**，京都に**平安京**。
  └→8世紀初め　8世紀末←
- **文化財**…長い歴史を持つ神社，寺院，彫刻，絵画など。
  └→世界遺産（文化遺産）も多い
- **伝統産業**…京都の**西陣織**・**清水焼**・友禅染，奈良の筆など。
  └→伝統的工芸品という
- **新しい産業**…京都では，第二次世界大戦後，観光業や電子・機械工業が発達。
- **古都の保存**…古都の町並みを保存する法律や規制と，自由に建物を建てる権利の調整が課題。

覚えると得

ターミナル駅
郊外や他県と中心部を結ぶ鉄道の起終点駅のこと。

ニュータウン
1960年代からの経済成長にともなって，都市の中心部の過密解消を目的として行われた郊外の宅地開発。現在では老朽化，住人の高齢化が課題。

昼間人口・夜間人口
地域に居住している人口を夜間人口という。これに，通勤・通学の人口の流出入量を加減したものを昼間人口という。

③神戸

- **山地の開発**…六甲山地の山ろくをけずり，海を埋め立てる ➡ けずったあとの平地に住宅団地を建設。
  └→ニュータウン
- **海の埋め立て**…人工島の**ポートアイランド**と**六甲アイランド**。2006年には**神戸空港**が開港。
  └→ポートアイランドと鉄道で結ばれる
- **阪神・淡路大震災**…災害に強い町づくりをめざす。
  └→1995年。兵庫県南部地震による大きな災害

④大阪湾一帯の開発

- **関西国際空港**…大阪国際空港の騒音問題が深刻化 ➡ 泉佐野市の沖合に海上空港を建設。
  └→1995年開港　└→24時間発着可能

▲大阪周辺の空港

3 近畿地方の産業 ドリル P74

①阪神工業地帯

- **あゆみ**…江戸時代 ➡ 商業の中心地。明治時代以降 ➡ せんいなどの軽工業，次いで重化学工業が発達。
- **大阪湾沿岸**…鉄鋼や化学などの大工場が建ち並ぶ。
- **内陸部**…中小工場が多い ➡ 大工場の下請け。先端技術(ハイテク)産業を支える企業もある。
  人工衛星づくりなど←┘

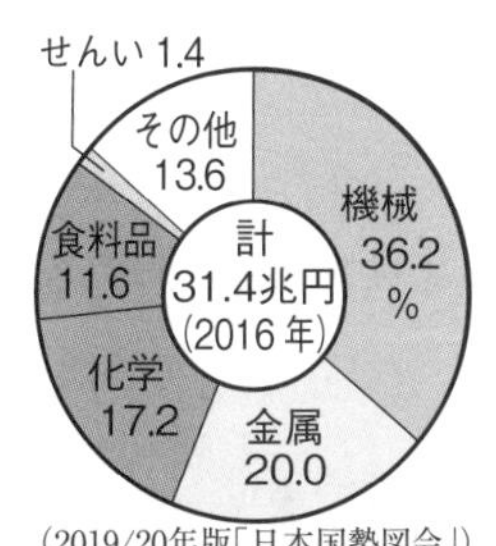

(2019/20年版「日本国勢図会」)
▲阪神工業地帯の製造品出荷額等の構成

②琵琶湖とその利用

- **日本最大の湖**…淀川の水源 ➡ 京阪神地方の水がめ。
- **湖の環境保全**…産業排水や生活排水で水が富栄養化され，淡水**赤潮**が発生 ➡ リンを含む合成洗剤の使用禁止や工場排水規制を条例で定める。
- **生態系の維持**…水鳥の生息地の保全や，日本固有の魚の保護 ➡ 外来魚の駆除など。
  └→ラムサール条約の登録湿地

③農業と水産業

- **中央地区の近郊農業**…京都の伝統野菜はよく知られる。
  └→大都市の近くで栽培　└→「九条ねぎ」や「賀茂なす」など
- **和歌山県**…みかん，うめの栽培。
  └→全国1位(2019)
- **志摩半島**…英虞湾で**真珠**，的矢湾でかきの養殖がさかん。

④紀伊山地の林業

- **紀伊山地**…温暖多雨で樹木が成長 ➡ 「**吉野すぎ**」や「**尾鷲ひのき**」など良質の木材の産地として知られる。
- **林業の課題**…価格の低迷。**輸入材**との競争。働く人の**高齢化**と後継者不足。

覚えると得

関西国際空港
わが国最初の海上空港。伊丹市(兵庫県)と豊中市(大阪府)にある大阪国際空港は市街地にあり，騒音問題が深刻になったことから，大阪湾の海上に建設された。

富栄養化
湖・川・海の水の栄養が人間の生活排水などにより増えること。これにより植物プランクトンが大量に発生し，赤潮や青潮が発生する。

スタートドリル

6 近畿地方

近畿(きんき)地方

【近畿地方の自然】

1 近畿地方の自然について答えなさい。

✓チェック P66 1, 2 (各5点×6　30点)

(1) 地図ワーク 中央低地の大阪平野を流れる淀川(よどがわ)をなぞりなさい。

(2) (1)の上流にあり，京阪神(けいはんしん)地方の「水がめ」と呼ばれている湖の名を書きなさい。

(3) 北部の，冬に多くの積雪が見られる気候は何か。{ 日本海側の気候　　瀬戸内の気候 }から選びなさい。

(4) ◯で囲んだ，海岸線が複雑に入り組んだ海岸を何というか。

(5) 南部の高くてけわしいAの山地名を書きなさい。

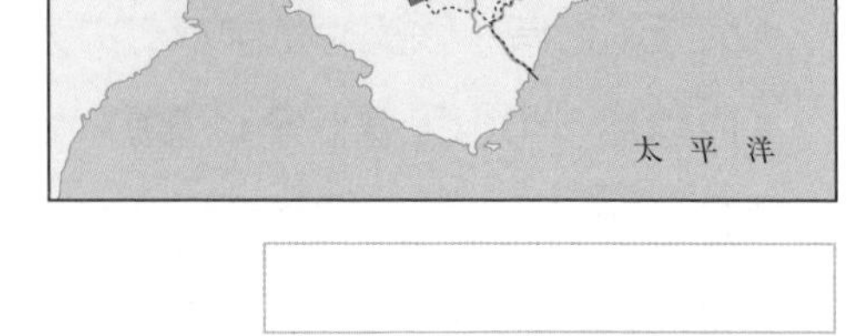

(6) 1995年に近畿地方を中心に起こった大震災(だいしんさい)を何というか。

【近畿地方の都市】

2 次の問いに答えなさい。

✓チェック P66 2 (各5点×4　20点)

(1) 次の文にあてはまる都市名を，地図から選んで書きなさい。

① 江戸(えど)時代に「天下の台所」と呼ばれた商業都市で，近畿地方の中枢(ちゅうすう)都市。

② 1000年以上も都として栄えてきた歴史があり，世界遺産(文化遺産)に登録され，外国の観光客も多く訪れる国際観光都市。

③ 世界有数のコンテナ基地(ポートアイランド)などがある港湾(こうわん)都市。

(2) 地図ワーク 人やものの移動で強いつながりを持つ大阪大都市圏(けん)に色をぬりなさい。

【近畿地方の工業】

3 グラフは近畿地方の工業地帯の製造品出荷額等の構成である。次の問いに答えなさい。

チェック P67 2 ④, 3 ①(各5点×4　20点)

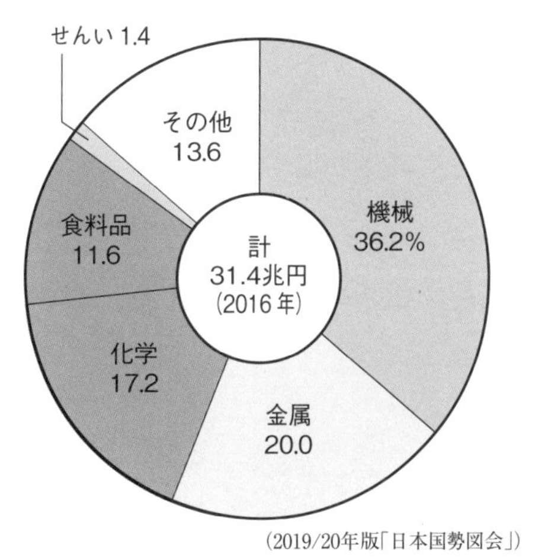

(2019/20年版「日本国勢図会」)

(1) この工業地帯名を書きなさい。

(2) (1)の工業地帯で最もさかんな工業を右のグラフから選んで書きなさい。

(3) (1)の工業地帯の内陸部に多い工場は何か。{ 大工場　中小工場 }から選んで書きなさい。

(4) (1)の工業地帯近くにある空港のうち，泉佐野市の沖合にある空港の名前を書きなさい。

【近畿地方の産業】

4 次の問いに答えなさい。

チェック P66 2, P67 3(各6点×5　30点)

(1) 大都市郊外で野菜を栽培し，出荷日の朝に収穫して市場へ出す農業を何というか。

(2) 西陣織や京友禅の織物などの伝統的工芸品が受けつがれ，生産されている都市を書きなさい。

(3) 地図ワーク 真珠の養殖がさかんな英虞湾のある県に色をぬりなさい。

(4) うめ，みかんの栽培がさかんな県を書きなさい。

(5) 温暖で雨の多い気候を利用して，吉野すぎなどを生産する林業がさかんな山地を地図から選んで書きなさい。

1 自然と大阪大都市圏

基本

1 次のそれぞれの文にあてはまる地名を，右の地図から□の数だけ選んで書きなさい。

チェック P66 1（各5点×7　35点）

(1) 中国山地から続く低くてなだらかな高地。

必出 (2) 高くてけわしい山地。

必出 (3) 入り江と岬が入り組んだ，リアス海岸。

(4) 県名と名前がちがう県庁所在地。

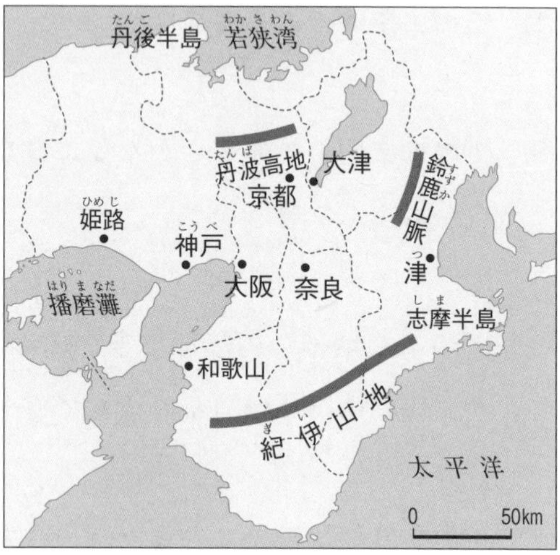

丹後半島
若狭湾
丹波高地
大津
京都
鈴鹿山脈
姫路
神戸
大阪
奈良
津
播磨灘
志摩半島
和歌山
紀伊山地
太平洋
0 50km

2 次の文の{　}の中から，正しい語句を選んで書きなさい。

チェック P66 1（各5点×3　15点）

(1) 近畿地方のうち，一年を通して雨が少ないのは，{ 北部　中央低地　南部 }である。

(2) 近畿地方のうち，温暖で，雨が非常に多い気候であるのは，{ 北部　中央低地　南部 }である。

(3) 京都・大阪・神戸の三つの大都市を中心として，1960年代以降，千里・泉北・西神などに建設された{ エコタウン　ニュータウン　ベイエリア }などを合わせて，大阪大都市圏が形成されている。

得点UPコーチ

1 (1)中央低地と北部の境にある。 (2)中央低地と南部の境にある。 (3)太平洋側と日本海側にある。

2 (2)南東の季節風の影響で，夏の降水量が多い。 (3)大都市に通勤・通学する人が多く住む住宅地域となっている。

発展

3 右の地図を見て，次の問いに答えなさい。

チェック P66 1 (各5点×5　25点)

(1) 右の雨温図にあてはまる都市を，地図中から選んで書きなさい。

(2) 地図中のA・Bの山地(高地)名を書きなさい。

A

B

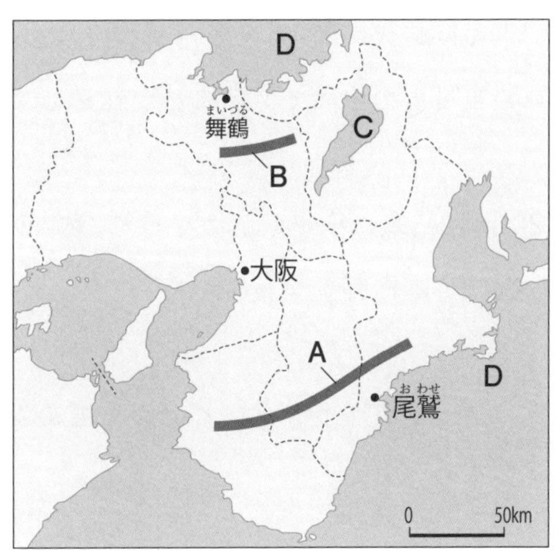

(3) 地図中のCは，日本最大の湖である。この湖の名を書きなさい。

(4) 地図中のDに共通する，海岸地形名を書きなさい。

4 次の文の□にあてはまる語句を書き入れなさい。

チェック P66 1 (各5点×5　25点)

大阪・①□・神戸の三つの都市を中心とした都市圏を②□大都市圏という。三つの都市の過密を防ぐため，千里・泉北などに③□がつくられ，他県や郊外と中心部を結びつける鉄道の起終点駅である④□を整備した。現在，③では，建物の老朽化や，住んでいる人の⑤□が問題になっている。

得点UPコーチ

3 (1)日本の最多雨地域の一つ。夏の降水量が特に多い。　(3)楽器の琵琶に似ていることから，その名がついたといわれる。　(4)入り江と岬が複雑に入り組んでいる。

4 ②東京大都市圏に次ぐ規模をもっている。

書き込みドリル

2 大阪，京都・奈良，神戸

基本

1 次の文にあてはまる都市を，地図中から選んで書きなさい。

チェック P66 2(各7点×4　28点)

必出 (1) 江戸時代には「天下の台所」と呼ばれた。現在の西日本の中心で，商工業が発達している。

必出 (2) 8世紀末に平安京がつくられ，約1000年もの間，日本の都となっていた。

(3) ポートアイランドなどの海を埋め立てた人工島をつくった。

(4) 8世紀初めに平城京がつくられた。筆や墨などの伝統産業がさかんである。

2 次のそれぞれの文にあてはまる地域を，下の{　　}から選んで書きなさい。

チェック P66 2(各6点×2　12点)

必出 (1) それまでの空港は市街地にあったため，騒音が大きな問題となっていた。空港の規模もせまくなっていることから，泉佐野沖に新しい空港がつくられた。

(2) 第二次世界大戦後に，新しい産業として，電子・精密機械産業や観光業が発達した。

{ 大阪国際空港　関西国際空港　京都市　神戸市 }

得点UPコーチ

1 (1)江戸時代に，全国の物資が集散する商業都市であった。 (2)(4)平安京と平城京を混同しないこと。先にできたのが平城京である。

2 (1)24時間営業の海上空港で，西日本の空の玄関となっている。

学習日	月　日	得点	点

発展

3 右の地図を見て，次の問いに答えなさい。

チェック P66 2 ①③④（各7点×6　42点）

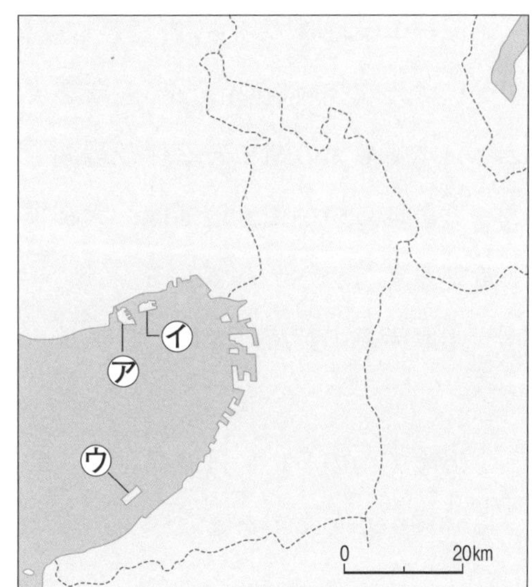

(1) 地図中の㋐，㋑の二つの人工島の名を書きなさい。
㋐
㋑

(2) ㋐，㋑の人工島は，何という山地の山ろくをけずって埋(う)め立(た)てたか。

(3) ㋐の沖合にある空港を何というか。

(4) 地図中の㋒にある空港を何というか。

(5) この地域は特に通勤や通学などで人の移動が多い。このような人の流出入量を，居住している人口に加減したものを何人口というか。

4 次のそれぞれの文にあてはまる都市名を書きなさい。

チェック P66 2（各6点×3　18点）

(1) 西陣織(にしじんおり)・清水焼(きよみずやき)などの伝統産業がさかんである。

(2) 卸売業(おろしうりぎょう)がさかんで，駅前などに高層ビルを建設し，再開発を行っている。江戸時代には「天下の台所」と呼ばれた。

(3) 西日本最大の貿易港で，貿易の仕事がさかんで外国人も多く住み，国際色豊かである。

得点UPコーチ

3 (1)㋐には医療(いりょう)研究施設(しせつ)を集めるなどのサービスを充実(じゅうじつ)させている。　(2)二つの人工島の，背後にある山地である。

4 (1)長い間，日本の都であった都市。　(2)西日本の中心都市。

3 近畿地方の産業

基本

1 近畿地方に関して，次の文の{　}の中から，正しい語句を選んで書きなさい。

チェック P67 3(各6点×5　30点)

(1) 阪神工業地帯のうち，内陸部には{ 大工場　中小工場　コンビナート }が多く，なかには先端技術(ハイテク)産業を支えているものもある。

(2) 日本で最大の湖である{ 琵琶湖　サロマ湖 }がある。

(3) 近畿地方の中央低地では，大都市に野菜などを供給する{ 促成栽培　二毛作　近郊農業 }がさかんである。

(4) 志摩半島の英虞湾では，{ 真珠　ほたて　はまち }の養殖がさかんである。

(5) 温暖で雨の多い{ 丹波高地　鈴鹿山脈　紀伊山地 }では，樹木がよく育ち，昔から林業がさかんである。

2 次の文の＿＿にあてはまる語句を，下の［　］から選んで答えなさい。

チェック P67 3(各5点×4　20点)

日本で最大の湖の琵琶湖は，古くから漁業と水運がさかんであった。しかし，湖の周辺に住宅や工場が建設されると，①＿＿や工場排水が流れこみ，水の富栄養化が進んだ。その結果，プランクトンが異常に増える②＿＿が発生するようになった。滋賀県は，条例によってリンを含む③＿＿の使用を禁止し，湖の浄化に努めている。その他にも，④＿＿の登録湿地であり，水鳥の生息地を守るための生態系の保全の取り組みが行われている。

赤潮　黒潮　合成洗剤　ラムサール条約　生活排水　ぜんそく

得点UPコーチ

1 (1)沿岸部には大工場が多い。 (4)リアス海岸が発達しており，養殖は波の静かな入り江で行われている。

2 ②水が赤かっ色に見えることから，こう呼ばれる。

発展

3 右の地図を見て，次の問いに答えなさい。

チェック P67 3(各5点×10　50点)

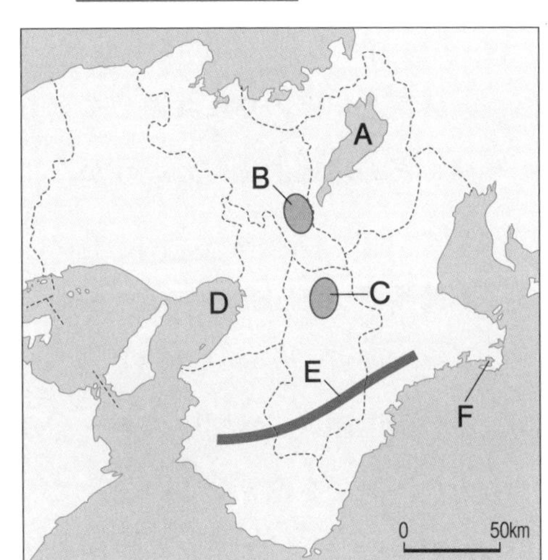

(1) 地図中のAの湖の名を書きなさい。

(2) Aが水質を守るため，滋賀県は(　　)を含む合成洗剤の使用を禁止する条例を定めた。(　　)にあてはまる語句を書きなさい。

(3) 地図中のBやCの地域に見られる，大都市に野菜などを供給する農業を何というか。

(4) 地図中のDの湾の沿岸部を中心に発達している工業地帯を何というか。

(5) 林業がさかんなことで知られる地図中のEの山地を何というか。

(6) Eの地域で生産される木材を次の{　　}から二つ選んで書きなさい。

{ 木曽(きそ)ひのき　吉野(よしの)すぎ　北山すぎ　尾鷲(おわせ)ひのき　秋田すぎ }

(7) 林業の人に関する問題点について解答欄(らん)に合うように二つ答えなさい。

働く人の　　　　　　の不足

(8) 地図中のFの地域でさかんに養殖されている水産物は何か。

得点UPコーチ

3 (1)滋賀県の面積の約6分の1を占(し)めている。 (3)大都市の周辺で行われる。 (4)第二次世界大戦前は，国内最大の工業地帯であった。 (5)付近は，国内で最も雨の多い地域の一つである。

近畿地方

1 右の地図と雨温図をもとにして，次の問いに答えなさい。

チェック P66 1, P67 2 (各5点×7　35点)

(1) 地図中のAの河川名を書きなさい。

(2) 若狭湾(わかさわん)と志摩(しま)半島に共通して見られる，複雑に入り組んだ海岸地形を何というか。

(3) 志摩半島がある県の県庁所在地を書きなさい。

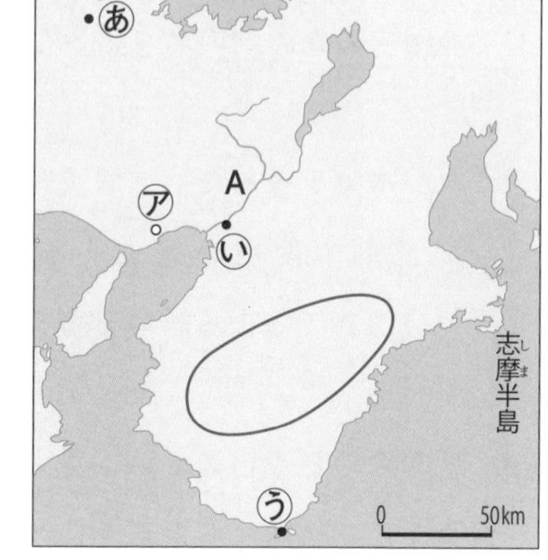

(4) 右の雨温図は，地図中のあ～うのうちどの地域のものか。記号を書きなさい。

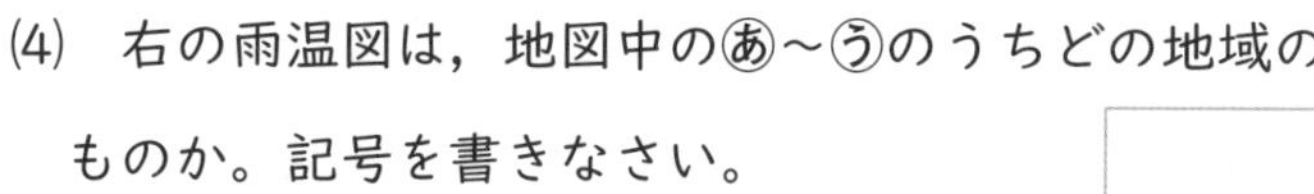

(5) 地図中に⬭で示した紀伊(きい)山地は林業がさかんで，なかでも，吉野(よしの)〔 ① 〕や尾鷲(おわせ)〔 ② 〕などの良質の木材の産地として知られる。〔 ① 〕〔 ② 〕にあてはまる木材の種類を書きなさい。

①　　　　②

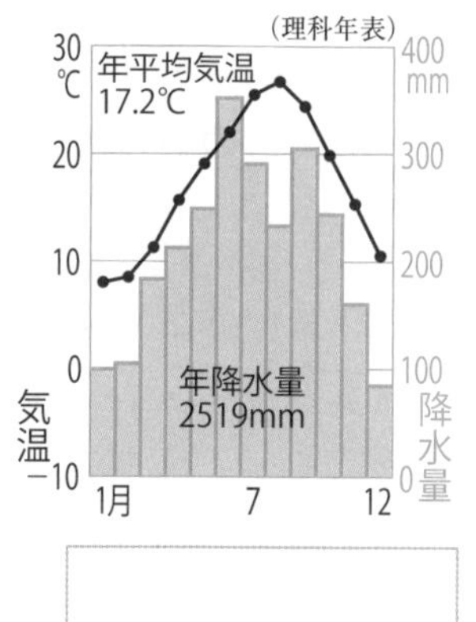

(6) 地図中のアの都市には二つの人工島がつくられ，海上にニュータウンができている。この都市の名を書きなさい。

2 次の問いに答えなさい。

チェック P66 1, P67 3 (各6点×5　30点)

(1) 京都・大阪・神戸(こうべ)の三つの都市を中心として形成されている大都市圏(けん)を何というか。

得点UPコーチ

1 (2)かつての山の尾根が岬(みさき)，谷が入り江(いりえ)となっている。(4)降水量が多い季節はいつかを考える。また，1月・2月の気温にも着目する。(6)西日本最大の貿易港となっている。

(2)　(1)に含まれる千里・泉北・西神などの地区に計画的につくられた住宅団地を何というか。

(3)　郊外や他県と中心部を結ぶ鉄道の起終点駅を何というか。

(4)　大阪湾沿岸を中心に発展してきたのは，何という工業地帯か。

(5)　(4)のうち，内陸部に多く見られるのは，大工場か，それとも中小工場か。

3　右の地図を見て，次の問いに答えなさい。

チェック P66 2，P67 3（各7点×5　35点）

(1)　地図中のAは日本最大の湖で，京阪神地方の水がめといわれている。この湖の名を書きなさい。

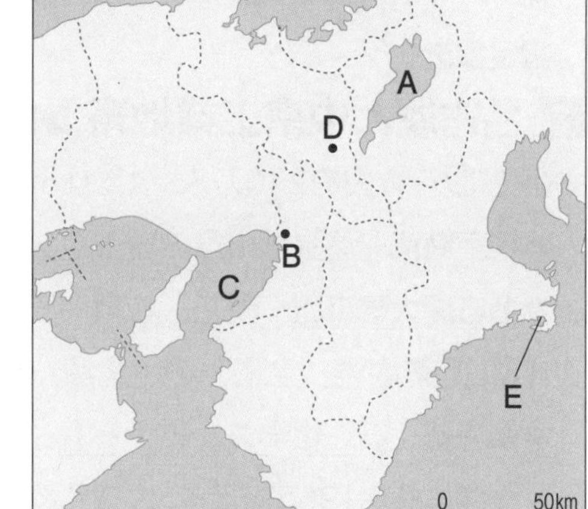

(2)　地図中のBは大阪である。江戸時代に全国の物資が集散していたので，何と呼ばれたか。

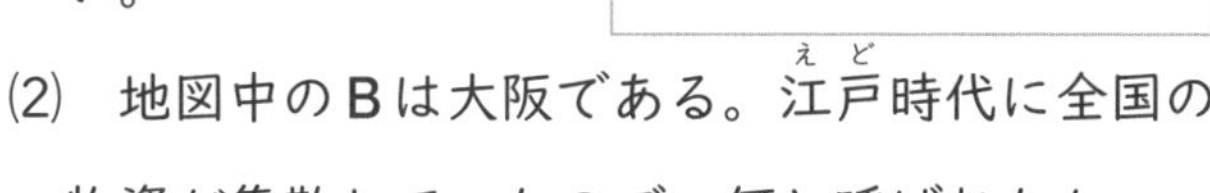

(3)　地図中のCにつくられた，海上の国際空港を何というか。

(4)　地図中のDなどでさかんな，昔から受けつがれている工芸品を作る産業を何というか。

(5)　地図中のEで養殖されている，水産物は何か。

得点UPコーチ

2　(2)郊外の丘陵地につくられた。　(4)第二次世界大戦前は，わが国最大の工業地帯であった。

3　(1)湖の形が，ある楽器に似ていることから，その名がつけられた。　(5)Eは，英虞湾である。

要点チェック 7 中部地方

1 自然と交通 ドリル P82

①**日本アルプス**…飛驒・木曽・赤石山脈。
　（→「日本の屋根」ともいう）

②**気候**

- **東海**…太平洋側の気候 ▶ 夏に雨が多い。
　（→静岡県，愛知県，岐阜県の南部，（三重県））
- **中央高地**…内陸性の気候 ▶ 夏は涼しく，冬は冷え込みが厳しい。
　（→山梨県，長野県，岐阜県の北部）
- **北陸**…**日本海側の気候** ▶ 冬に雪が多い。
　（→新潟県，富山県，石川県，福井県）（冬に雪が多い→世界的な豪雪地帯の一つ）

③**交通網**…太平洋側と日本海側も結びつく。

- **新幹線**…東海道新幹線，上越新幹線，北陸新幹線。

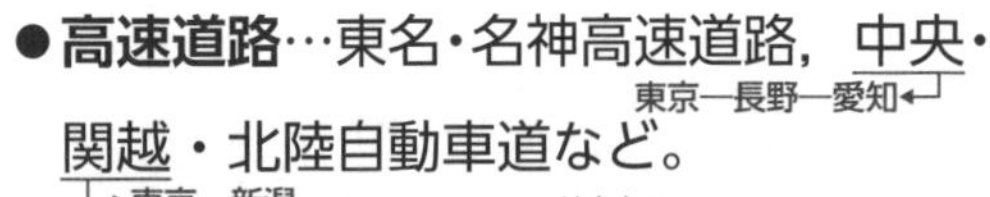

- **高速道路**…東名・名神高速道路，中央・関越・北陸自動車道など。
　（中央→東京―長野―愛知）（関越→東京―新潟）

④**都市**…名古屋，静岡，浜松，新潟は**政令指定都市**。

▲中部地方の地形

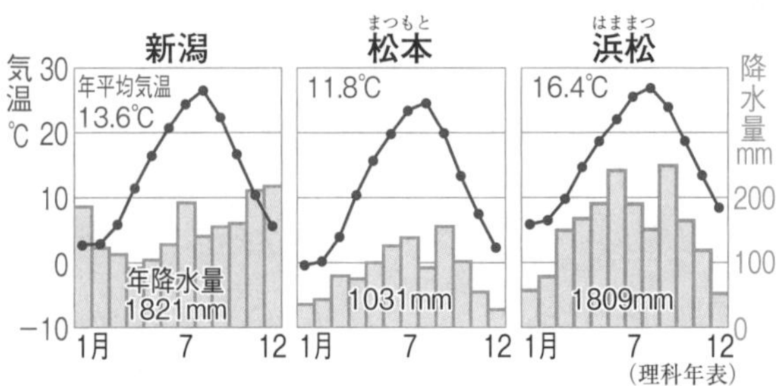

▲中部地方の気候

2 名古屋と中京工業地帯 ドリル P84

①**名古屋**…人口約230万人。（2018年）

- **江戸時代**…尾張徳川家の城下町。
- **名古屋大都市圏**…愛知，岐阜，三重の三県に広がる。
　（→人口1100万人以上）

②**中京工業地帯**…全国一の生産額。

- **臨海部**…**石油化学コンビナート**などの原料を加工する工場が集まる。1960年代に，大気汚染で**四日市ぜんそく**が起きた。
　（石油化学コンビナート→四日市など）
- **内陸部**…**自動車**などの組み立て工場や，**陶磁器**や**ファインセラミックス**の工場が集まる。
　（陶磁器→瀬戸・多治見）
- **豊田**…せんい機械の会社が1930年代に自動車をつくる ▶ 全国一の**自動車工業都市**に。周辺に多くの関連工場や下請け工場が集中。

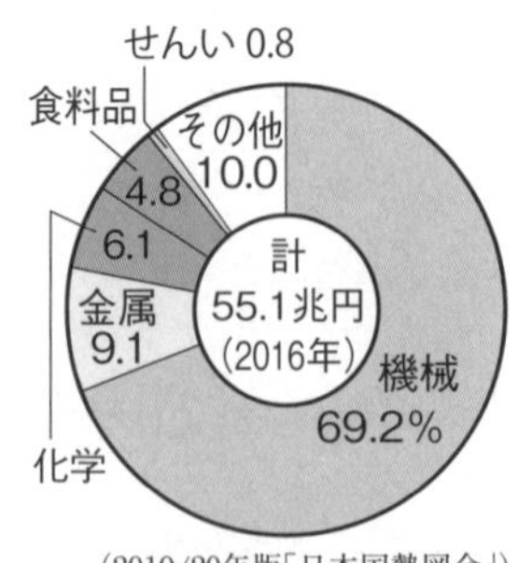

(2019/20年版「日本国勢図会」)

▲中京工業地帯の製造品出荷額等の構成

ミスに注意

★三重県…三重県は近畿地方に含まれるが，北部は名古屋との結びつきが強いので，名古屋大都市圏や中京工業地帯の一部となっている。

3 東海の産業 ドリル P86

①**東海工業地域**…浜松の楽器・オートバイ，富士(ふじ)の製紙・パルプ。
　└静岡県の太平洋岸

②**東海の農業・漁業**

- **輪中**(わじゅう)…**木曽川・長良川**(ながら)**・揖斐川**(いび)下流の低湿地(ていしっち) ➡ 洪水(こうずい)から家や田畑を守るため高い**堤防**(ていぼう)で村を囲む。
- **三大用水**…愛知用水（木曽川），明治用水(めいじ)（矢作川(やはぎ)），豊川用水(とよがわ)（天竜川(てんりゅう)） ➡ **施設園芸農業**(しせつ)がさかん。
  - 愛知用水：知多(ちた)半島
  - 明治用水：岡崎平野
  - 豊川用水：渥美半島
  - 施設園芸農業：知多半島は野菜，渥美半島は花（電照菊）
- **茶**…牧ノ原(まきのはら)が中心 ➡ 静岡県で全国の約4割を生産。
- **みかん**…駿河湾岸(するがわんがん)や浜名湖(はまな)北岸 ➡ 全国有数の生産。
- いちご，メロン…温室で栽培(さいばい)。
- **焼津港**(やいづ)…遠洋漁業の代表的な港 ➡ まぐろ，かつおなど。

4 中央高地の産業 ドリル P88

①**高原野菜と盆地**(ぼんち)**の果実**…果実は**扇状地**(せんじょうち)で栽培。
　└扇状地：甲府盆地・長野盆地

- **抑制栽培**(よくせい)…浅間山(あさま)・八ヶ岳(やつがたけ)の山ろくで夏の涼しい気候を利用 ➡ レタス・キャベツなどの高原野菜を栽培。
  - 抑制栽培：暑さに弱い野菜を夏に栽培できる
  - 高原野菜：高冷地野菜ともいう
- **りんご…長野盆地，松本盆地**。ぶどう・もも…**甲府盆地**(こうふ)。
  - 甲府盆地：日本一の生産

②**精密機械工業**…**諏訪盆地**(すわ) ➡ かつては製糸業がさかんであったが，現在は精密機械工業や電気機械工業がさかん。
　└精密機械工業：時計やカメラ　└電気機械工業：ICなど

5 北陸の産業 ドリル P90

①**水田単作地帯**

- 日本の穀倉地帯…水田が耕地の約90％。**早場米**も有名。
  - 早場米：出荷をずらす
- 土地改良…**越後平野**(えちご)，黒部川(くろべ)扇状地 ➡ 大規模な排水(はいすい)施設，用水の整備。

②**伝統産業**…農家の副業から発達 ➡ **輪島塗**(わじまぬり)，**九谷焼**(くたにやき)，**小千谷縮**(おぢやちぢみ)，高岡銅器(たかおかどうき)など。
　└輪島塗：石川県　└九谷焼：石川県　└小千谷縮：新潟県　└高岡銅器：富山県

③**北陸工業地域**…豊富な電力と工業用水 ➡ 化学工業，金属・機械工業。燕(つばめ)の洋食器や**鯖江**(さばえ)の眼鏡(めがね)フレームは**地場産業**に。
　└化学工業：富山　└金属・機械工業：新潟　└燕：新潟　└鯖江：福井

④**公害病**…**イタイイタイ病**，**新潟水俣病**(みなまた)。
　└イタイイタイ病：神通川流域　└新潟水俣病：阿賀野川流域

⑤**観光業**…白川郷(しらかわごう)（岐阜県），五箇山(ごかやま)の合掌造(がっしょう)り集落（富山県）。
　└世界遺産

覚えると得

ファインセラミックス
高純度に精製された人工原料や，合成原料を使用して，特別な方法で焼き固めたもの。強度が高く，軽くて高熱に強いので，電子機器から機械・金属，航空・宇宙産業にまで利用されている。

伝統産業
100年以上の歴史があり，昔ながらの手工業で生産している産業のこと。

重要 テストに出る！

茶は静岡県が，ぶどう・ももは山梨県が日本一の生産である。

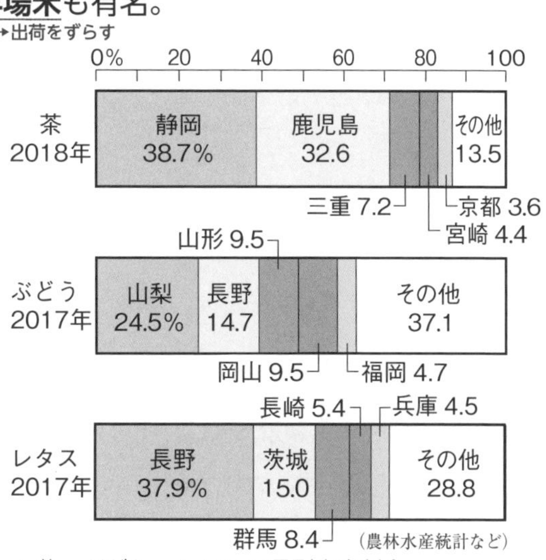

品目	1位	2位	3位以下	その他
茶 2018年	静岡 38.7%	鹿児島 32.6	三重 7.2，宮崎 4.4，京都 3.6	13.5
ぶどう 2017年	山梨 24.5%	長野 14.7	山形 9.5，岡山 9.5，福岡 4.7	37.1
レタス 2017年	長野 37.9%	茨城 15.0	群馬 8.4，長崎 5.4，兵庫 4.5	28.8

（農林水産統計など）

▲茶・ぶどう・レタスの県別生産割合

スタートドリル 中部地方

【中部地方の自然】

1 次の問いに答えなさい。

チェック P78 1, P79 3 ②(各5点×7　35点)

(1) 地図ワーク 日本最長の信濃(しなの)川をなぞりなさい。

(2) 信濃川上流の中央高地にある飛驒(ひだ)・木曽(きそ)・赤石(あかいし)の三つの山脈を合わせて何と呼ばれているか。

(3) 日本海に面する新潟・富山・石川・福井の四県を合わせた地域を何というか。

(4) 洪水(こうずい)防止の堤防(ていぼう)で囲まれた輪中(わじゅう)がある平野名を書きなさい。

(5) A～Cの県庁所在地名を書きなさい。

A　　B　　C

【東海の工業】

2 次の問いに答えなさい。

チェック P78 2 ②, P79 3 ①(各5点×5　25点)

(1) 地図ワーク 日本最大の工業地帯に色をぬりなさい。

(2) (1)の工業地帯名を書きなさい。

(3) 右のグラフから(1)の工業地帯にあてはまるものを記号で書きなさい。

(4) Aの工業地域について答えなさい。

① 工業地域名を書きなさい。

② 楽器やオートバイの生産がさかんな都市を地図から選んで書きなさい。

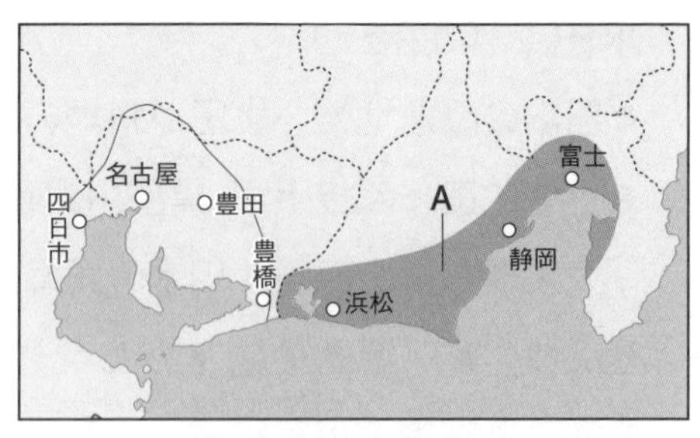

製造品出荷額等の構成（2016年）

	金属	機械	化学	食料品	せんい	その他
㋐ 31兆円	20.0%	36.2	17.2	11.6	1.4	13.6
㋑ 55兆円	9.1%	69.2	6.1	4.8	0.8	10.0
㋒ 25兆円	8.3%	50.9	16.6	11.1	0.5	12.6

(2019/20年版「日本国勢図会」)

【中部地方の産業】

3 次の問いに答えなさい。

チェック P78 2 ②, P79 5 ②③(各4点×4　16点)

(1) 地図ワーク 日本海側で発達した工業地域を色でぬりなさい。

(2) (1)の工業地域名を書きなさい。

(3) 小千谷縮(おぢやちぢみ)，富山の売薬(ばいやく)，輪島塗(わじまぬり)，加賀友禅(かがゆうぜん)，鯖江(さばえ)の眼鏡(めがね)フレームなど，地域性の強い産業を何というか。{ 先端(せんたん)産業　地場(じば)産業 }から選んで書きなさい。

(4) 瀬戸(せと)や多治見(たじみ)では{ 漆器(しっき)　陶磁器(とうじき) }の生産がさかん。

【中部地方の農業】

4 次の問いに答えなさい。

チェック P79 3, 4, 5(各4点×6　24点)

(1) 地図ワーク ぶどう狩(が)りやりんご狩りを行う観光農園がさかんな甲府(こうふ)盆地と長野盆地に色をぬりなさい。

(2) 八ヶ岳(やつがたけ)や浅間山(あさまやま)のふもとでは，夏でも涼(すず)しい気候を生かしてレタスやキャベツなどの栽培(さいばい)がさかんである。これらの野菜類を何というか。

(3) 明治(めいじ)時代，森林を開墾(かいこん)して茶の栽培が進められた土地を地図から選んで書きなさい。

(4) 農産物の生産高を表した右のグラフを見て，X～Zにあてはまる県名を書きなさい。

X
Y
Z

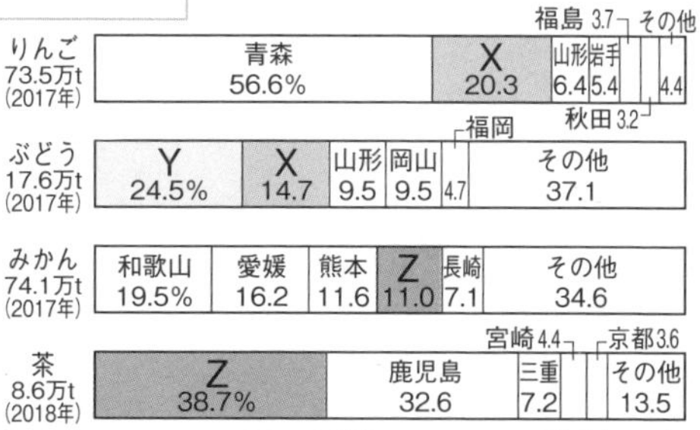

りんご 73.5万t (2017年)：青森 56.6%｜X 20.3｜山形 6.4｜岩手 5.4｜福島 3.7｜秋田 3.2｜その他 4.4

ぶどう 17.6万t (2017年)：Y 24.5%｜X 14.7｜山形 9.5｜岡山 9.5｜福岡 4.7｜その他 37.1

みかん 74.1万t (2017年)：和歌山 19.5%｜愛媛 16.2｜熊本 11.6｜Z 11.0｜長崎 7.1｜その他 34.6

茶 8.6万t (2018年)：Z 38.7%｜鹿児島 32.6｜三重 7.2｜宮崎 4.4｜京都 3.6｜その他 13.5

(2020年版「データでみる県勢」ほか)

書き込みドリル

7 中部地方

1 自然と交通

基本

1 次のそれぞれの問いの答えを右の地図から選んで，□の数だけ書きなさい。

チェック P78 1 (各6点×6　36点)

必出 (1) 日本アルプスを形成している山脈名を書きなさい。

(2) 日本最長の川の名を書きなさい。

(3) (2)の川の下流に広がる平野名を書きなさい。

(4) 木曽川の下流に広がり，愛知県から岐阜県の南部にまたがっている平野名を書きなさい。

2 次の文の{　}の中から，正しい語句を一つ選んで書きなさい。

チェック P78 1 ②③ (各6点×3　18点)

必出 (1) 冬は強い北西の季節風が吹き，深い積雪におおわれ，世界的な豪雪地帯の一つになっているのが，{ 東海　中央高地　北陸 }である。

(2) 東海は，夏に雨が多い{ 瀬戸内の気候　太平洋側の気候　冷帯(亜寒帯)}である。

(3) 東京～名古屋～新大阪を結んでいるのは，{ 東海道新幹線　上越新幹線　東北新幹線 }である。

得点UPコーチ

1 (2)日本海側に注いでいる。
(4)昔の国名からとったもので，岐阜県の南部を美濃，愛知県の西部を尾張と呼んでいた。

2 (1)日本海側である。

学習日　　月　　日　得点　　点

7 中部地方
スタートドリル　書き込みドリル❶　書き込みドリル❷　書き込みドリル❸　書き込みドリル❹　書き込みドリル❺　まとめのドリル

発展

3　右の地図を見て，次の問いに答えなさい。

チェック P78 1（各6点×3　18点）

(1)　右の雨温図にあてはまる都市を，地図中から選びなさい。

（理科年表）
気温 ℃　降水量 mm
年平均気温 13.6℃
年降水量 1821mm
1月　7　12

(2)　地図中のAの三つの山脈を，合わせて何というか。

(3)　地図中のBは，日本最長の川である。川の名を書きなさい。

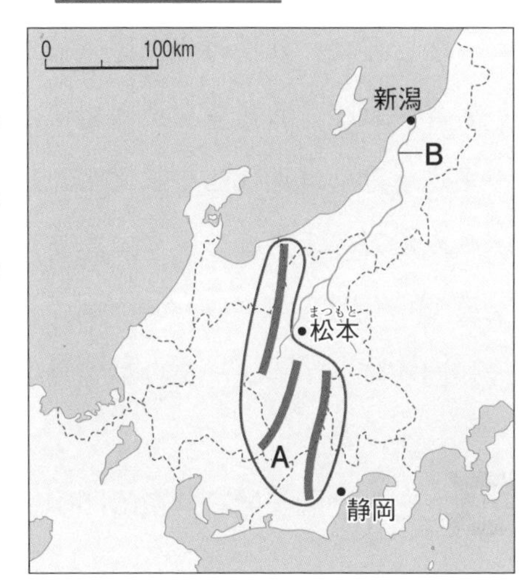

4　右の地図を見て，次の問いに答えなさい。

チェック P78 1 ③（各7点×4　28点）

(1)　地図中のA・Bの新幹線名を書きなさい。

A

B

(2)　地図中のCの高速自動車道名を書きなさい。

(3)　Bにほぼ沿って走っている，東京と名古屋を結ぶ高速自動車道名を書きなさい。

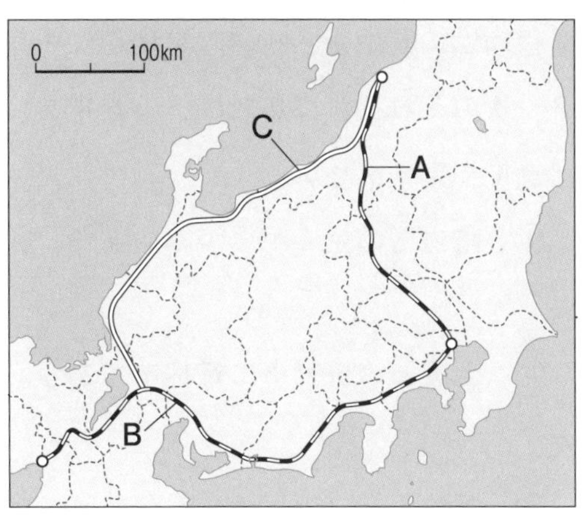

得点UPコーチ

3 (1)夏よりも冬に降水量が多くなっている。

4 (1)A東京と新潟を結ぶ新幹線で，ＪＲの上越線に沿って走っている。(2)米原（滋賀）から新潟まで続いている。

② 名古屋と中京工業地帯

基本

1 次の文の□にあてはまる語句を，下の{ }から選んで書き入れなさい。

チェック P78 2 (各8点×3 24点)

名古屋は，江戸時代に尾張徳川家の①□として発展した。第二次世界大戦後，大規模な都市計画が行われ，100m道路を中心とした道路網がつくられた。名古屋港には近代的な設備が設けられ，南部の埋め立て地に大工場がつくられた。人口約230万の名古屋を中心に，愛知・岐阜・②□の三県に広がる名古屋③□がつくられており，人口は1100万人をこえている。

{ 門前町　ニュータウン　城下町　大都市圏　静岡　三重 }

2 右の地図を見て，次の問いに答えなさい。

チェック P78 2 (各9点×4 36点)

(1) 名古屋を中心とする工業地帯を何というか。次の{ }から選んで書きなさい。

□

{ 京浜工業地帯　阪神工業地帯　中京工業地帯 }

必出 (2) 次のそれぞれにあてはまる都市を，地図中から選んで書きなさい。

① 陶磁器の生産がさかんである。

□

② 全国一の自動車工業都市である。

□

③ 石油化学コンビナートがあり，公害病が発生した。□

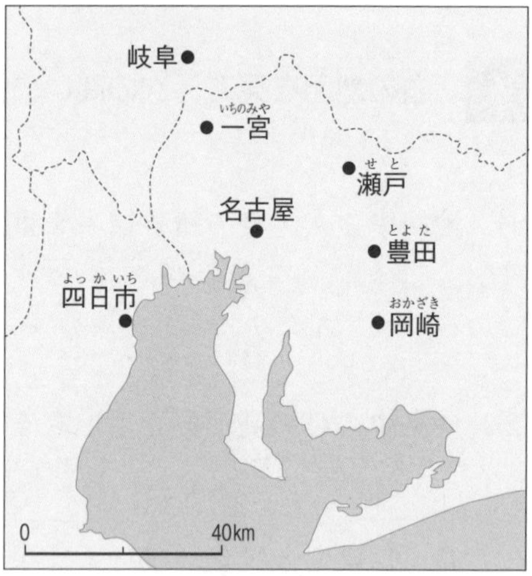

得点UPコーチ

1 ①名古屋城を中心にして発展していった。③東京，京阪神に次ぐ，日本第三の規模になっている。

2 (2)①陶磁器のことを瀬戸物ともいう。③三重県の都市。

発展

3 中京工業地帯について，次の問いに答えなさい。

チェック P78 2（(2)は完答　各5点×8　40点）

グラフⅠ

ア	イ	瀬戸内	北関東	ウ	東海	エ	京葉	その他
18.1%	10.3	9.5	9.5	8.0	5.3	4.4	3.8	31.1

計 305.1 兆円　2016年

（2019/20年版「日本国勢図会」）

▲工業地帯・工業地域別出荷額の構成

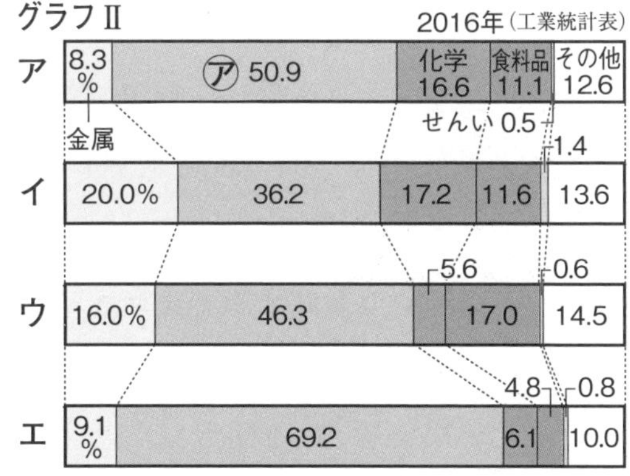

▲京浜・阪神・中京・北九州の出荷額の構成

(1) グラフⅠのうち，中京工業地帯にあてはまるものをア～エから一つ選び，記号で答えなさい。

(2) グラフⅡのうち，中京工業地帯にあてはまるものをア～エから一つ選び，記号で答えなさい。また，グラフの㋐にあてはまる工業名を答えなさい。

・

(3) 瀬戸・多治見（たじみ）で，第二次世界大戦前からさかんであった伝統産業は何か。

(4) (3)の都市で生産されている人工原料を使用して特別な方法で焼き固めたものを何というか。

(5) 豊田（とよた）で日本一の生産をあげている工業は何か。

(6) 四日市（よっかいち）には，石油を素材としてパイプラインなどで結びついた，生産のしくみがつくられている。これを何というか。また，四日市で，大気の汚染（おせん）から多数の公害病患者（かんじゃ）が発生したが，この公害病を何というか。

(7) 中京工業地帯の中心都市で，政令指定都市であるのはどこか。都市名を書きなさい。

得点UPコーチ

3 (1)中京工業地帯は，1999年以降，全国一の生産額をあげている。 (2)中京工業地帯は，自動車工業を中心とする機械工業がさかんである。

③ 東海の産業

基本

必出 **1** 次の文の｛　｝の中から，正しい語句を選んで書きなさい。

チェック P79 3(各4点×5　20点)

(1) 楽器・オートバイ工業がさかんなのは，｛ 静岡　豊橋　浜松 ｝である。

(2) 富士では，｛ 自動車　鉄鋼　製紙・パルプ ｝工業が発達している。

(3) 木曽川・長良川・揖斐川の下流の低湿地には，高い堤防で囲まれた地域がある。これを｛ クリーク　水郷　輪中 ｝という。

(4) 牧ノ原を中心にして，静岡県が全国の40%近くを生産している農作物は，｛ い草　茶　たばこ ｝である。

(5) 駿河湾岸や浜名湖北岸で生産されている果物は，｛ ぶどう　みかん　なし ｝である。

2 次の文の□にあてはまる語句を，下の｛　｝から選んで書きなさい。

チェック P79 3(各4点×7　28点)

愛知県東部の台地では，昔から水不足になやまされてきた。岡崎平野の台地では，①□川から水を引く②□用水を建設し，知多半島では，③□川から水を引く④□用水を建設した。また，渥美半島では，⑤□川などから水を引き⑥□用水をつくった。その結果，渥美半島では温室を利用した⑦□農業がさかんになり，電照菊などが栽培されている。

｛ 愛知　香川　木曽　施設園芸　信濃　天竜　豊川　明治　矢作 ｝

得点UPコーチ

1 (2)富士山ろくの，豊富な水を利用して発達した。　(4)水はけのよい台地や斜面を利用して栽培している。

2 愛知県の三大用水の問題。用水路名と水を引いた川の名は，セットで覚えておくこと。

学習日　　月　　日　得点　　点

発展

3 右の地図を見て，次の問いに答えなさい。

チェック P79 3（各4点×13　52点）

(1)　地図中のAを流れている，三つの川の名を書きなさい。

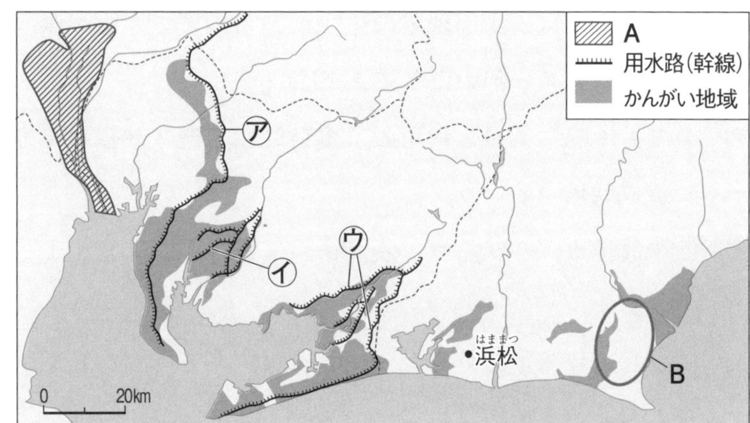

(2)　地図中のAは低湿地なため，まわりを堤防で囲って集落を守っている。このような地域を何というか。

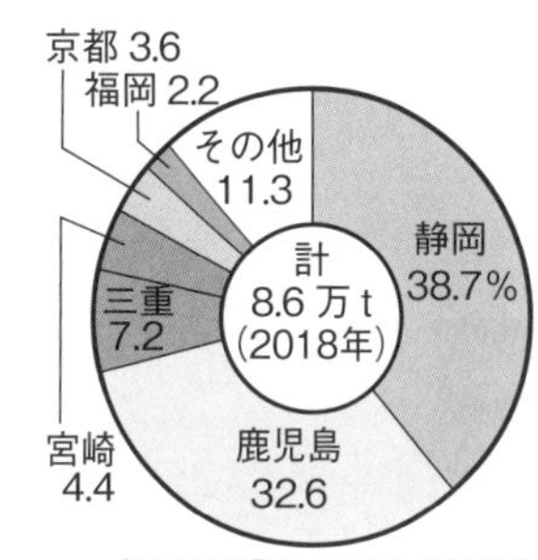

（2020年版「データでみる県勢」）

(3)　右のグラフは，地図中のBで栽培されている農作物の，県別生産量を示している。この農作物名と，Bの地名を書きなさい。

(4)　地図中の㋐～㋒の用水路名を書きなさい。

㋐　　㋑　　㋒

(5)　地図中の㋑の用水路に水を引いた川の名を書きなさい。

(6)　地図中の㋒の用水路が引かれ，その後電照菊などの農業がさかんになった。このような農業を何というか。

(7)　地図中の浜松市で，日本有数の生産額をあげている工業製品を二つ書きなさい。

得点UPコーチ

3 (2)洪水（こうずい）から守るために堤防をはりめぐらしたが，それが輪（わ）のようになっている。(3)静岡県が全国生産量の4割近くを占（し）めている。(7)一つはピアノなどと，もう一つは二輪自動車とも呼ばれているもの。

4 中央高地の産業

基本

1 次の文の{ }の中から，正しい語句を選んで書きなさい。

チェック P79 4(各4点×5 20点)

(1) 中央高地とは，中部地方の中央にある地域で，山梨県，{ 静岡県　長野県　新潟県 }，岐阜県の一部のことである。

(2) 夏でも冷涼(れいりょう)な気候を利用し，出荷時期を遅(おく)らせる栽培(さいばい)方法を{ 有機(ゆうき)栽培　抑制(よくせい)栽培　促成(そくせい)栽培 }という。

(3) (2)の農業は，八ヶ岳(やつがたけ)や{ 浅間山(あさまやま)　白根山(しらねさん)　富士山(ふじさん) }の山ろくでさかんである。

必出 (4) (3)などの場所でつくられる，レタス，キャベツなどを{ 有機栽培　工芸作物　高原野菜 }という。

必出 (5) ぶどう・ももの日本一の生産地は，{ 甲府盆地(こうふぼんち)　長野盆地　松本盆地(まつもとぼんち) }である。

2 次の文の□にあてはまる語句を，下の{ }から選んで書きなさい。

チェック P79 4(各5点×4 20点)

岡谷(おかや)・諏訪(すわ)のある ① □ 盆地では，かつて ② □ がさかんで，生糸(きいと)をアメリカ合衆国に輸出していた。戦後は，きれいな空気や水を利用したカメラ・時計などをつくる ③ □ 工業がさかんになった。最近は，電子・電気部品をつくる工場も多く進出してきて，IC(アイシー)(集積回路)などの電子部品を，④ □ 自動車道を使って首都圏(けん)などに送っている。

{ 北九州　京浜(けいひん)　諏訪　製糸業　精密機械　中央　鉄鋼業　北陸 }

得点UPコーチ

1 (1)3000m級の山々がそびえ，その間に盆地が点在している。 (2)高地で行う農業。夏でも涼(すず)しいので，低地で栽培できない夏に，作物をつくることができる。 (4)高冷地野菜ともいう。

学習日　　月　　日　得点　　点

発展

3 右の地図を見て，次の問いに答えなさい。

チェック P79 4 (各6点×5　30点)

(1) 地図中のAの盆地で栽培がさかんな，果物(くだもの)は何か。

(2) 地図中のBの盆地で，日本一の生産をあげている果物を二つ書きなさい。

(3) 地図中のCの山ろくで夏に栽培されている野菜類を何というか。

(4) 精密機械工業が発達している，地図中のDの盆地名を書きなさい。

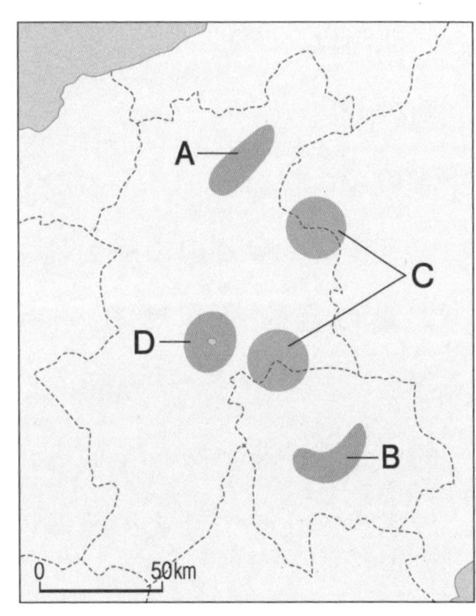

4 次のグラフは茨城県，長野県のレタス(春と秋に旬(しゅん)をむかえる)の出荷量と出荷時期を示している。次の問いに答えなさい。

チェック P79 4 (各10点×3　30点)

(1) グラフの中で，長野県を示すものをア～イから選びなさい。

(2) イのレタスが旬からずれるのは，栽培する場所の夏の気候に原因がある。どのような気候か書きなさい。

(3) 次の文は，出荷時期をずらす利点の説明である。(　)にあてはまることばを書きなさい。

〔市場に商品が少ない時期に出荷し，商品を(　　　　)値段で売ることができる。〕

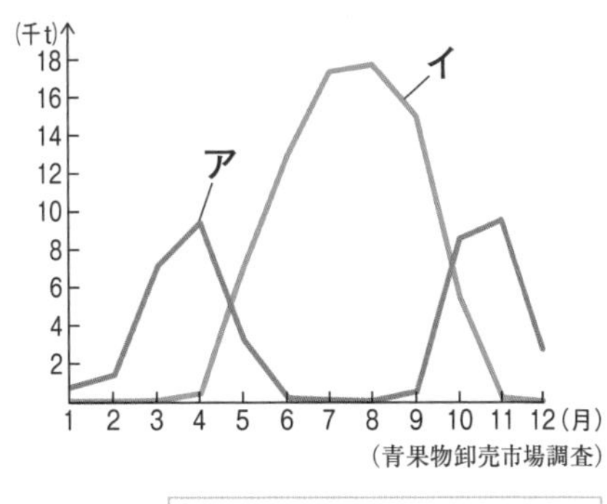

(青果物卸売市場調査)

得点UPコーチ

3 (1)涼しい気候に適した果物である。(2)Bは甲府盆地である。(4)中心都市は岡谷市と諏訪市である。

4 (1)レタスの旬は，一般的には3~5月と9月～11月。長野県では，標高が高い所で栽培する。

書き込みドリル

5 北陸の産業

基本

1 右の地図を見て，次の文の［　］にあてはまる語句や数字を書きなさい。

チェック P79 5（各5点×4　20点）

北陸は，［①　　　］大陸から吹く北西の［②　　　］が，日本海を流れる暖流の［③　　　］から湿気をもらい，日本アルプスなどの山脈を越えるときに冷やされ，大量の雪を降らせる。1月の平均降水量は［④　　　］mm以上あり，北陸は世界的な豪雪地帯となっている。しかし，この雪どけ水が，北陸の産業の発展に役立っている。

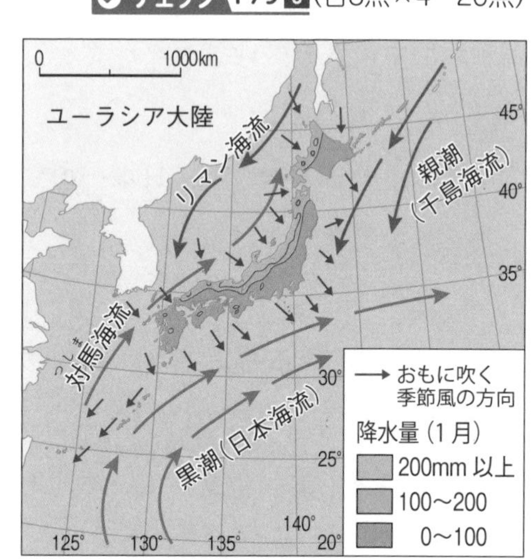

2 次の文の｛　｝の中から，正しい語句を選んで書きなさい。

チェック P79 5（各8点×5　40点）

必出 (1) 北陸は，冬に積雪で農作業ができないため，水田｛ 単作　二期作　二毛作 ｝地帯となっている。［　　　］

必出 (2) 伝統産業としては，輪島の①｛ 漆器　陶磁器　和紙 ｝，小千谷の②｛ 金物　織物　刃物 ｝がある。　①［　　　］　②［　　　］

(3) 眼鏡のフレームで国内生産量の9割以上を占めているのは，｛ 金沢　高岡　鯖江 ｝である。［　　　］

(4) イタイイタイ病が発生したのは，｛ 阿賀野川　黒部川　神通川 ｝流域である。［　　　］

得点UPコーチ

1 ②季節によって風向きが変わる風。③黒潮から分かれた暖流である。

2 (1)一年に一回，米だけをつくっている農家が多い。　(2)①は輪島塗，②は小千谷縮の産地として知られる。

学習日　月　日　得点　点

発展

3 北陸の農業について，次の問いに答えなさい。

チェック P79 5 (各5点×4　20点)

(1) 地図中の■の平野では，おもに一年に一回，米だけをつくっている。このような地域を何地帯というか。

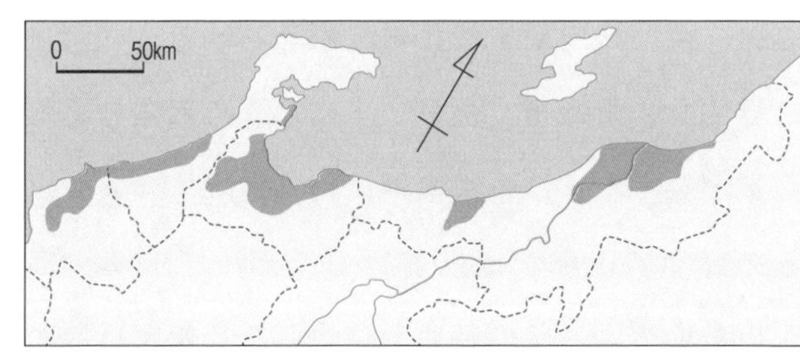

(2) (1)の最大の理由は何か。

(3) 北陸は，耕地の約90％を水田が占めているため，東北地方とともに日本の何と呼ばれているか。

(4) この地域は，秋の長雨をさけ，出荷時期をずらす米づくりも有名である。この米の名前を書きなさい。

4 北陸の工業について，次の問いに答えなさい。

チェック P79 5 (各5点×4　20点)

(1) 地図中のA・Bでさかんな，伝統的工芸品をそれぞれ書きなさい。

A

B

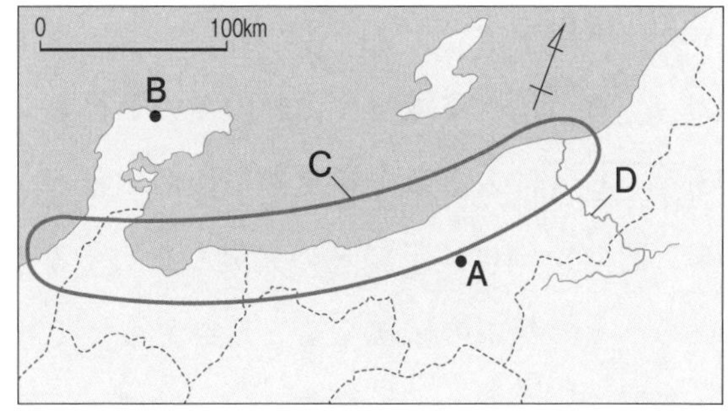

出る (2) 地図中のCの工業地域名を書きなさい。

(3) 地図中のDの川の流域で起こった公害病名を書きなさい。

得点UPコーチ

3 (1)一つの耕地に一種類の作物をつくることを，「単作」という。　(2)冬の気候と関係が深い。　(3)穀物を多く生産する地方という意味。

4 (1)Aは小千谷，Bは輪島である。　(3)メチル水銀が原因である。

まとめのドリル 中部地方

1 右の地図は，中部地方を示したものである。次の文章を読んで，下の問いに答えなさい。

チェック P78 1，2，P79 4，5（各7点×10　70点）

中部地方は，北陸・中央高地・東海の三地域に分けられ，地形や気候に特色が見られる。北陸は，世界的な豪雪地帯であり，水田単作の農業やあ伝統産業が見られる。中央高地には，飛騨，［A］，赤石の三つの山脈がほぼ並行して走っている。高原やい盆地では，その特色を生かした農業が行われている。東海は，冬も温暖であり，その気候を利用して施設園芸農業が発達している。また，［B］市を中心にう中京工業地帯が広がっている。

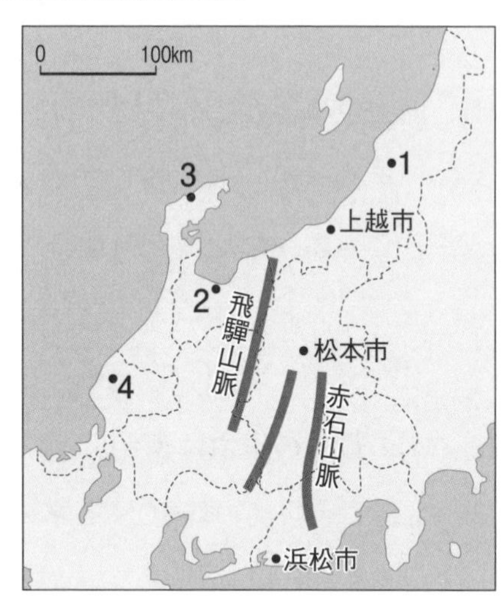

(1) 図の上越市，松本市，浜松市の雨温図を，右のア～ウから選んで記号を書きなさい。

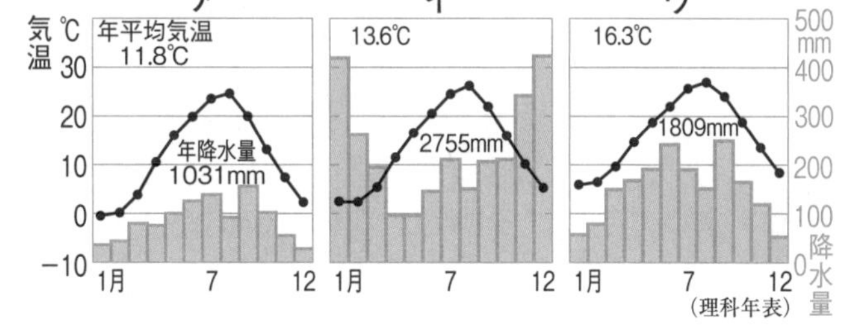

① 上越市……
② 松本市……
③ 浜松市……

(2) ［A］に入る適切な山脈の名称を書きなさい。

(3) ［B］に入る政令指定都市の名を書きなさい。

(4) 図の1～4は，下線あの発達している都市を示している。図の3にあたる都市をA群から，その都市の伝統産業をB群から，それぞれ一つずつ選びなさい。

A群 ｛ 三条　福井　輪島　富山 ｝

B群 ｛ 絹織物　漆器　薬品　金属器 ｝

得点UPコーチ

1 (1)上越市は日本海側の気候，松本市は中央高地の気候，浜松市は太平洋側の気候である。 (2)日本アルプスの一つ。 (3)この地域の大都市圏の中心都市である。 (4)能登半島にある都市。湿気の多い気候が，漆の乾燥に適していた。

⑸　下線ⓘについて述べた次の文章の［ A ］，［ B ］に入る果物(くだもの)の名称を書きなさい。

盆地には，扇状地(せんじょうち)が発達しており，果樹栽培(さいばい)がさかんである。山梨県では，甲府(こうふ)盆地を中心に［ A ］やももが栽培され，ともに全国一の生産をあげている。また，長野県は長野盆地をはじめ各地で［ B ］が栽培されており，青森県について全国第2位の生産地となっている。　A［　　］　B［　　］

⑹　下線ⓤについて述べた文として，最も適切なものを次のア～エから一つ選び，記号を書きなさい。［　　］

ア　重化学工業を中心に，食品，印刷工業などもさかんである。
イ　石油化学，自動車工業などが発達し，国内第一の生産額をあげている。
ウ　鉄鋼の生産額が全生産額の約10分の1を占(し)め，鋼材などを多く生産している。
エ　第二次世界大戦前は日本第一の工業地帯であった。中小工場が多い。

2　右の地図を見て，次の問いに答えなさい。

チェック P78 1，2，P79 4，5（各6点×5　30点）

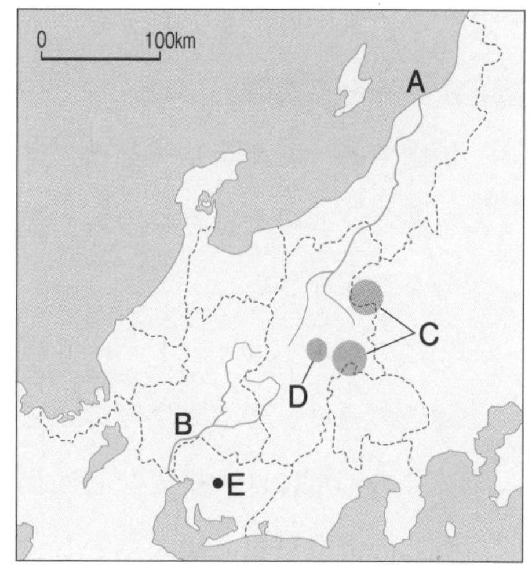

⑴　地図中のA・Bの河川の下流に広がる，平野名を書きなさい。　A［　　］　B［　　］

⑵　地図中のCの地域で夏に栽培されている野菜類を，何というか。［　　］

⑶　地図中のDの盆地でさかんな，工業の種類名を書きなさい。［　　］

⑷　自動車工業のさかんな，地図中のEの都市名を書きなさい。［　　］

得点UPコーチ

⑸盆地の扇状地は降水量が少なく，水はけがよいので，果樹栽培に適している。
⑹瀬戸(せと)や多治見(たじみ)の工業にも特色がある。

2　⑴Aは信濃(しなの)川，Bは木曽(きそ)川である。
⑵八ヶ岳(やつがたけ)や浅間(あさま)山の山ろくで栽培されている野菜。　⑶時計・カメラなどのこと。

定期テスト 対策問題

学習日	月　日	得点	点

近畿(きんき)地方／中部地方

1　右の地図を見て，次の問いに答えなさい。〈大阪府改題〉

チェック P66 1，P67 3，P78，P79 3，4(各5点×6　30点)

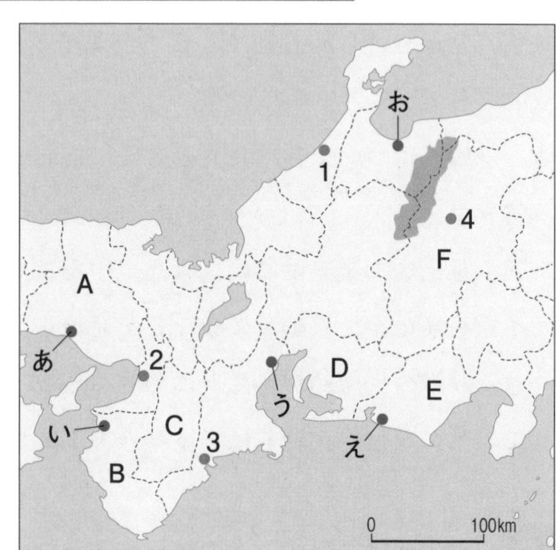

(1)　右下の雨温図は，地図中1～4で示した都市のいずれかのものである。一つ選び，番号を書きなさい。

(2)　次の文にあてはまる県を地図中のA～Fからそれぞれ一つずつ選び，記号を書きなさい。

①　気候の温暖なこの県では，日当たりがよく水はけがよい山の斜面(しゃめん)を利用して果樹栽培(さいばい)がさかんであり，特にみかん，かき，うめは全国一の生産量をあげている。

②　この県では，夏でも涼(すず)しい気候を利用した高原野菜の栽培がさかんである。

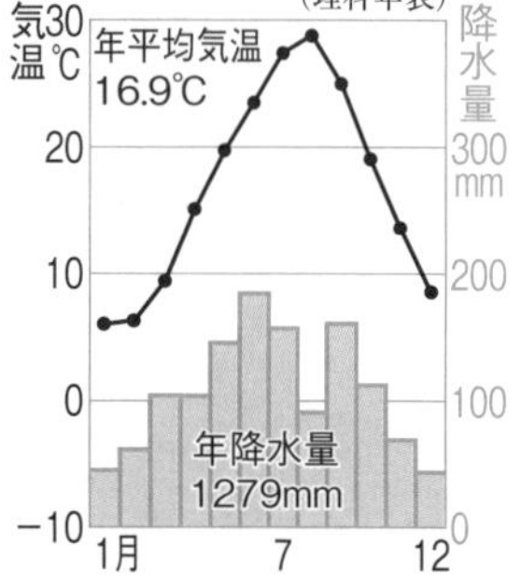

(3)　地図中あ～おで示した都市では，いずれも各種の工業がさかんである。次のそれぞれの文にあてはまる都市を一つずつ選び，記号を書きなさい。

①　この都市ではオートバイや楽器などの製造がさかんである。また，この都市および周辺の地域を含(ふく)む太平洋岸に広がる工業地域では，製紙工業もさかんである。

②　この都市には大規模な石油化学コンビナートがある。また，この都市の港は，原油などの工業原料の輸入港として知られている。

①　　②

(4)　地図中の▓▓の部分は，中部山岳(さんがく)国立公園の区域を示している。この公園の中にある山脈を次から一つ選びなさい。

{ 飛騨(ひだ)山脈　木曽(きそ)山脈　赤石(あかいし)山脈　越後(えちご)山脈 }

2　右の地図を見て，次の問いに答えなさい。

チェック P66, P67 2, P78 2, P79（⑴各6点×5，その他各10点×4　70点）

⑴　次のそれぞれの文にあてはまる都市を，地図中から選んで書きなさい。

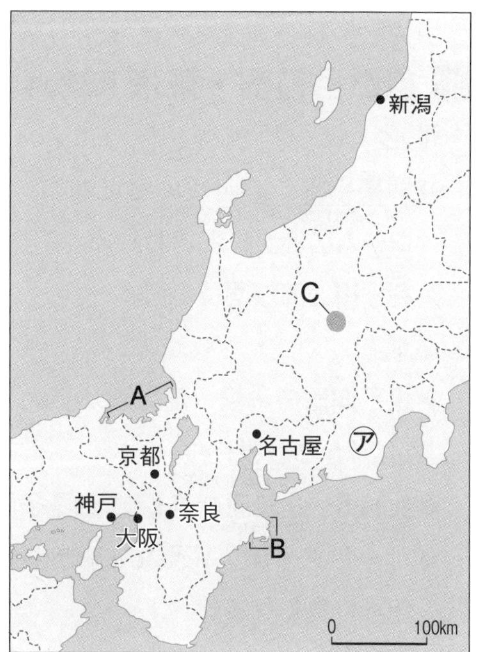

①　江戸（えど）時代には，全国から米や特産物が集められ，「天下の台所」と呼ばれていた。

②　徳川（とくがわ）家の城下町として発展し，大規模な都市計画が行われ，100m道路を中心とした道路網（もう）がつくられた。

③　8世紀末から約1000年間，わが国の都が置かれていた。

④　近くに人工島のポートアイランドがある。

⑤　世界有数の豪雪（ごうせつ）地帯であり，稲作（いなさく）がさかんな地域である。

⑵　地図中のA・Bの海岸は，入り江と岬（みさき）が複雑に入り組んでいる。このような海岸地形を何というか。

⑶　地図中のCの地域では，かつては製糸業がさかんであった。現在，この地域でさかんな工業として最も適当なものを，次から一つ選んで書きなさい。

｛ 製紙・パルプ工業　　精密機械工業　　印刷業 ｝

⑷　右のグラフⅠは，ある貿易港の輸出額の割合を示している。グラフにあてはまる貿易港を地図中の都市名から一つ選んで書きなさい。

グラフⅠ

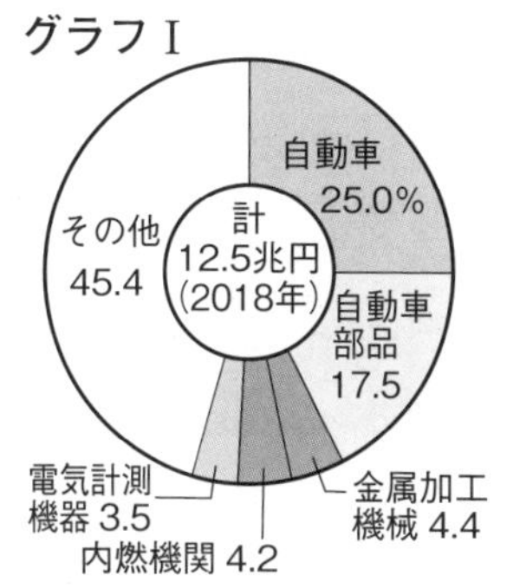

グラフⅡ

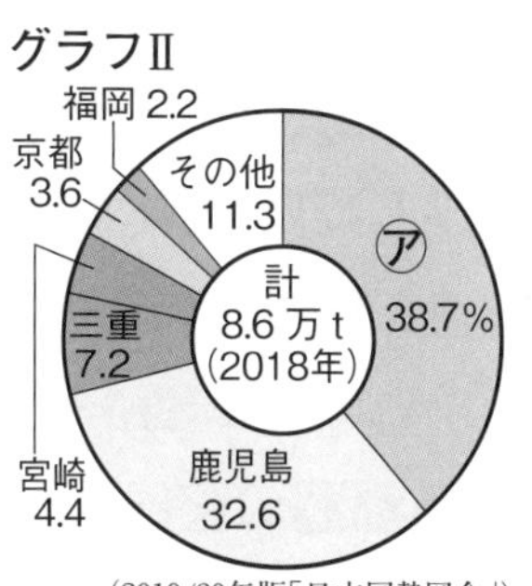

（2019/20年版「日本国勢図会」）

⑸　右のグラフⅡは，ある農作物の県別生産量の割合を示しており，グラフ中の㋐は，地図中の㋐と同じ県である。この農作物名を書きなさい。

要点チェック 8 関東地方

1 自然と首都・東京 ドリル P100

①地形

● **関東平野**…火山灰の台地が多い ▶ 関東ローム(とね)の赤土におおわれる。
　└→面積は日本一　　　　　　　　　　畑作地帯←┘

● **利根川**(とね)…流域面積が日本一。

②気候

● **太平洋側の気候**…夏に雨が多い。冬は乾燥(かんそう)した「**からっ風**」が吹(ふ)く。
　└→冷たい北西の季節風

● **亜熱帯**(あねったい)…小笠原諸島(おがさわら) ▶ 温暖多雨。

● **ヒートアイランド現象**…都市部の気温が周囲より高くなる。

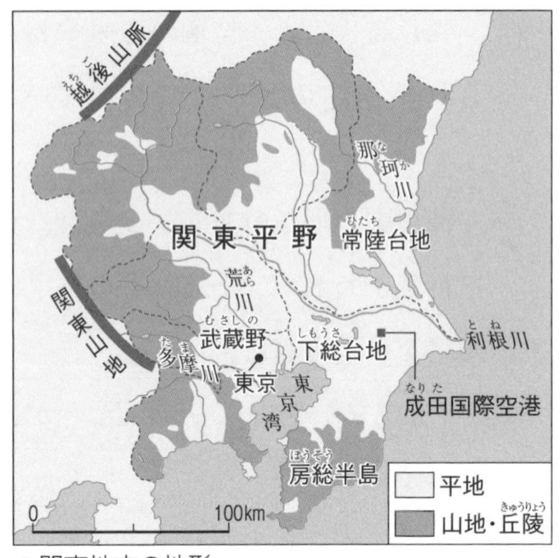

▲関東地方の地形

③首都・東京

● **政治の中心**…国会議事堂，最高裁判所，政府の省庁が集中。

● **経済の中心**…日本銀行，東京証券取引所，大企業(だいきぎょう)の本社。

● **文化・情報の中心**…大学，博物館，出版社，放送局など。

● **国際都市**…各国の大使館，銀行・証券会社の支社が集中。
　└→世界都市　　　　　└→国際金融都市

④都心と副都心

● **都心**…政治・経済の重要機関が集中する大都市の中心部。
　　　　　　　　　　　　　　　　　└→東京駅周辺

● **副都心**…新宿(しんじゅく)・渋谷(しぶや)・池袋(いけぶくろ) ▶ 都心の役割の一部をになう。
　└→都庁がある

覚えると得

国際化
多くの外国人客が訪れ，外国人向けの案内も増えている。また，外国人労働者として来日する人々も多くなっている。

副都心
私鉄のターミナル駅があり，商店街が発達し，各種の企業が集まっている地域。

政令指定都市
人口50万人以上で，都道府県の一部の権限がうつされている。関東地方は，横浜(よこはま)市，川崎(かわさき)市，相模原(さがみはら)市，さいたま市，千葉市。

2 東京大都市圏(けん) ドリル P102

①人口の過密化

● **東京大都市圏**…新幹線や高速道路が東京を中心に**放射線状**に広がる ▶ 通勤圏は都心から約70kmの範囲(はんい)。
　└→昼間人口(66ページ参照)が夜間人口より少ない

②首都圏の整備

● **首都圏**…関東地方に**山梨県を加えた**1都7県 ▶ 東京の**過密**をふせぎ，首都圏全体の調和のとれた発展をはかる。

● **ニュータウン**…多摩(たま)・港北(こうほく)・千葉など ▶ 住宅団地と公共施設(しせつ)。
　東京都←┘　└→神奈川県　　　老きゅう化，高齢化が課題←┘

● **筑波研究学園都市**(つくば)…大学や研究所が東京から移転。
　└→東京・秋葉原との間で鉄道が開通

- **東京国際空港(羽田(はねだ)空港)**…国際線発着の増加。
- **成田(なりた)国際空港**…日本の空の玄関(げんかん)。貿易額は日本一。
  - └→千葉県成田市

③**再開発**…都心や臨海地区で新しい都市づくり。
　└→新都心

- **幕張(まくはり)新都心**…国際展示場，事務所街，住宅団地など。
  - └→千葉市　└→幕張メッセ
- **みなとみらい21**…臨海地区に国際会議場や事務所街。
  - └→横浜市
- **さいたま新都心**…官庁街，さいたまスーパーアリーナ。
  - └→さいたま市

3 京浜工業地帯 ドリル P104

①**京浜(けいひん)工業地帯**…東京・横浜・川崎を中心とした総合工業地帯。東京湾(わん)西岸の埋(う)め立(た)て地に大工場や火力発電所。都心では**印刷業**が発達。下町には日用雑貨などの中小工場。

②**北関東工業地域**…首都圏から多くの工場が移転し，**工業団地**がつくられ，急速に発展。かつてのせんい工業に代わり機械工業が中心に。太田の自動車など。常陸那珂(ひたちなか)港への輸送。
- └→埼玉・群馬・栃木県
- └→高速道路が広がったため
- └→工場を計画的に集めた地域のこと
- └→群馬県
- └→北関東自動車道の開通

③**横浜港**…日本の海の玄関。貿易額は日本有数。観光客も多い。

④**京葉工業地域**…東京湾の東側の埋め立て地 ➡ 鉄鋼・石油化学コンビナート。

⑤**鹿島(かしま)臨海工業地域**…砂丘(さきゅう)に掘(ほ)り込(こ)み港 ➡ 鉄鋼・石油化学コンビナート。

ミスに注意

★首都圏…山梨県は中部地方であるが，首都圏に含(ふく)まれている。

重要 テストに出る!

災害が起こり，鉄道などが使えなくなると，帰宅できなくなる人を帰宅難民(帰宅困難者)という。

製造品出荷額等の構成

	製造品出荷額等						
京浜工業地帯	24.5(兆円)	機械 50.9%	化学 16.6	食料品 11.1	金属 8.3	印刷・同関連業 4.1	その他 9.0
京葉工業地域	11.4(兆円)	化学 38.6%	金属 20.3	食料品 16.9	機械 13.9	その他 10.3	

2016年(2019/20年版「日本国勢図会」)

▲京浜工業地帯と京葉工業地域の出荷額等の構成

4 関東平野の農業と観光 ドリル P106

①**関東地方の農業**
- **近郊(きんこう)農業**…野菜などを首都圏に出荷。
  - 関東ロームのため畑地が広い　└→大消費地に近い
- **嬬恋(つまごい)村**…キャベツなどの**高原野菜**の輸送園芸農業。
  - └→群馬県，夏でも涼しい気候，促成栽培がさかん
- **房総(ぼうそう)半島の南部**…花の栽培(さいばい)。
  - └→冬でも暖かい気候
- **各地の特産物**…栃木県の**いちご**・かんぴょう，茨城県のメロン・ピーマン・はくさい，群馬県の**こんにゃく**・はくさい。
  - └→工芸作物

②**観光地**…日光(にっこう)・上信越高原・富士箱根伊豆(ふじはこねいず)などの**国立公園**。**日光の社寺**，**富岡(とみおか)製糸場**などの**世界文化遺産**，**小笠原諸島**は**世界自然遺産**。
- 栃木県など　じょうしんえつ　└→草津温泉など　└→東京都，神奈川県など
- └→日光東照宮など
- └→国立西洋美術館は7か国で構成される遺産の1つ

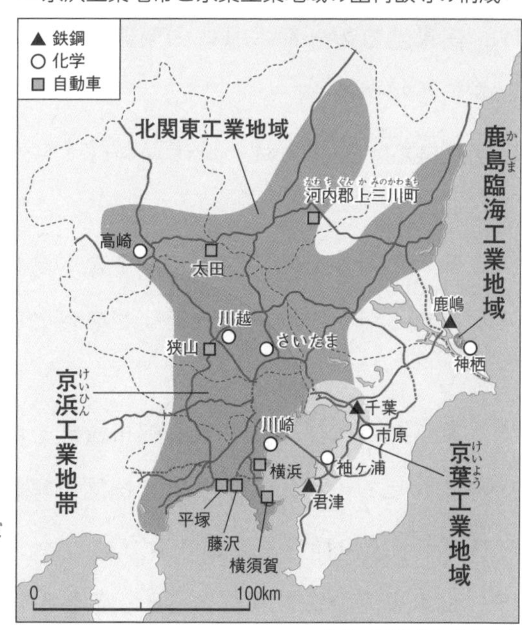

(国土交通省資料ほか)

▲関東地方の高速道路と工業の様子

関東地方

【関東地方の自然】

1 次の問いに答えなさい。

チェック P96 1 ①②，P97 4 ①（各5点×5　25点）

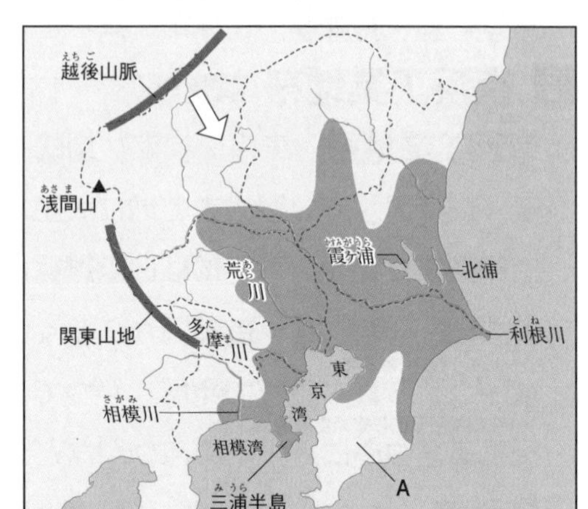

(1) 地図ワーク 流域面積が日本最大の利根川をなぞりなさい。

(2) 日本最大のこの地方の平野名を書きなさい。

(3) (2)の平野をおおう火山灰が堆積した赤土を何というか。

(4) ⇨で示した冬に吹く乾燥した冷たい季節風を何というか。

(5) 黒潮（日本海流）の影響を強く受ける太平洋側の気候で，年間を通して温暖なAの半島名を書きなさい。

【東京大都市圏】

2 次の問いに答えなさい。

チェック P96 1 ④，2 ②（各5点×5　25点）

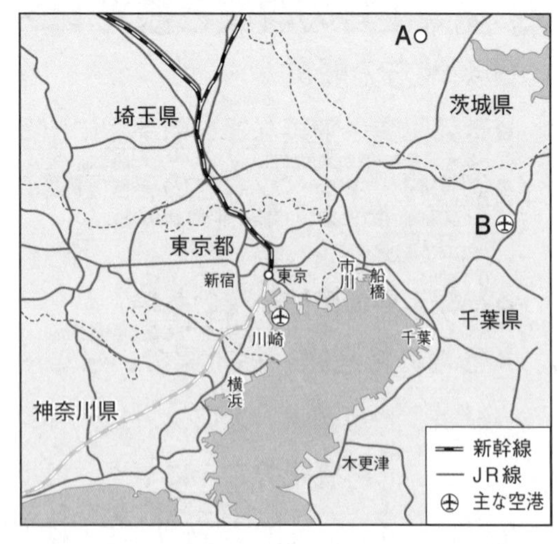

(1) 関東地方の一都六県に山梨県を加えた地域を何と呼ぶか。

(2) 地図ワーク 東海道・山陽新幹線をなぞりなさい。

(3) 都心と郊外を結ぶ鉄道と，さまざまな企業が集まる新宿・渋谷・池袋などを何というか。

(4) 東京の中心部に集中する都市機能を各地に分散させるため，大学や研究機関を移転させてできたAの都市名を書きなさい。

(5) 日本最大の貿易港であるBの空港名を書きなさい。

【関東地方の工業】

3 地図とグラフを見て，次の問いに答えなさい。

チェック P97 3（各5点×5　25点）

(1) 地図ワーク 東京湾（わん）の西岸を中心に発達した総合工業地帯に色をぬりなさい。

(2) (1)の工業地帯名を書きなさい。

(3) 東京湾の東側の埋（う）め立（た）て地に鉄鋼・石油化学などの大工場や中小工場が集まってできた工業地域を書きなさい。

(4) 右のグラフは関東地方の都県別の工業生産額とうちわけを表したものである。アにあてはまる県名とイにあてはまる工業名を書きなさい。

ア　　　イ

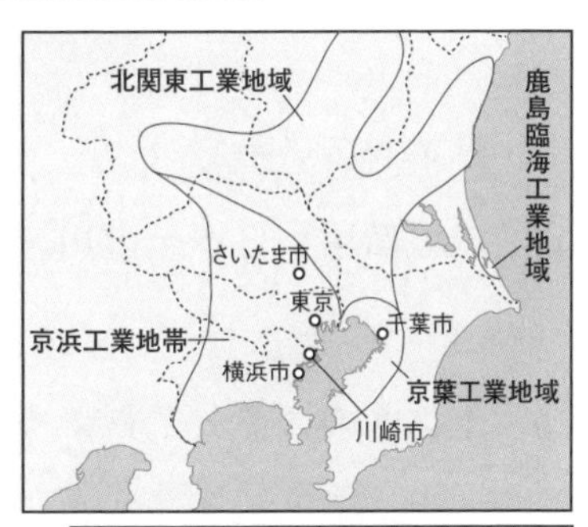

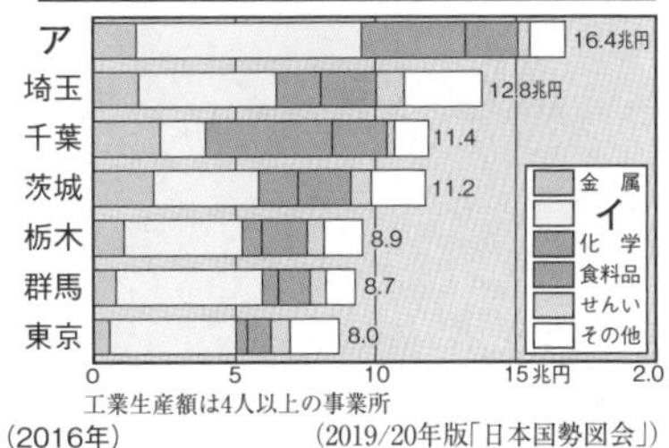

（2016年）　（2019/20年版「日本国勢図会」）

【関東地方の農業】

4 次の問いに答えなさい。

チェック P97 4 ①（各5点×5　25点）

(1) 大消費地に近い条件を生かして，都市向けに野菜を出荷する農業を何というか。

(2) 地図ワーク 夏に涼（すず）しい気候を利用して，レタスやキャベツなどの高原野菜を栽培（さいばい）している地域に色をぬりなさい。

(3) 地図ワーク 冬でも暖かい気候を利用して，1年をとおして大都市向けに花や野菜を出荷している地域に▨をかきなさい。

(4) 右のグラフのXとYの県はどこか。〔茨城・栃木・群馬・千葉〕からそれぞれ選びなさい。

X　　　Y

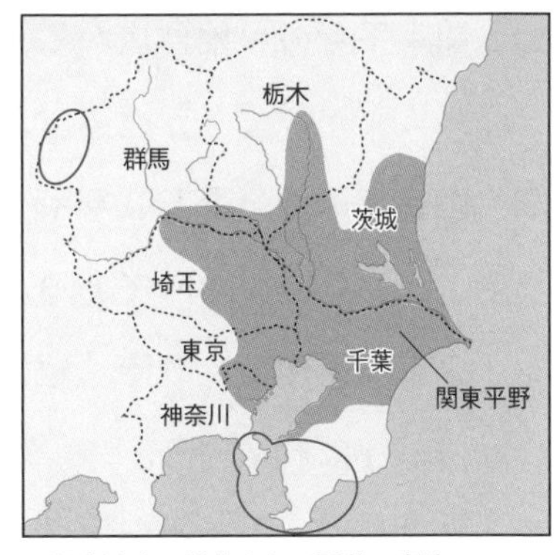

▼関東地方で消費される野菜の産地

野菜					
はくさい 23.8万t	X 52.6%	長野 31.8	Y 6.8	その他 8.8	
キャベツ 43.0万t	Y 30.2%	愛知 19.9	Z 17.7	神奈川 13.6	その他 18.6
ほうれんそう 3.8万t	Y 37.6%	X 25.0	埼玉 10.0	その他 27.4	
ねぎ 9.6万t	X 22.8%	Z 19.6	埼玉 11.3	その他 46.1	

（2018年「青果物産地別卸売統計」）

書き込みドリル

1 自然と首都・東京

基本

1 次のそれぞれの文にあてはまる地名を，地図中から選んで書きなさい。

チェック P96 1 (各6点×4　24点)

必出 (1) 日本一広い平野。

必出 (2) 流域面積が日本一の川。

(3) 千葉県の大部分を占める半島。

(4) 群馬県や埼玉県，東京都と，中部地方の境となっている。

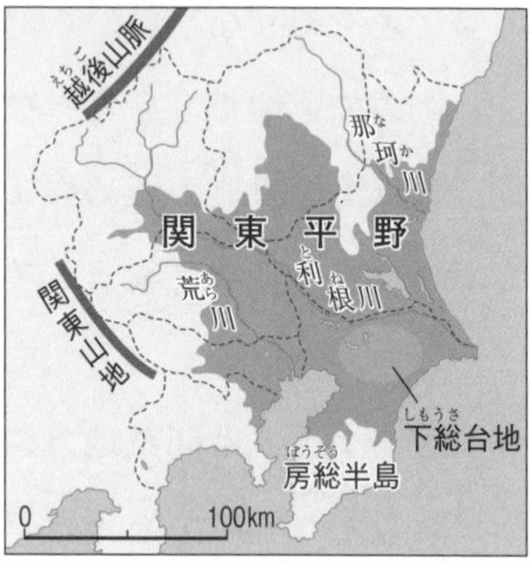

2 次の文の{　}の中から，正しい語句を選んで書きなさい。

チェック P96 1 (各6点×5　30点)

(1) 都市部の気温が周囲より高くなる現象を{ ドーナツ化　Uターン　ヒートアイランド }現象という。

必出 (2) 関東平野の台地に広がる火山灰土を，{ 関東ローム　シラス　輪中 }という。

(3) 国会議事堂，最高裁判所，政府の省庁などがあることは，東京が日本の{ 経済　政治　文化 }の中心であることを示している。

必出 (4) 東京駅周辺は，政治・経済の重要機関が集中するので，{ 衛星都市　都心　副都心 }と呼ばれている。

(5) 私鉄のターミナル駅であり，超高層ビルが集中し，都庁がある場所は{ 池袋　新宿　渋谷 }である。

得点UPコーチ

1 (1)ほとんどが台地で占められている平野。 (2)日本第二の長流でもある。 (3)東京湾岸では工業がさかん。

2 (1)アスファルトやコンクリートは熱の蓄積が多い。 (2)富士山や浅間山などの火山灰が積もった土壌である。

学習日 月 日 得点 点

8 関東地方

スタートドリル | 書き込みドリル❶ | 書き込みドリル❷ | 書き込みドリル❸ | 書き込みドリル❹ | まとめのドリル

発展

3 右の地図を見て，次の問いに答えなさい。

チェック P96 1（各6点×3 18点）

頻出 (1) 地図中のAの平野をおおっている，火山灰の赤土を何というか。

頻出 (2) 地図中のBは，流域面積が日本一の川である。この川の名を書きなさい。

(3) 地図中のCの山脈をこえて関東地方に冬に吹（ふ）く，乾燥（かんそう）した冷たい北西の季節風を何というか。

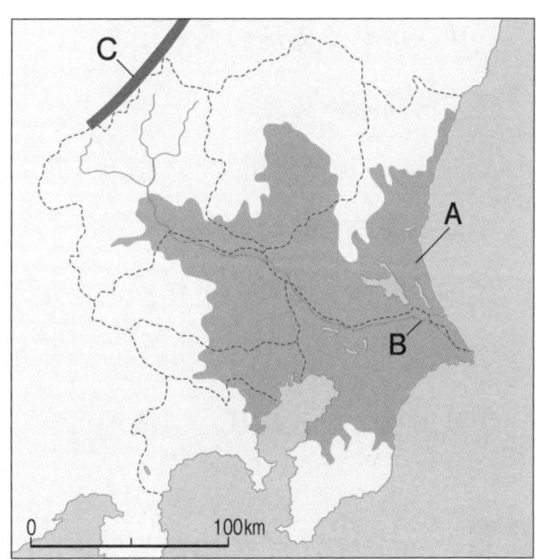

4 次の問いに答えなさい。

チェック P96 1（各7点×4 28点）

(1) 日本銀行，東京証券取引所，大企業（だいきぎょう）の本社があるため，東京は日本の何の中心といわれているか。

(2) 政治・経済の重要機関が集中する，大都市の中心部を何というか。

頻出 (3) 新宿・渋谷・池袋などのように，(2)の役割の一部を受けもっている地域を何というか。

(4) (2)や(3)の地域では昼間人口と夜間人口のどちらの人口が多いか。

得点UPコーチ

3 (1)火山灰が降り積もってできた赤土で，水を通しやすい。 (3)日本海側で雨や雪が降り，乾いた風が関東地方に吹く。

4 (4)夜間人口は地域に居住する人口。昼間人口は，通勤や通学で流出入する人口を夜間人口に加減したもの。

書き込みドリル

② 東京大都市圏

基本

1 次の文の　　にあてはまる語句を，下の{　}から選んで書きなさい。

チェック P96 2(各6点×5　30点)

東京はその周辺の県とともに，① [　　　] を形成しており，新幹線や高速道路が ② [　　　] に広がる。東京の周りでは，神奈川県の ③ [　　　] 市，川崎市，相模原市，埼玉県ではさいたま市，千葉県では千葉市が ④ [　　　] となっている。多摩や港北につくられたニュータウンでは，近年，老きゅう化や ⑤ [　　　] が問題になっている。

{ 放射状　直線状　高齢化　政令指定都市　横浜　東京大都市圏　藤沢 }

2 次の文の{　}の中から，正しい語句を選んで書きなさい。

チェック P96 2(各7点×5　35点)

(1) 首都圏とは，関東地方に{ 長野県　新潟県　山梨県 }を加えた1都7県のことである。

(2) 東京都に1960年代半ばから開発が始まったニュータウンは，{ 港北　多摩　千葉 }ニュータウンである。

必出 (3) 日本の空の玄関である成田国際空港は，{ 茨城県　東京都　千葉県 }につくられた。

必出 (4) つくば市につくられたのは，{ 研究学園都市　国際文化会館　文化学術研究都市 }である。

(5) 再開発によって，横浜駅に近い臨海地区に，{ 幕張メッセ　みなとみらい21　コンビナート }がつくられた。

得点UPコーチ

1 ①東京を中心として広がる国内最大の大都市圏。　②京都などの古い町並みは碁盤の目のように区切られている。

2 (1)東京とは，中央自動車道や中央本線で結ばれている。

学習日　月　日　得点　点

発展

3 右の地図を見て，次の問いに答えなさい。

チェック P96 2 (各5点×4　20点)

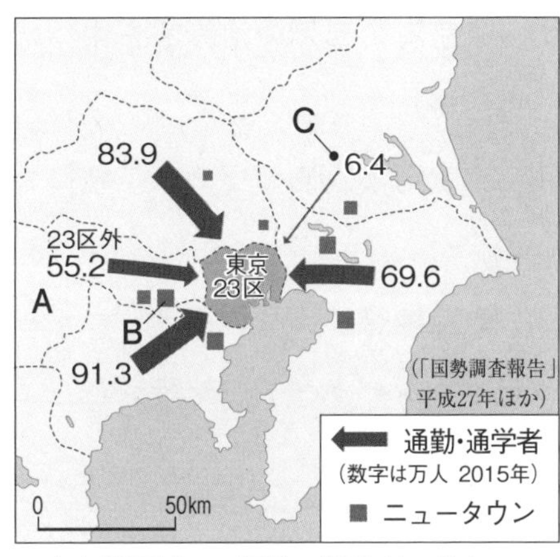

▲東京都区部への通勤・通学者の分布

(1) 東京都への通勤・通学者が，最も多い県はどこか書きなさい。

(2) 地図中のAは，関東以外の県である。この県名を書きなさい。

(3) 地図Bのようなニュータウンの課題としてあげられることを解答欄(らん)にあうように書きなさい。

老きゅう化と　　化

(4) 東京から大学や研究所が移転し，東京の秋葉原(あきはばら)と鉄道で結ばれている地図Cの地域は，何と呼ばれるか。

4 次の問いに答えなさい。

チェック P96 2 (各5点×3　15点)

(1) 日本の国内線の中心となっている東京・羽田(はねだ)にある空港の正式な名称(めいしょう)を書きなさい。

(2) 横浜の造船所のあと地などを利用して再開発が行われ，国際会議場や商業施設(しせつ)などがつくられた地区は，何と呼ばれるか。

(3) 臨海部が再開発され，国際展示場の「幕張メッセ」や事務所街，住宅団地などを含(ふく)む『幕張新都心』がつくられたのは何県か。次の{　}から選んで書きなさい。

{ 埼玉県　茨城県　千葉県 }

得点UPコーチ

3 (1)千葉県，埼玉県，神奈川県，都下から23区へ，多くの人が通っている。 (4)つくば市につくられた。

4 (1)東京都大田区にある。 (2)横浜駅に近い臨海地区に，国際会議場などがつくられた。

3 京浜工業地帯

基本

必出 **1** 次のそれぞれの文にあてはまる地域(地帯)や都市を，地図中から選んで書きなさい。

チェック P97 3(各7点×5　35点)

(1) 東京湾の西側の沿岸部を中心に発生した総合工業地帯。

(2) 東京湾の東側の埋め立て地につくられた工業地域。

(3) 砂丘地帯に掘り込み港をつくって，鉄鋼・石油化学コンビナートが建設された工業地域。

(4) 日本の海の玄関で，輸出額が日本有数の港がある都市。

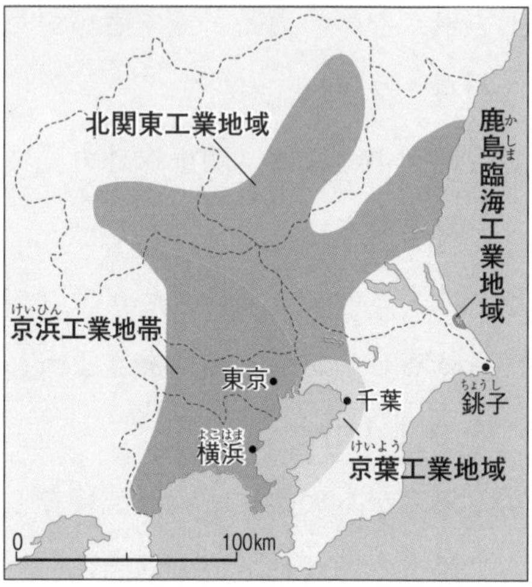

(5) 日本の経済・政治・文化・情報の中心地，国際都市で各国の大使館も多い。

北関東工業地域
鹿島臨海工業地域
京浜工業地帯
東京
千葉
銚子
横浜
京葉工業地域
0　100km

2 次の文の［　　］にあてはまる語句を，下の{ }から選んで書きなさい。

チェック P97 3(各5点×4　20点)

埼玉県北部から群馬県・栃木県にかけての地域は，かつては養蚕がさかんで，製糸業などの［①　　］工業が発達していた。近年，この地域に首都圏から多くの工場が移転してくるようになり，［②　　］工業地域が形成された。中心となっているのは［③　　］工業であり，例えば，かつては飛行機がつくられていた群馬県の［④　　］市は，現在では自動車工業がさかんである。

{ 機械　化学　せんい　東海　北関東　足利　太田 }

得点UPコーチ

1 (1)東京・横浜を中心とする工業地帯である。 (2)東京と千葉を結びつけた工業の地域のこと。

2 ①製糸業とは，生糸を生産する工業のこと。 ②高速道路の整備により，原料や製品の輸送が容易になった。

発展

3 右の地図を見て，次の問いに答えなさい。

(各5点×9　45点)

(1) 地図中のA～Cの工業地帯(地域)名を書きなさい。

A

B

C

必出 (2) 地図中のXは，日本有数の貿易港である。この貿易港の名を書きなさい。

(3) 地図中のYは，Aの工業地帯の中心都市の一つである。この都市名を答えなさい。

必出 (4) 地図中のZの地域では，Aの工業地帯の特色となる，ある工業が発達している。この工業名を答えなさい。

(5) 右のグラフから，Aの工業地帯とBの工業地域を表しているものを一つずつ選び，記号で答えなさい。また，Bの工業地域のグラフの特徴(とくちょう)を書きなさい。

A　　B

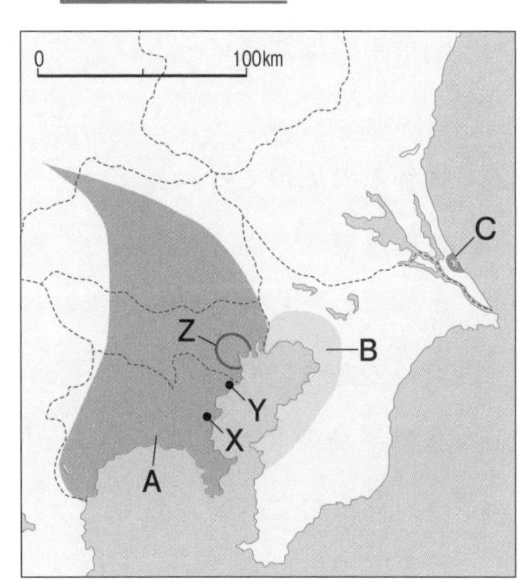

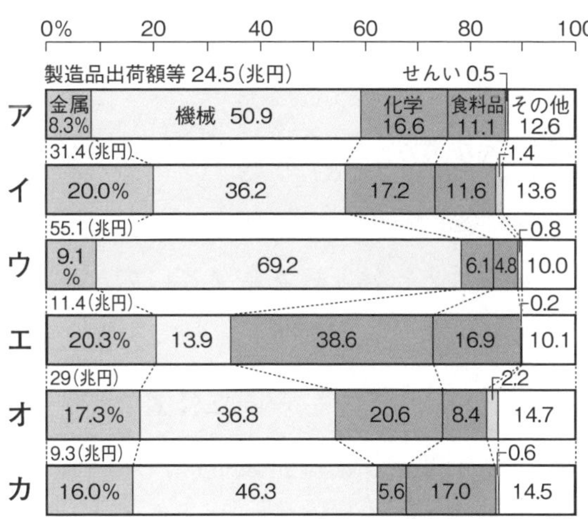

2016年（2019/20年版「日本国勢図会」）

得点UPコーチ

3 (1)A・Bは，二つの大都市を結びつけた名がついている。　(3)神奈川県最大の工業都市である。　(5)Aは機械工業，Bは金属工業と化学工業がさかんであるが，ともにせんい工業はふるわない。

4 関東平野の農業と観光

基本

1 次の文の{ }の中から，正しい語句を選んで書きなさい。

チェック P97 4 (各6点×5 30点)

必出 (1) 関東平野は関東ロームにおおわれているので，{ 果樹園　牧場　畑 }が多い。

(2) 大都市の周辺で行われている，大都市向けに野菜や草花，畜産物(ちくさんぶつ)を出荷する農業を，{ 近郊(きんこう)農業　高冷地農業　輸送園芸農業 }という。

必出 (3) キャベツなどの高原野菜の栽培(さいばい)がさかんなのは，群馬県の{ 高崎(たかさき)市　嬬恋(つまごい)村　前橋(まえばし)市 }である。

(4) 房総(ぼうそう)半島の南部では，冬でも暖かい気候を利用して，{ さとうきび　花　りんご }の栽培がさかんである

(5) 栃木県の{ いちご　メロン　キャベツ }の生産量は，日本有数である。

2 次の文の[　　]にあてはまる語句を，下の{ }から選んで書きなさい。

チェック P97 4 (各5点×4 20点)

関東地方には，栃木県などに広がる[①　　]国立公園，群馬県草津(くさつ)温泉が含(ふく)まれる[②　　]国立公園，東京都や神奈川県などにまたがって広がる[③　　]国立公園などがあり，昔から有名な温泉・火山・高原を利用した観光地が各地にある。最近は，新幹線や自動車の専用道路である[④　　]を利用して，東京や全国各地からこれらの観光地に簡単に行けるようになり，各地の観光地は観光客でにぎわっている。

{ 高速道路　上信越(じょうしんえつ)高原　大山隠岐(だいせんおき)　日光(にっこう)　富士箱根伊豆(ふじはこねいず)　遊歩道 }

得点UPコーチ

1 (1)火山灰土のため，水持ちが悪い。(2)大都市の近郊で行われる農業。(3)浅間(あさま)山の山ろくにある村。

2 ①中禅寺湖(ちゅうぜんじこ)，華厳滝(けごんのたき)などがある。③伊豆諸島は，東京都に属している。

発展

3 関東地方の世界遺産について，次の問いに答えなさい。

チェック P97 4 (各5点×4 20点)

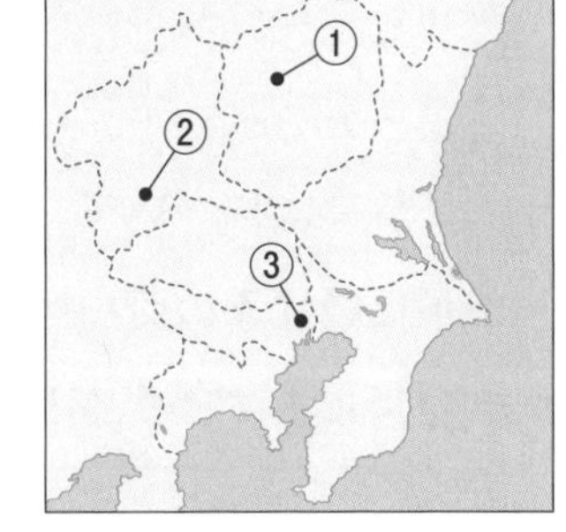

(1) 図の①～③の世界文化遺産を書きなさい。

① ［　　　　　］の社寺(東照宮(とうしょうぐう)など)

② ［　　　　　］と絹産業遺産群

③ ［　　　　　］美術館

(2) 関東地方にある世界自然遺産の名前を書きなさい。

［　　　　　］諸島

4 次の問いに答えなさい。

チェック P97 4 (各6点×5 30点)

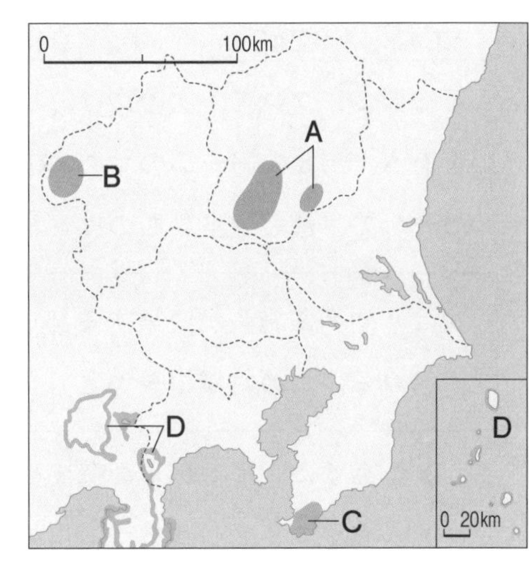

頻出 (1) 新鮮(しんせん)な農作物をすぐに都市にとどけることができる大都市周辺の農業を何というか。

［　　　　　］

(2) 地図中のAで多く栽培され，栃木県が日本有数の生産をあげている果菜類は何か。

［　　　　　］

頻出 (3) 地図中のBの野菜類は，栽培される場所から何といわれるか。 ［　　　　　］

(4) 地図中のCで，冬でも暖かい気候を利用して，冬から春にかけて出荷している農作物は野菜と何か。 ［　　　　　］

(5) 地図中のDの国立公園名を書きなさい。 ［　　　　　］

得点UPコーチ

3 ②明治(めいじ)初期の官営模範(もはん)工場。 ③世界にあるル・コルビュジエの作品17資産が登録された。

4 (2)果菜類とは，果実を食べる野菜のこと。 (3)高原で栽培される野菜のこと。

まとめのドリル

関東地方

1 次の文を読んで，あとの(1)～(3)の問いに答えなさい。〈岩手県　改題〉

チェック P96 1，2(各10点×3　30点)

①利根川(とね)が流れる関東平野は，わが国の中でも特に多くの都市が集中する地域である。都市化が進行したために，②ヒートアイランド現象のような都市特有の問題が見られるようになった。また，地震(じしん)や台風などで，③交通機関に大きな影響(えいきょう)が及(およ)ぶことがある。

(1)　下線部①について，次の表は，利根川，石狩川(いしかり)，北上川(きたかみ)，信濃川(しなの)の四つの河川の長さ，流域面積，その河川が流れている都道府県数を示したものである。表中のア～エのうち，利根川にあてはまるものはどれか。一つ選び，その記号を書きなさい。

	河川の長さ	流域面積	その河川が流れている都道府県数
ア	367km	11900km²	3
イ	322km	16840km²	6
ウ	268km	14330km²	1
エ	249km	10150km²	2

(2)　下線部②について，次の文は，ヒートアイランド現象とその対策について説明したものである。あとのア～エのうち，文中の(　X　)(　Y　)にあてはまることばの組み合わせとして，最も適当なものはどれか。一つ選び，その記号を答えなさい。

> ビルや商業施設(しせつ)が密集する都市では，気温が周辺地域より(　X　)なる現象が見られる。この対策の一つとして，(　Y　)が行われている。

ア　X：高く　　Y：ビルの壁面(へきめん)や屋上に植物を育てること

イ　X：高く　　Y：地下に河川の水を一時的にためる施設を作ること

ウ　X：低く　　Y：ビルの壁面や屋上に植物を育てること

エ　X：低く　　Y：地下に河川の水を一時的にためる施設を作ること

得点UPコーチ

1 (1)利根川が日本一のものは何かを考える。(2)ヒートアイランド現象は，アスファルトやコンクリートが熱をためやすく，一度あたたまると冷めにくいため，夜でも大気をあたためてしまうことが一因である。(3)　人の移動数とその手段に注目する。

(3)　下線部③について，東京大都市圏では，地震や台風などにより，公共交通機関に乱れが生じ，帰宅困難者が多く出ることがある。その理由として，どのようなことが考えられるか。次の資料Ⅰ，資料Ⅱの内容にふれて，簡潔に書きなさい。

資料Ⅰ　通勤・通学に利用する交通手段の割合(2010年)

	利用交通機関	
	鉄道	自家用車
東京都	58%	9%
神奈川県	49%	19%
千葉県	40%	34%
埼玉県	38%	32%
全国平均	23%	47%

資料Ⅱ　東京23区への通勤・通学者数(2010年)

2　右の地図を見て，次の問いに答えなさい。

チェック P96 1，P97 3(各14点×5　70点)

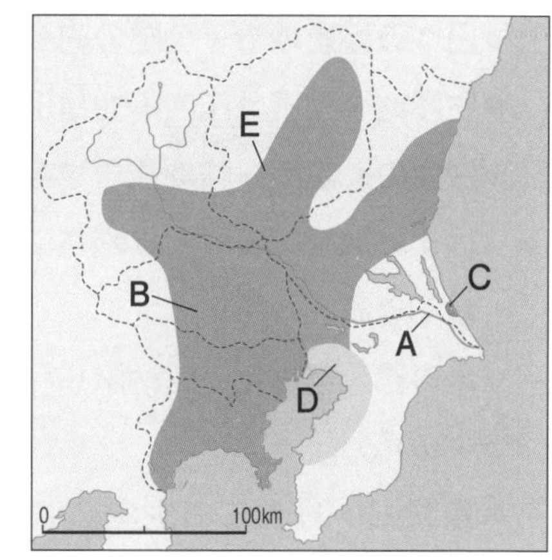

(1)　地図中のAは，東京大都市圏の水がめである。この河川名を書け。

(2)　日本を代表する工業地帯である，地図中のBを何というか。

(3)　地図中のCは，港をどのようにしてつくったか。

(4)　Dの地域につくられた工業地域は，何と呼ばれるか。

(5)　高速道路が発達したことにより，Eの地域にも工場が進出した。Eの地域に見られる，計画的に工場を集めた地域のことを何というか。

得点UPコーチ

2　(1)流域面積が日本一の川。　(3)この付近は，鹿島灘に沿う砂丘地帯であった。　(4)鉄鋼と石油化学のコンビナートがある。　(5)　北関東自動車道の開通により，Eから常陸那珂港までの輸送が便利になった。

要点チェック 9 東北地方

1 自然の様子 ドリル P114

①地形

- **中央に奥羽山脈**…日本海側に秋田・**庄内平野**，太平洋側に仙台平野，山間部に盆地。
  - 庄内平野→最上川
  - 仙台平野→北上川
- **カルデラ湖**…十和田湖・田沢湖。
  - →火山活動でできる（40ページ参照）
- **三陸海岸**…**リアス海岸**。地震による津波の被害を受けやすい ▶ 2011年3月11日の**東北地方太平洋沖地震**で甚大な被害を受ける。
  - リアス海岸→V字の入り江は両側が狭くなるため，波が高くなる
  - 東北地方太平洋沖地震→東日本大震災
- **白神山地**…世界自然遺産の登録地。
  - →ぶなの原生林など貴重な自然が残る
  - 登録地→青森県，秋田県にまたがる

②気候

…日本海側は冬に雨や雪が多い。太平洋側は夏に**やませ**が吹くと気温が上がらず，**冷害**が起こりやすくなる。

- 冬に雨や雪が多い→北西の季節風と暖流の対馬海流の影響
- やませ→寒流の親潮の上を通って吹いてくる冷たい北東の風

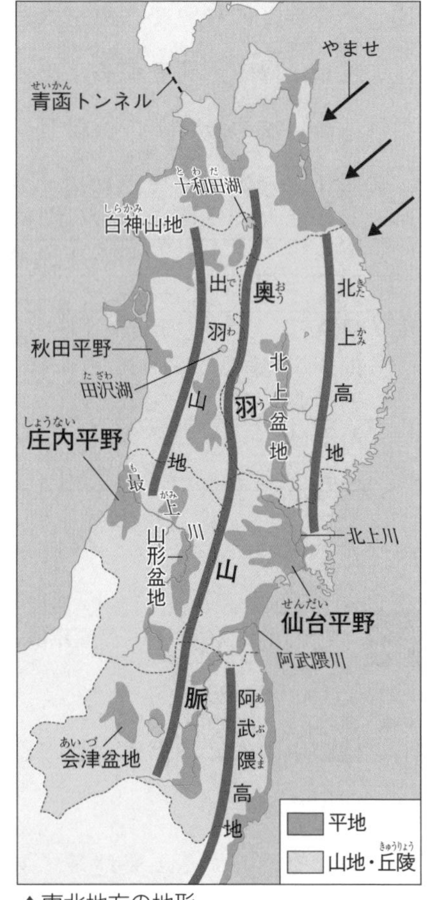

▲東北地方の地形

2 東北地方の農林水産業と文化 ドリル P116

①日本の穀倉地帯

- **日本の穀倉地帯**…全国の約4分の1の米を生産。
- **生産地**…秋田・庄内・仙台平野，北上盆地など。
  - 秋田・庄内→水田単作地帯
- **生産のくふう**…**耕地整理**や機械化により生産をのばす。**品種改良**により寒さに強い，味のよい品種ができる。
  - 耕地整理→区画を整え，機械などを入れやすくする
- **米の輸入自由化**…**銘柄米（ブランド米）**で輸入米に対抗。

②果物の栽培

- **青森県**…**りんご**の生産量は全国の50％以上を占める。生産の中心地は**津軽平野**。
  - 津軽平野→弘前（ひろさき）など
- **山形県**…**さくらんぼ**（おうとう）の生産量は全国の約75％。**山形盆地**が中心。ぶどう・もも・西洋なしの栽培もさかん。
  - 西洋なし→全国1位（2017年）
- **福島県**…**もも**の生産量は全国2位。
  - もも→福島盆地など

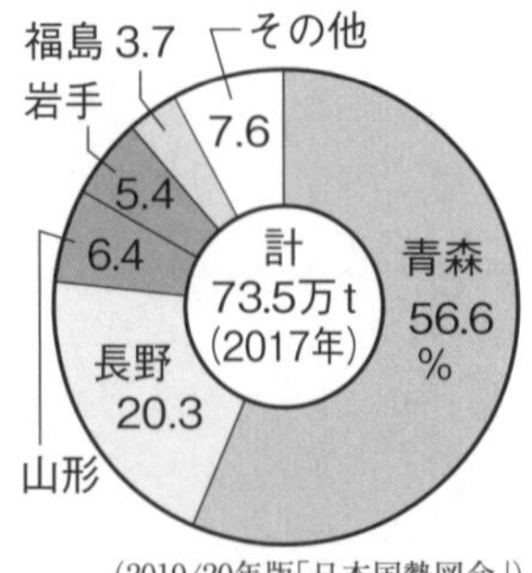

（2019/20年版「日本国勢図会」）

▲りんごの県別生産割合

覚えると得

やませ

初夏に，東北地方の太平洋側に吹く，冷たい北東の風。気温が低くなるため，冷害が起きやすい。

③林業

- **森林資源**…すぎ，ひば。
  - すぎ→秋田　ひば→青森
- **課題**…価格の安い輸入材との競争。働く人の高齢化。

④三陸地方の水産業

- **三陸海岸**…多くの漁港が発達。
  - 三陸海岸→天然の良港にめぐまれる　漁港→水産加工業もさかん
- **好漁場**…沖合に暖流の黒潮（日本海流）と寒流の親潮（千島海流）が出合う**潮境**（潮目）。
- **さかんな養殖**…かき・わかめ・ほたてなど。
  - かき→松島湾（宮城県）　わかめ→岩手県　ほたて→陸奥湾（青森県）

⑤受けつがれる文化

- **東北の夏祭り**…青森ねぶた祭，秋田竿燈まつり，仙台七夕まつり，山形花笠祭り，盛岡さんさ踊り，福島わらじまつりなど。
  - →東北三大まつり
- **受けつがれる伝統行事やくらしの文化**…男鹿のナマハゲ（秋田県），曲家（青森県，岩手県）など。
  - 曲家→母屋と馬屋が一体となった住居

重要 テストに出る！

青森県ではりんごが，山形県ではさくらんぼ・西洋なしが日本一の生産である。

覚えると得

無形文化財

伝統的な音楽や舞踊の保護を目的として，ユネスコに登録されたり，国の重要無形民俗文化財に指定されている。

3 東北地方の工業と都市 ドリル P118

①伝統産業

- **背景**…地元の原材料を利用（地場産業）。農家の副業などから発達。後継者の育成が課題。
  - 農家の副業→江戸時代に諸藩が奨励したものも多い
- **おもな伝統的工芸品**…津軽塗，大館曲げわっぱ，樺細工，南部鉄器，天童将棋駒，山形仏壇，置賜紬，宮城伝統こけし，会津塗など。
  - 南部鉄器→盛岡など　天童将棋駒→山形県

②近代工業

- **工業団地の形成**…首都圏などから工場が進出。
  - 工業団地→精密機械，電子部品など
- **IC工場**…高速道路沿いや空港の周辺。
  - 高速道路→東北自動車道など

③東北地方の中心・仙台市

- 江戸時代は**仙台藩**の城下町として発展。
- **地方中枢都市**…国の出先機関や大きな企業の支社，銀行の支店，工場が進出。
  - 地方中枢都市→東北地方の政治・経済・文化の中心
- **仙台都市圏**…**政令指定都市**。交通の整備 ▶ 地下鉄の開通。

④**復興への取り組み**…東日本大震災の経験を防災に生かす。堤防のかさ上げ，津波避難施設の整備。

▲東北地方のおもな産業

スタートドリル

東北地方

【東北地方の地形】

1 次の通り地図にかき込み，問いに答えなさい。 チェック P110 1 ①(各5点×6 30点)

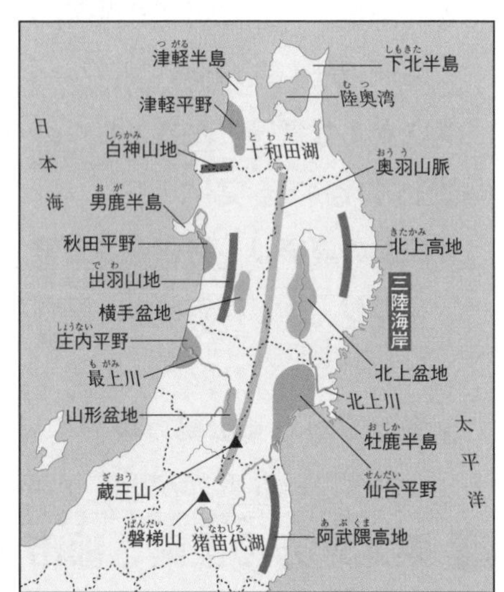

(1) 地図ワーク 東北地方の中央を走る奥羽山脈をなぞりなさい。

(2) 奥羽山脈に沿うように南下して，太平洋にそそぐ東北地方最長の河川名を書きなさい。

(3) ぶなの原生林が残る，世界自然遺産に登録された山地名を書きなさい。

(4) 三陸海岸の深く入り組んだ複雑な海岸地形を何というか。

(5) 秋田県にある日本海に突き出た半島名を書きなさい。

(6) 宮城県に広がる東北地方最大の平野名を書きなさい。

【東北地方の気候】

2 次の通り地図にかき込み，問いに答えなさい。 チェック P110 1 ②(各5点×4 20点)

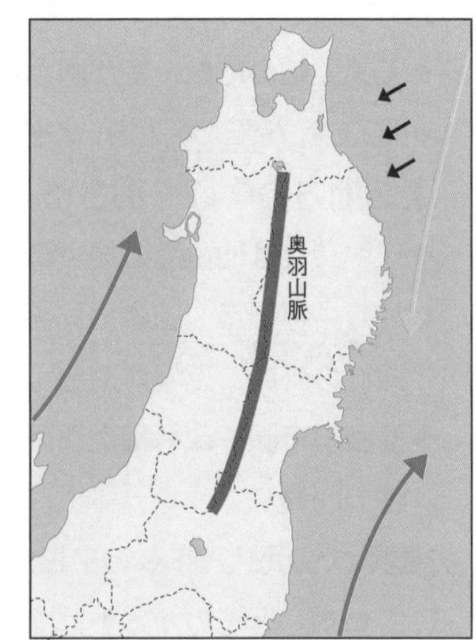

(1) 地図ワーク 東北地方に冷害をもたらす親潮(千島海流)をなぞりなさい。

(2) (1)の海流の影響を受け，夏に吹く冷たく湿った北東の風を何というか。

(3) 太平洋側と比べて温暖な気候をもたらす，日本海を北上する暖流を何というか。

(4) 夏に晴天の日が多く，冬に積雪の多い気候はどちらか。{ 日本海側の気候　太平洋側の気候 }から選んで書きなさい。

【東北地方の農水産業】

3 次の問いに答えなさい。

チェック P110 2 ①②④(各5点×6　30点)

(1) 右のグラフを見て，問いに答えなさい。

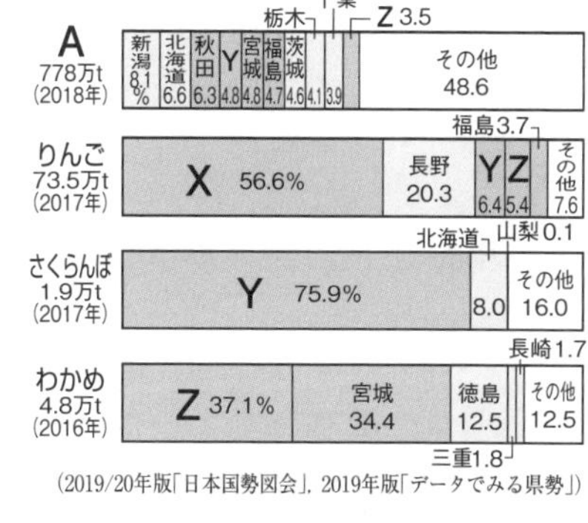

(2019/20年版「日本国勢図会」，2019年版「データでみる県勢」)

① 日本の穀倉地帯といわれる東北地方が全国の約4分の1を生産している，Aの穀物名を書きなさい。

② X，Y，Zにあてはまる東北地方の県名をそれぞれ書きなさい。

X

Y

Z

(2) 地図ワーク リアス海岸でこんぶやわかめ，かきなどの養殖(ようしょく)がさかんな岩手県に▨をかきなさい。

(3) 三陸海岸沖の好漁場で，暖流と寒流がぶつかる◌を何というか。

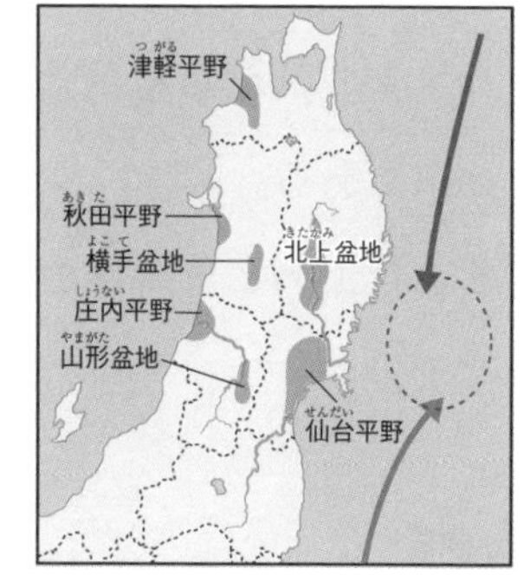

【東北地方の工業と都市】

4 次の通り地図にかき込み，問いに答えなさい。

チェック P111 3 ①②③(各5点×4　20点)

(1) 地図ワーク 東北新幹線をなぞりなさい。

(2) 空港の周辺や高速道路沿いに発達している工業は何か。
{ IC(アイシー)　　印刷 }から選んで書きなさい。

(3) 次の文にあう都市を地図中から選んで書きなさい。

① 江戸(えど)時代に城下町として発展した東北地方の地方中枢(ちゅうすう)都市。

② 地元の鉱産資源を利用した伝統産業である「南部(なんぶ)鉄器」などをつくっている県庁所在地。

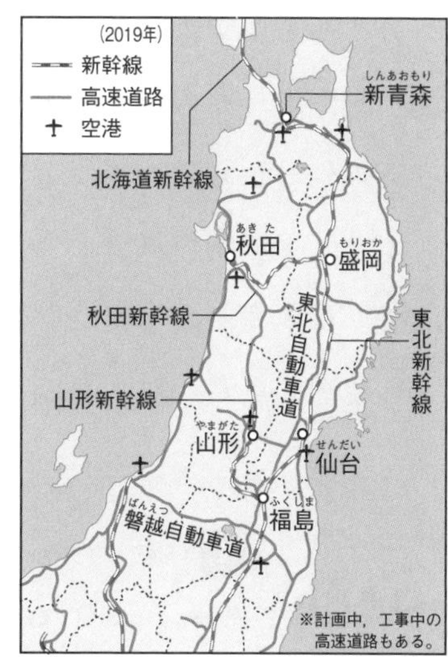

書き込みドリル

9 東北地方

1 自然の様子

基本

1 次の文の{ }の中から，正しい語句を選んで書きなさい。

チェック P110 1 (各8点×5 40点)

必出 (1) 東北地方の中央を南北に走っているのが，{ 奥羽山脈 北上高地 出羽山地 }である。

(2) 東北地方の太平洋側には，{ 秋田平野 庄内平野 仙台平野 }が広がっている。

(3) ぶなの原生林など，豊かな自然が残ることから世界遺産に登録されたのは，{ 阿武隈高地 白神山地 三陸海岸 }である。

(4) 宮城県から岩手県にかけてリアス海岸が続くのは，{ 三陸海岸 九十九里浜 }の南部である。

(5) 秋田県と青森県の県境にあるカルデラ湖は，{ 十和田湖 霞ヶ浦 諏訪湖 }である。

必出

2 東北地方の気候について，次の問いに答えなさい。

チェック P110 1 (各4点×3 12点)

(1) 右の雨温図は，秋田と宮古(岩手県)のものである。宮古はどちらか。

(2) (1)のようなちがいの原因である海流を，下の{ }から一つずつ選びなさい。

① 太平洋側の寒流

② 日本海側の暖流

{ 親潮 黒潮 対馬海流 リマン海流 }

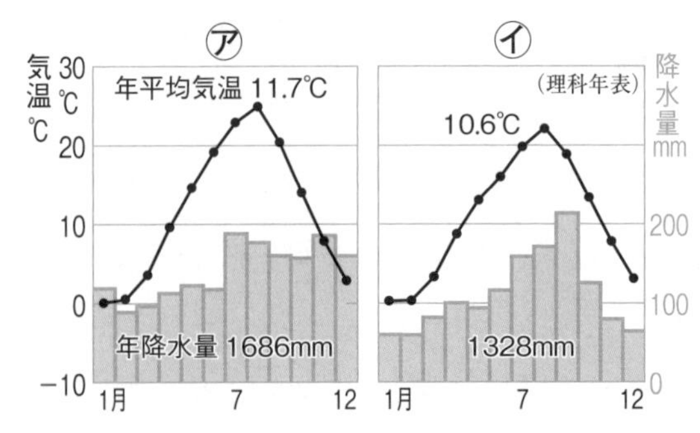

得点UP コーチ

1 (1)約500kmもある，日本最長の山脈である。 (3)青森県と秋田県の県境付近に位置する。 (5)火山の山頂付近が陥没し，水がたまってできた。

2 秋田と宮古はほぼ同緯度にあるが，日本海側の沖合いには暖流が流れている。

発展

3 右の地図を見て，次の問いに答えなさい。

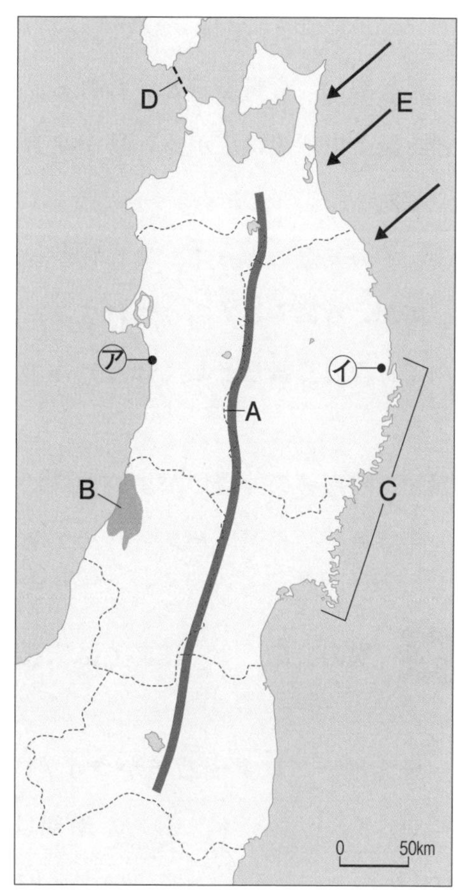

出 (1) 東北地方を東西に分ける地図中のAの山脈名を書きなさい。

(2) 稲作(いなさく)のさかんな地図中のBの平野名と，そこを流れている大きな川の名を書きなさい。

出 (3) 地図中のCの，複雑な海岸地形名を書きなさい。

(4) 地図中のDは，海底トンネルを示している。この海底トンネル名を書きなさい。

出 (5) 地図中のEは，冷たい北東の風を示している。この風を何というか。

(6) 地図中のEの風が初夏に吹(ふ)くと，気温が上がらないために，農作物が被害(ひがい)を受けることがある。この被害を何というか。

出 (7) 地図中の㋐は秋田,㋑は宮古を示している。この二つの都市はほぼ同緯度にあるが,夏は㋑のほうが気温が低くなる。そのわけを海流の影響に注目して書きなさい。

3 (1)東北地方の中央部を，南北に走る山脈。 (2)川は，日本三大急流の一つ。(3)Cは，三陸海岸の南部を示している。北部は隆起(りゅうき)海岸。 (4)青森と函館(はこだて)を結んでいた青函連絡船(せいかんれんらくせん)に代わるものとしてつくられた。

2 東北地方の農林水産業と文化

基本

1 次の文の{ }の中から，正しい語句を選んで書きなさい。

チェック P110 2 (各7点×5 35点)

(1) 東北地方は，日本の米の約4分の1近くを生産しているので，日本の{ 穀倉地帯　混合農業　食料庫 }といわれる。

必出 (2) 最上(もがみ)川下流に広がる{ 秋田平野　庄内(しょうない)平野　仙台(せんだい)平野 }は，日本有数の米の産地である。

(3) 夏の低温によって，農作物が{ 干害(かんがい)　風水害　冷害 }にみまわれるので，その対策がいろいろとくふうされてきた。

(4) 青森の夏祭りとして知られるのは，{ 竿燈(かんとう)まつり　ねぶた祭　花笠(はながさ)まつり }である。

必出 (5) 三陸海岸の沖合いがよい漁場になっているのは，暖流と寒流がぶつかる{ 潮境　大陸棚(だな)　干潟(ひがた) }があるためである。

2 次の文の□にあてはまる語句を，下の{ }から選んで書きなさい。

チェック P110 2 (各5点×4 20点)

東北地方では果樹栽培(さいばい)がさかんであり，弘前(ひろさき)を中心とする (1)□ の南部は，右のグラフに見られる (2)□ の大産地となっている。このほか，(3)□ ではさくらんぼ，ぶどう，もも，西洋なしの栽培が，福島盆地(ぼんち)では (4)□ の栽培がさかんである。

(2019/20年版「日本国勢図会」)

{ 山形盆地　仙台平野　津軽(つがる)平野　りんご　みかん　もも }

得点UPコーチ

1 (1)穀物を多く生産する地方のこと。(2)日本海側に広がる平野。

2 (1)昔の青森県の呼び名がついている。(3)この地域を含(ふく)む県が，さくらんぼと西洋なしの全国一の生産県となっている。

発展

3 右の地図を見て，次の問いに答えなさい。

チェック P110 2(各5点×9　45点)

(1) 地図中の㋐～㋒は，稲作(いなさく)のさかんな平野である。それぞれの平野名を書きなさい。

㋐
㋑
㋒

出 (2) 地図中の㋓・㋔では，それぞれある果物(くだもの)の生産がさかんである。㋓・㋔で生産がさかんな，果物名を{　}から選んで書きなさい。

{ さくらんぼ　りんご　かき }

㋓　㋔

(3) 地図中のAで養殖(ようしょく)されているものは北海道に次いで，Bで養殖されているものは広島県に次いで多くなっている。それぞれの水産物名を書きなさい。

A　B

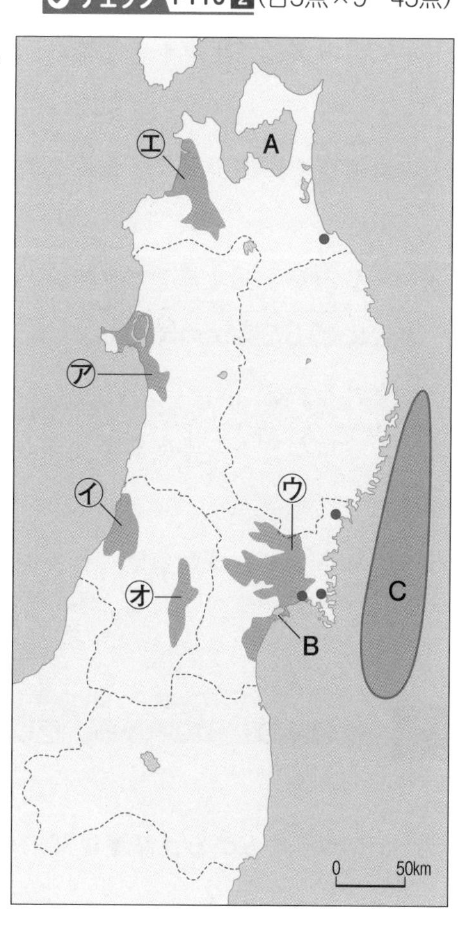

(4) 地図中の●印の都市で共通してさかんな工業は何か。次の{　}から選んで書きなさい。

{ 水産加工業　鉄鋼業　農業用機械工業　パルプ・製紙業 }

出 (5) 地図中のCで漁業がさかんなわけを，海流のことから書きなさい。

得点UPコーチ

3 (1)㋐と㋒は，県庁所在地名がつく。㋑は，この地方の名。 (2)㋓は津軽平野，㋔は山形盆地を示している。 (3)ともに貝類である。 (4)●印は，八戸(はちのへ)，気仙沼(けせんぬま)，女川(おながわ)，石巻(いしのまき)を示している。 (5)海の中で上昇流(じょうしょう)がおき，海底の栄養分があがる。

書き込みドリル ③ 東北地方の工業と都市

基本

1 次の文にあてはまる伝統的工芸品を，地図中から選んで書きなさい。

チェック P111 3 ③(各5点×5　25点)

(1) 弘前市周辺で生産される漆器。

(2) 盛岡市や奥州市などで生産される金属製品。

(3) 天童市が全国生産量の9割以上を占めている。江戸時代に武士たちが内職としてつくっていたのが始まりとされる。

(4) 米沢市など山形県南部で生産される織物。

(5) 大崎市など宮城県各地でつくられる人形の一種。

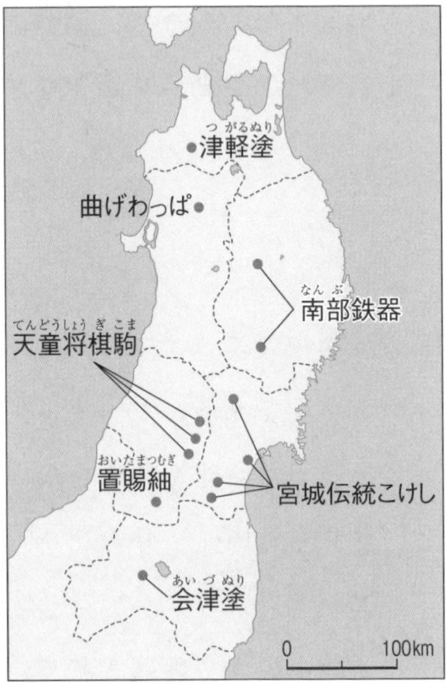

津軽塗
曲げわっぱ
南部鉄器
天童将棋駒
置賜紬
宮城伝統こけし
会津塗
0　100km

2 次の文の{　}の中から，正しい語句を選んで書きなさい。

チェック P111 3 (各7点×3　21点)

必出 (1) 1980年ごろから，高速道路沿いや空港の周辺に，{ IC　鉄鋼　せんい }の工場が多くつくられている。

(2) 江戸時代に各藩が奨励し，現在は民芸品として出荷されているものが{ 近代工業　軽工業　伝統的工芸品 }である。

(3) 東北地方の中枢都市となっているのは，{ 青森　仙台　山形 }市である。

得点UPコーチ

1 (1)伝統的工芸品には，昔の地名がついたものが多い。ここでは，現在の青森県西部の地域名。 (2)地元でとれる砂鉄を利用してつくられ始めた。

2 (1)電子部品である。 (3)東北地方で唯一の政令指定都市でもある。

発展

3 仙台市について，次の問いに答えなさい。

チェック P111 3 ③(各6点×3　18点)

(1) 江戸時代に，何藩の城下町として発展したか。

頻出 (2) 国の出先機関や大きな会社の支社，銀行の支店，工場が進出し，東北地方の政治・経済・文化の中心となっている。このような都市を何というか。

(3) 内閣の定めた基準によって指定され，市域をいくつかの区に分けてある。このような都市を何というか。

4 右の地図を見て，次の問いに答えなさい。

チェック P111 3(各6点×6　36点)

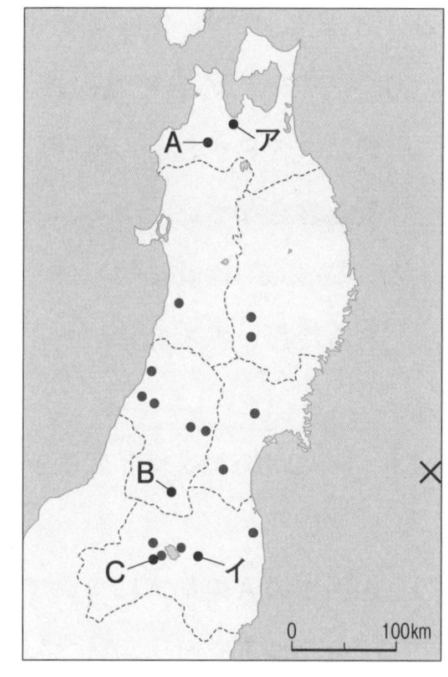

(1) 地図中のA～Cの都市でさかんな，伝統的工芸品を書きなさい。

A

B　　C

(2) 地図中の●印は，高速道路沿いや空港周辺に分布している。これは何の工場か。

(3) 東京発で地図中のアを終着駅としている，新幹線の名称（めいしょう）を書きなさい。

(4) 地図中の×付近を震源（しんげん）とする，2011年3月11日に発生した地震の名前を書きなさい。

得点UPコーチ

3 (2)九州地方の福岡，中国・四国地方の広島などと同じ。 (3)人口50万人以上の都市のうち，ある分野において都道府県並みの権限を持つことが政令で認められた都市。

4 (1)A・Cは漆器，Bは絹織物である。 (3)アは新青森駅。

東北地方

1 右の地図を見て，次の問いに答えなさい。

チェック P110 1，2(各8点×8　64点)

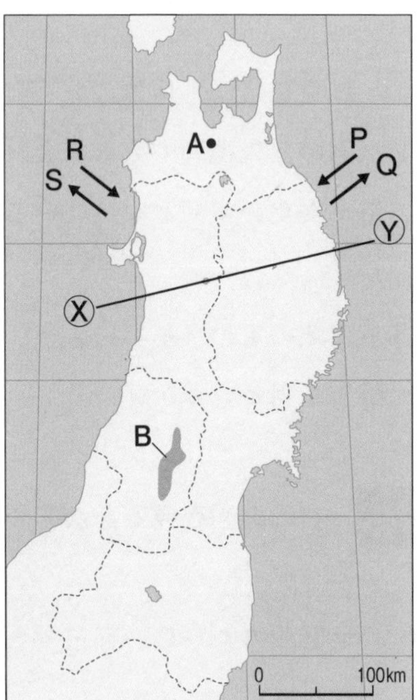

(1) 右下の図は，地図中のⓍ～Ⓨの断面図である。

① 図中のⓐ，ⓒにあてはまる地名の組み合わせとして正しいものを次から一つ選び，記号を書きなさい。

ア ⓐ秋田平野　ⓒ横手盆地(よこてぼんち)

イ ⓐ秋田平野　ⓒ北上盆地(きたかみ)

ウ ⓐ庄内平野(しょうない)　ⓒ横手盆地

エ ⓐ庄内平野　ⓒ北上盆地

② 図中のⓑの山脈名を書きなさい。

(2) 「やませ」について答えなさい。

① 「やませ」の吹(ふ)く風向きとして最も適当なものを地図中のP～Sから選び，記号を書きなさい。

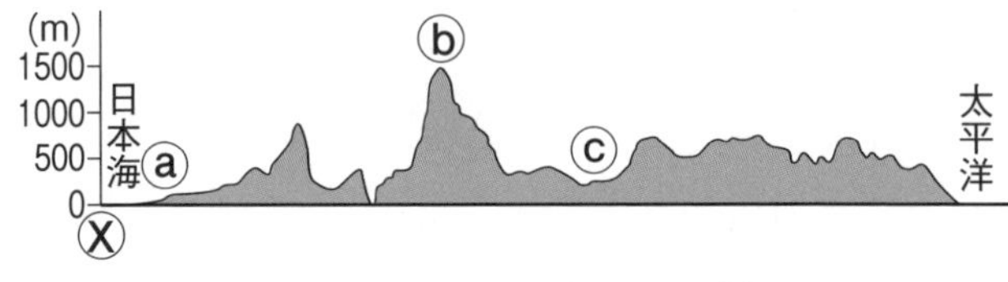

② 「やませ」は夏に吹くことのある冷たい風であるが，この風が冷たい理由について，20字以内で書きなさい。

③ 「やませ」が吹くと発生することの多い，米などの作物の生育が悪くなる自然災害を何というか。

(3) 地図中のAの都市について答えなさい。

① 東北地方を通り，Aに終着駅のある新幹線を何というか。

得点UPコーチ

1 (1)①秋田県と岩手県を横切っていることから考える。　②「東北地方の背骨」と呼ばれる山脈である。　(2)①太平洋側か，日本海側かをまず考える。　②海流の影響(えいきょう)を受ける。　③低温や日照不足が原因で起こる。

② この都市で行われる夏祭りを，次から選んで書きなさい。

{ ねぶた祭　竿燈(かんとう)まつり　七夕(たなばた)まつり }

(4) 地図中のBの地域でさかんに栽培(さいばい)され，この地域のある県が全国生産量の4分の3を占(し)めている果物(くだもの)を，次から選んで書きなさい。

{ みかん　りんご　ぶどう　さくらんぼ }

2 右の地図を見て，次の問いに答えなさい。

チェック P110 1，2 (各9点×4　36点)

(1) 地図中の㋐の海岸は，入(い)り江(え)と岬(みさき)が複雑に入り組んでいる。このような海岸地形を何というか答えなさい。

(2) 地図中の㋑の平野には，松尾芭蕉(まつおばしょう)の「奥の細道」にも登場する有名な川が流れている。この川の名前を書きなさい。

(3) 右下のグラフは，ある果物の県別生産量の割合を示しており，グラフ中のA～Dは，地図中のA～Dの県を示している。この果物名を答えなさい。

(4) 地図中の㋒は，東北地方の中枢(ちゅうすう)都市である。全国から観光客が訪れる，この都市で行われる夏祭りを何というか答えなさい。

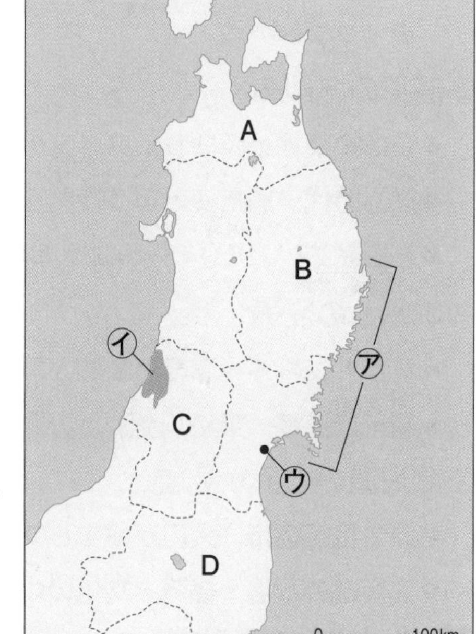

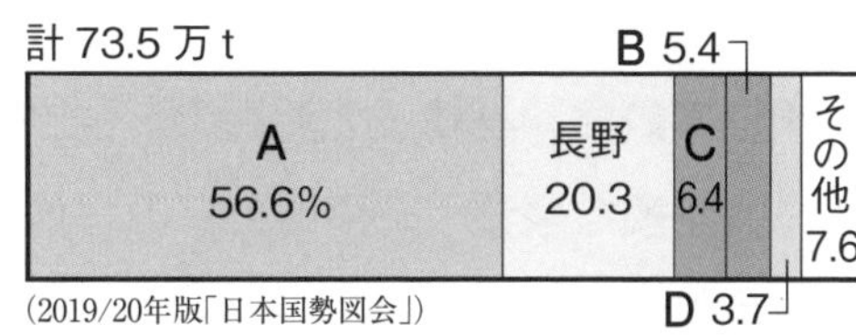

(2019/20年版「日本国勢図会」)

得点UPコーチ

(3)①2010年に全線が開通した。それまでは，八戸(はちのへ)が終着駅であった。　②東北の三大祭りの一つ。

2 (2)松尾芭蕉は江戸(えど)時代，俳諧(はいかい)を大成させたことで有名。　(3)Aは青森県。　(4)人口が100万人をこえる，東北地方最大の都市。

要点チェック 10 北海道地方

1 自然と交通 ドリル P126

① **気候**…冷帯(**亜寒帯**)で冬の寒さが厳しい。
　→梅雨がない

- **内陸部**…夏は高温となるが，冬は特に寒さが厳しい。
- **太平洋岸**…寒流の親潮の影響で夏は内陸部より低温 ➡ 夏に**濃霧**(ガス)が発生。
　→冷たい親潮の上を暖かい南東の季節風が通るため
- **オホーツク海沿岸**…冬から春先にかけて**流氷**に閉ざされる。
　→網走など

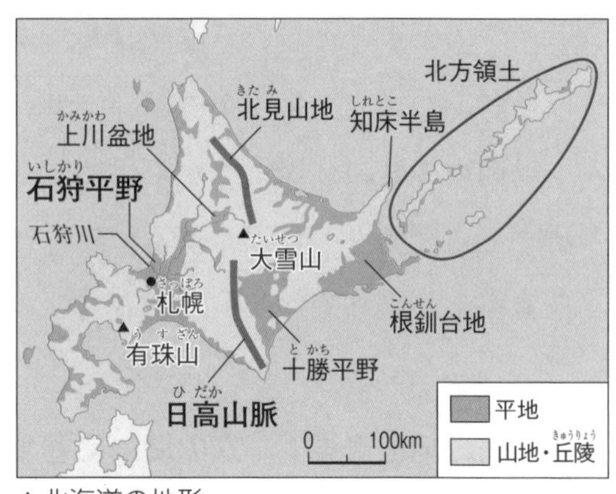

▲北海道の地形

- **寒さへのくふう**…二重の窓，断熱性の高い壁。**ロードヒーティング**。

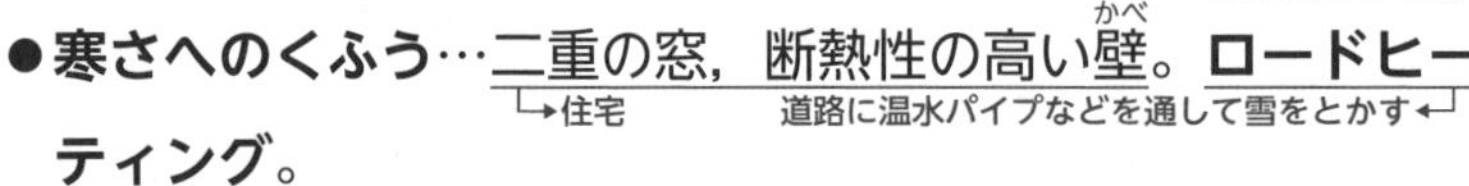

② **開拓のあゆみ**

- 昔は**蝦夷地**と呼ばれ，**アイヌの人々**（アイヌ民族）が住む。
　→「人間」という意味
- **明治時代**…**開拓使**という機関を置き，**屯田兵**を送った。
　→札幌
- **石炭産業**…1960年代の**エネルギー革命**で炭鉱が閉山。
　→夕張，釧路

③ **本州との交通**

- **青函トンネル**…**津軽海峡線**が開通し，本州と結ばれる。
- **新千歳空港**…東京(羽田)との路線の利用客数が多い。

④ **北海道の中心・札幌**

- **政令指定都市**…人口が集中している。
- **北海道の政治・経済・文化の中心**…人口は約195万人。
　→2018年

覚えると得

屯田兵
明治時代に，北海道の警備と開拓を目的とした兵士。

客土
土壌の性質をかえるために，よそから性質の異なる土をもってきて耕地に入れること。

2 北海道の農牧業 ドリル P128

① **農牧業の特色**

- **日本の食料基地**…北海道の農産物は全国に運ばれる。
- **大規模な農業**…一戸あたりの耕地面積は約25ha(2018年)。
- **畑作中心**…耕地の約80%が牧草地・畑。
　→酪農と組み合わせた混合農業も行われる

② **稲作のさかんな地域**

- **稲作の北進**…冷害に強い品種 ➡ 今は良質米も生産する。
- **稲作の中心**…石狩平野，**上川盆地** ➡ 夏に高温となる。
- **石狩平野の泥炭地**…**排水**と**客土**により，水田地帯に変わる。

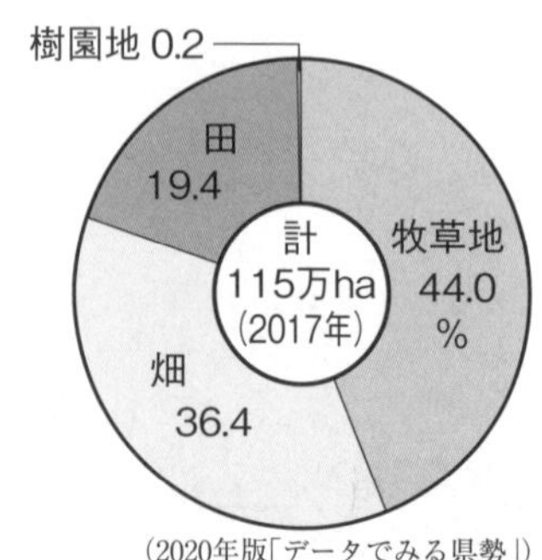

(2020年版「データでみる県勢」)
▲北海道の耕地面積の割合

③十勝平野の畑作

●**大型機械**を使って能率をあげる，日本有数の畑作地域。

●**畑作と酪農**…あずき・だいず・じゃがいも・てんさい・小麦と飼料作物を栽培し，乳牛を飼育している ➡ 混合農業。
（土砂が積もった台地と火山灰地から成る）（てんさい：砂糖などの原料）

●**輪作**…地力が落ちないように，同じ土地に異なる植物を順番に栽培。

④根釧台地の酪農

●**火山灰地**で土地がやせ，夏は濃霧のために日照時間が短い。

●全国の乳牛の約60％が北海道にいる。

●他の地域に比べ，**バター**や**チーズ**に加工する割合が高い。

●飼料を輸入に頼り，安い外国産との競争も強まる。

3 北海道の産業 ドリル P130

①北洋漁業

●**北洋漁業**…北太平洋・オホーツク海・ベーリング海 ➡ さけ，ます，かに，たらなどが豊富。
（北洋漁業：根室，釧路が拠点）

●**排他的経済水域**…日本は北洋漁業を厳しく制限される。
（排他的経済水域：1970年代から各国が設定）

②育てる漁業

●**栽培漁業**…人工ふ化させた稚魚を放流 ➡ 大きくしてとる。
（稚魚：さけなど）

●**養殖漁業**…ほたて・あわび・こんぶ・うになど。
（ほたて：サロマ湖・内浦湾（うちうらわん））

③北海道の工業

●**食料品工業**…地元の農産物や水産物を利用 ➡ 札幌，函館，釧路，小樽，根室，帯広
（札幌：バター・チーズ・ビール）（釧路，小樽，根室：水産加工）（帯広：製糖）

●**製造業**…苫小牧。
（製造業：製紙・パルプなど）

④観光業

●**エコツーリズム**…環境資源を損なわず，体験や学びをする観光の在り方。
（環境資源：自然環境，歴史，文化）

●火山と温泉…有珠山など火山が多い。
（有珠山：ユネスコ世界ジオパーク）

●スキーや雪まつり
（スキー：ニセコ地域）（雪まつり：札幌）

●世界遺産（自然遺産）…知床。
（知床：ヒグマの生息地，流氷などが有名）

●国立公園，国定公園…多く認定される。
➡ 観光を通じて，環境保全の大切さを伝える。**持続可能な社会**への取り組み。

覚えると得

泥炭地
湿原や低湿地に生えていた植物が，分解されずに積もったもの。水分を多く含み，土地改良をしないと耕地として使えない。

ジオパーク
「地球・大地（ジオ：Geo）」と「公園（パーク：Park）」を組み合わせた言葉で，自然に親しみ，科学的に特徴のある場所。

重要 テストに出る！

北海道の農業は，石狩平野の稲作，十勝平野の畑作，十勝平野と根釧台地の酪農が重要。

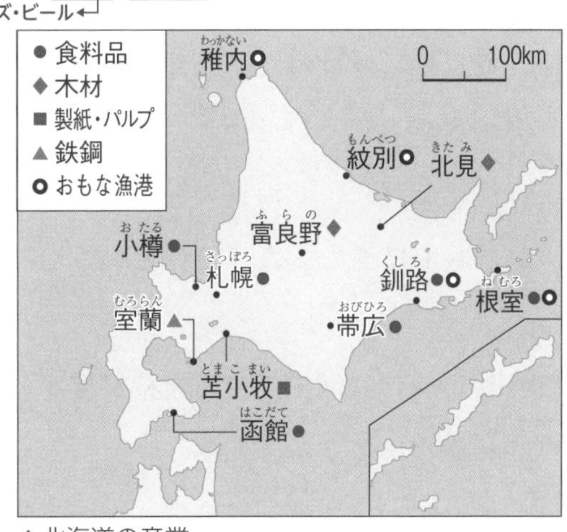

▲北海道の産業

スタートドリル 北海道地方

【北海道地方の地形と自然】

1 次の通り地図にかき込み，問いに答えなさい。

チェック P122 1 ①，P123 3 ④(各5点×5　25点)

(1) 地図ワーク 北海道の中央を南北に走る山地の一つである日高山脈をなぞりなさい。

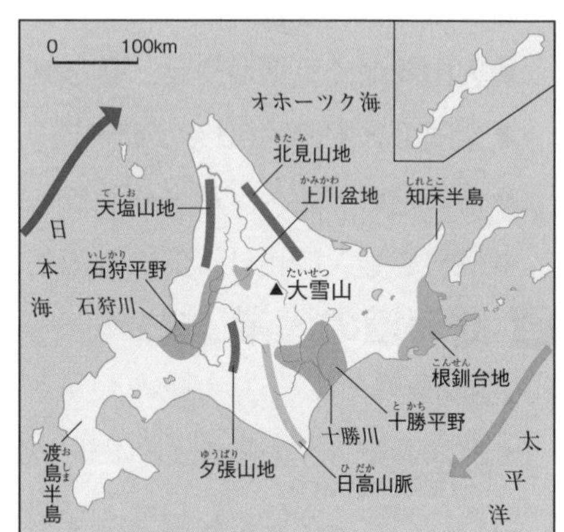

(2) 冬の寒さが厳しい北海道地方は何帯か。
{ 寒帯　　冷帯 }から選んで書きなさい。

(3) 夏の南東の季節風が寒流の影響を受けて濃霧を発生させる。この寒流名を書きなさい。

(4) 冬から春先にかけて，流氷に閉ざされる海岸の面する海を書きなさい。

(5) 世界自然遺産に登録された半島を書きなさい。

【北海道地方の開拓のあゆみ】

2 次の問いに答えなさい。

チェック P122 1 ②③(各5点×5　25点)

(1) 蝦夷地と呼ばれていた北海道に，もともといた先住民族を何というか。

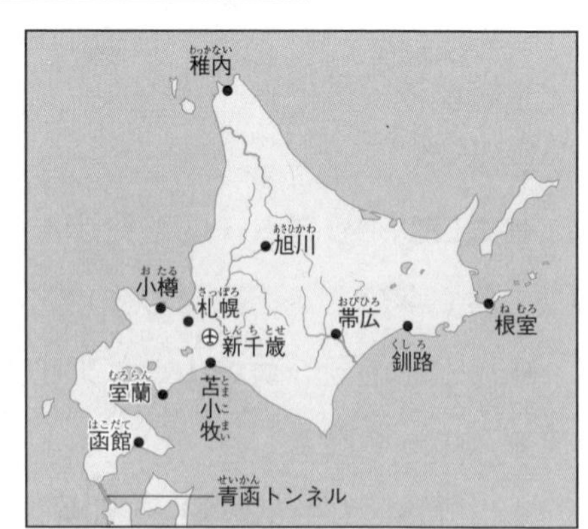

(2) 明治時代に，北海道の警備と農地の開拓のために移住してきた人たちを何というか。

(3) 明治時代に開拓使や農学校が置かれた北海道の中枢都市はどこか。

(4) 地図ワーク 津軽海峡をはさんで本州と結んだ青函トンネルをなぞりなさい。

(5) 東京国際空港(羽田空港)と結ぶ路線の利用者が多い，札幌に近い空港の名前を書きなさい。

【北海道地方の農牧業】

3 次の地図を見て，問いに答えなさい。

チェック P122 2（各5点×6　30点）

(1) 北海道の農業の特色は｛ 稲作中心　　畑作中心 ｝である。

(2) 地図ワーク 稲作の中心となっている石狩平野に色をぬりなさい。

(3) 土壌の性質をかえるために，他の土地から別の土を運び入れることを何というか。

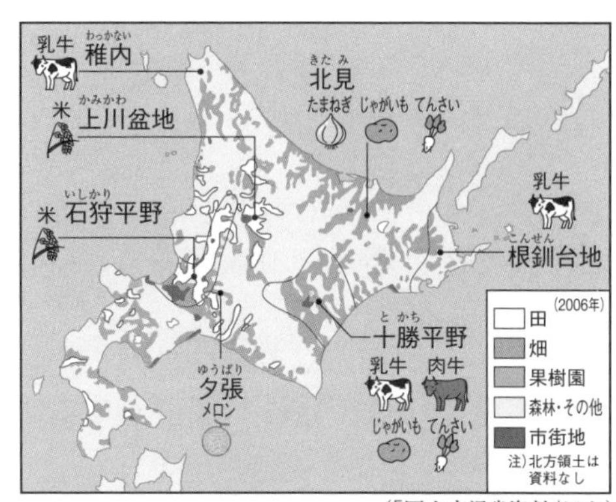

（「国土交通省資料」ほか）

(4) 火山灰土で土地がやせ，夏は濃霧で日照時間が短いため，酪農中心に行っている地域はどこか。

(5) 畑作の中心地で，大型機械化による大規模な農家が多い地域はどこか。

(6) 畑作と酪農をあわせた農業を何というか。

【北海道地方の水産業と工業】

4 次の通り地図にかき込み，問いに答えなさい。

チェック P123 3（各5点×4　20点）

(1) 地図ワーク 日本有数の漁獲量があり，北洋漁業の基地となっている根室を○で囲みなさい。

(2) 「とる漁業」から「育てる漁業」への転換が図られて，養殖とともにさかんになった漁業を｛ 遠洋漁業　　栽培漁業 ｝から選んで書きなさい。

(3) 北海道は，ほかの地域と比べて何工業の割合が高いか。｛ 機械工業　　食料品工業 ｝から選んで書きなさい。

(4) 札幌の「雪まつり」や豊富な自然環境，温泉，流氷などを生かした産業を何というか。｛ 地場産業　　観光業 ｝から選んで書きなさい。

書き込みドリル

1 自然と交通

基本

1 次のそれぞれの文にあてはまるものを，地図中から選んで書きなさい。

チェック P122 1 (各6点×5　30点)

(1) 北海道で最長の川である。

(2) 高くてけわしい山脈である。

必出 (3) 本州と鉄道で結ばれているトンネル。

必出 (4) 北海道の政治・経済・文化の中心都市である。

(5) 1960年代のエネルギー革命で多くの炭鉱が閉山した都市。

必出 **2** 右の雨温図は，旭川・網走のものである。これについて，次の問いに答えなさい。

チェック P122 1 (各10点×2　20点)

(1) 旭川の雨温図は，右の㋐・㋑のどちらか。

(2) 網走の気候について，正しいものを一つ選びなさい。

ア　冬は雪のために降水量が多い。

イ　夏は濃霧のため，気温が低い。

ウ　1月下旬ごろから流氷に閉ざされ，2月に気温が最も低くなる。

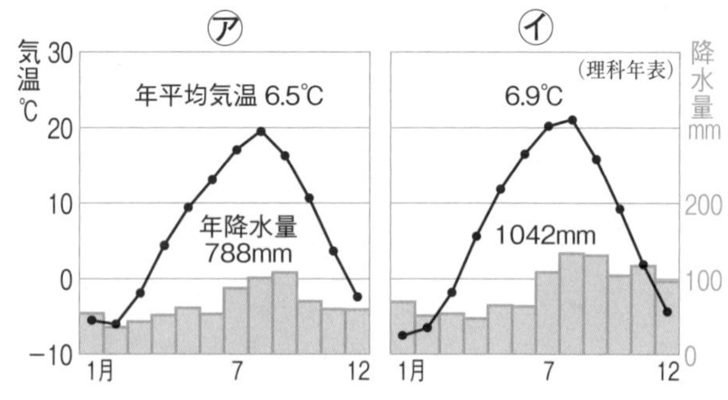

得点UPコーチ

1 (1)全長が268kmあり，日本でも3番目に長い川。 (3)津軽海峡線と北海道新幹線が通っている。 (4)政令指定都市である。

2 (1)旭川は内陸の盆地にある。そのため，夏は高温となるが冬の寒さは厳しい。 (2)網走はオホーツク海沿岸にある。

発展

3　右の地図を見て，次の問いに答えなさい。

チェック P122 1（各5点×10　50点）

(1)　昔からこの地域に住んでいる先住民を何というか。

(2)　明治(めいじ)時代以前は，この地を何と呼んでいたか。

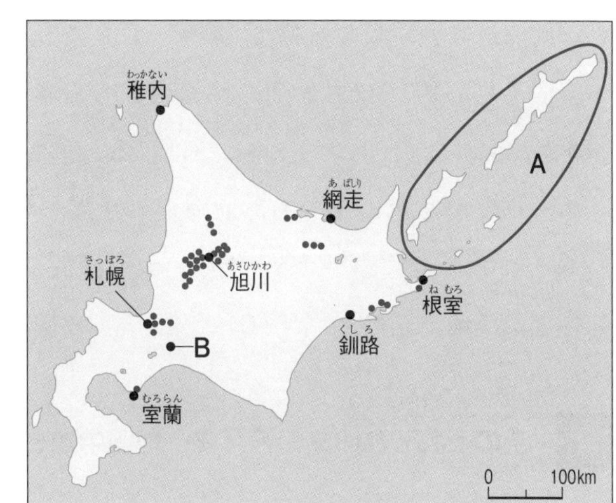

(3)　地図中の●印は，明治時代に，北方の警備と農地の開拓(かいたく)を進めた人たちが開いた村である。この人々を何というか。

(4)　(3)によって開かれた村は，何という都市のまわりに多いか。二つ書きなさい。

(5)　明治時代に開拓使が置かれた都市を，地図中から選びなさい。

(6)　地図中の釧路(くしろ)市で，夏に低温となるのは何が発生するからか。また，それは何という海流の影響(えいきょう)か。

(7)　地図中のAは日本固有の領土であるが，今はロシア連邦(れんぽう)が不法に占拠(せんきょ)している。この領土を，日本では何と呼んでいるか。

(8)　地図中のBは，札幌(さっぽろ)の空の玄関(げんかん)にあたる。ここにある空港を何というか。

得点UPコーチ

3　(1)「人間」という意味。　(3)ふだんは農業に従事し，戦争のときは兵士となる人たちが開いた村。　(5)現在の北海道庁の置かれている都市。　(6)冷たい寒流の上を，暖かい南東季節風が吹(ふ)くため。日照不足で冷害になりやすい。

② 北海道の農牧業

基本

1 次の文の［　　］にあてはまる語句を，下の{　}から選んで書きなさい。

チェック P122 2 ①(各6点×4　24点)

北海道は大規模な農業で，農家一戸あたりの耕地面積は約［①　　　］haと，全国平均の約10倍もある。北海道から日本各地に農産物が送られるため，北海道は日本の［②　　　］と呼ばれる。耕地の約80%を［③　　　］と畑が占め，畑作がさかんなのも，北海道の農業の特色である。土砂が積もった台地とやせた［④　　　］から成り，大型機械を使って能率をあげている。

{ 火山灰地　黒土　10　25　樹園地　食料基地　牧草地 }

2 次のそれぞれの文の答えを，地図中から選んで書きなさい。

チェック P122 2 (各6点×5　30点)

必出 (1) 北海道の稲作の中心となっている地域を，二つ書きなさい。

［　　　］

［　　　］

必出 (2) 北海道の畑作の中心となっている地域はどこか。［　　　］

必出 (3) 北海道の酪農の中心となっている地域は十勝平野とどこか。［　　　］

(4) 大規模な排水と客土による土地改良で，泥炭地を耕地に変えた地域はどこか。

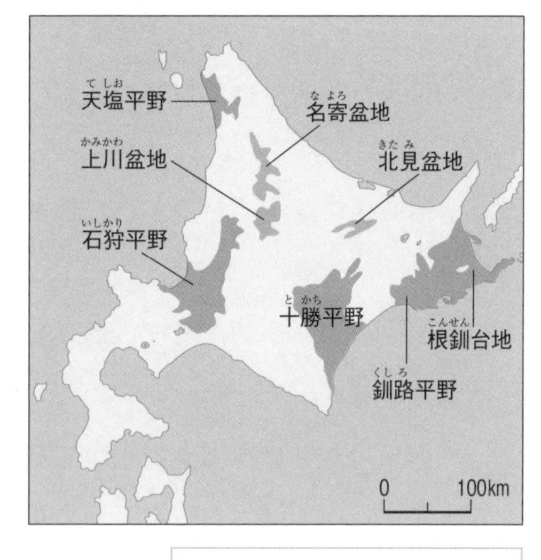

［　　　］

得点UPコーチ

1 ①全国平均は約2.5haである。　④十勝平野などに広がっている。

2 (1)夏に高温となる地域。　(2)北見盆地も畑作はさかんであるが，北海道の畑作の中心とはいえない。

学習日　　月　　日　得点　　点

発展

3 右の地図を見て，次の問いに答えなさい。

チェック P122 2 ②③④(各6点×5　30点)

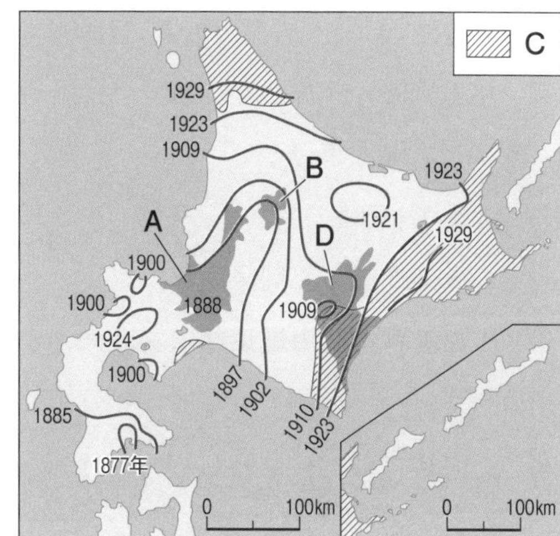

(1) 右の地図は，何の農作物の北進か。

(2) (1)の農作物の栽培(さいばい)がさかんな，地図中のA，Bの地域名を書きなさい。

A

B

(3) 地図中のCの地域で栽培がさかんでないのは，夏の気候がどのようだからか。

(4) 地図中のDの地域でもあまり栽培がさかんではない。これは，この地域の大部分がどのような土壌(どじょう)でおおわれているためか。

4 北海道の酪農について，次の問いに答えなさい。

チェック P123 2 ④(各4点×4　16点)

出 (1) 酪農のさかんな，北海道東部にある台地を何というか。

(2) (1)で酪農がさかんな理由として，夏の日照時間が少ないことがあげられる。この原因となる夏に発生するものを書きなさい。

(3) 北海道では，生乳を加工をして出荷する割合が高い。おもに何に加工するか。{　}の中から二つ選んで書きなさい。

{ バター　パン　ビール　砂糖(さとう)　チーズ }

得点UPコーチ

3 (1)日本人の主食となっている農作物である。 (4)シラス台地と同じ。水持ちが悪いため，水田に向いていない。

4 (2)夏は低温で日照不足となり，畑作にも向いていないため，牧草地として利用している。

書き込みドリル ③ 北海道の産業

基本

1 次の文の{　}の中から，正しい語句を選んで書きなさい。

チェック P123 3 (各6点×5　30点)

(1) 北太平洋・オホーツク海・ベーリング海で行われる漁業を，{ 西海漁業　定置網漁業　北洋漁業 }という。

必出 (2) 各国が{ 3海里　12海里　200海里 }の排他的経済水域を設定したため，日本は(1)の操業を厳しく制限された。

(3) (1)の基地で北海道東部にある漁港が，{ 釧路　函館　稚内 }である。

(4) 北海道では，{ いわし　さけ　まぐろ }を人工ふ化させて放流する，栽培漁業がさかんである。

(5) サロマ湖や内浦湾では，{ あわび　こんぶ　ほたて }の養殖がさかんである。

2 右のグラフから，正しい語句を選んで書きなさい。

チェック P123 3 (各7点×3　21点)

(1) 札幌・帯広・北見・小樽・釧路・根室などで，地元でとれる農産物や水産物を原料としている工業を書きなさい。

(2) 地元の石炭と輸入鉄鉱石によって，室蘭で発達した工業を書きなさい。

(3) 苫小牧などでさかんな，木材を活かした工業を書きなさい。

▲北海道の製造品出荷額等の割合
(2020年版「データでみる県勢」)

得点UPコーチ

1 (1)北緯45度以北で行われる漁業。(2)北洋漁業の漁場のほとんどは，アメリカ合衆国・カナダ・ロシア連邦の200海里内にある。(3)水あげ量は減っている。

2 (1)北海道で最もさかんな工業である。

学習日	月　日	得点	点

発展

3 北海道の水産業について，次の問いに答えなさい。

チェック P123 3(各7点×4　28点)

⑴ 地図中のA付近で行われる漁業を何というか。

⑵ ⑴の漁業は何海里の水域ラインで制限されたか。数字を書きなさい。

⑶ 地図中のBの漁港名を書きなさい。

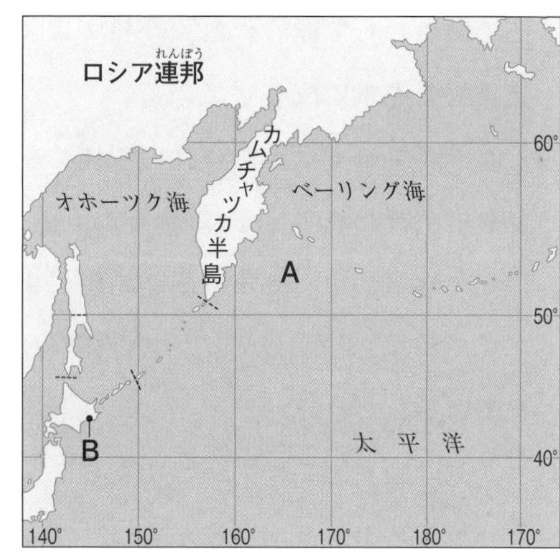

⑷ Aの海域でさけがとれなくなったため，日本ではさけを人工ふ化させて放流し，川にもどってきたものをとっている。このような漁業を何というか。

4 北海道の産業について，次の問いに答えなさい。

チェック P123 3(各7点×3　21点)

⑴ 自然や文化などの環境資源を損なわず，体験したり学びを深める観光の在り方を何というか。

⑵ バター・チーズ・練乳・粉乳などの乳製品や，ビール産業がさかんな都市はどこか。

⑶ 函館・小樽・釧路・稚内・根室に共通してさかんな食料品工業は何か。

得点UPコーチ

3 ⑴北太平洋・オホーツク海・ベーリング海を漁場とする漁業。　⑷田に苗を植えるように，海に稚魚を放流する。

4 ⑴2007年エコツーリズム推進法が制定され，地域をあげた取り組みが広がる。⑶いずれも水あげ量の多い漁港がある。

まとめのドリル

北海道地方

1 次のA～Dの文を読み，地図を見て，下の問いに答えなさい。

チェック P122 1，P123（(2)は完答　各6点×10　60点）

A　ⓐ石狩平野にあるこの都市は，ⓑ北海道開拓の拠点として建設され，今日では，日本の代表的な都市に成長している。

B　ⓒ十勝平野では，畑作物の栽培や乳牛の飼育などが行われている。畑作物のうち，［①］はこの地域の中心都市や周辺の町にある製糖工場で加工され，しぼりかすは飼料に利用されている。

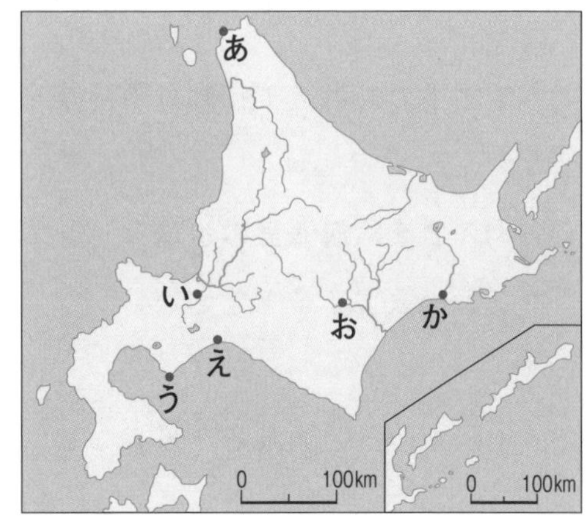

C　ⓓ北洋漁業の基地の一つであるこの都市は，水あげ量がわが国有数で，かまぼこやかんづめなどの水産加工業が発達している。

D　この都市は，北海道の森林資源を利用した［②］工業で発達してきたが，現在では，石油精製などの工場も進出している。

(1)　文中の［①］，［②］に適切な語句を書きなさい。

①［　　　　］　②［　　　　］

(2)　文中の～～にあたる都市を，地図中のあ～かから選び，記号と都市名を書きなさい。

A［　　・　　］　B［　　・　　］
C［　　・　　］　D［　　・　　］

(3)　下線部ⓐにある泥炭地で行われた，他から土をもってきて入れる土地改良のやり方を何と言うか。

［　　　　］

(4)　下線部ⓑにあたり，明治政府によって開拓と警備のために置かれた兵士の名称を書きなさい。

［　　　　］

得点UPコーチ

1 (1)①砂糖の原料となる農作物。さとうだいこん・ビートともいう。②静岡県富士市でもさかんな工業。　(2)A北海道庁のある都市。B北海道の東部にあり，農作物の集散地。C北海道の東部にある。

⑸　下線部ⓒの農業について，誤っているものを次のア〜エから選び，記号で書きなさい。

ア　農家一戸あたりの耕地面積は，全国平均より広い。
イ　大型のトラクターなどが使われ，機械化がすすんでいる。
ウ　火山灰地の畑は地力がとぼしく，豆類などが輪作されている。
エ　生産された牛乳の大部分は，本州へ輸送されて加工されている。

⑹　下線部ⓓについて，北洋の漁業でおもにとれる魚を，次の｛　｝から選んで書きなさい。

｛ まぐろ・かつお　　たい・はまち　　あじ・さば　　さけ・すけとうだら ｝

2　右の地図を見て，次の問いに答えなさい。

チェック P122 1 ②，P123 2 ④，3 ④(各10点×4　40点)

⑴　この地域に，江戸(えど)時代以前から住んでいる人々を何というか。

⑵　地図中のAの台地でさかんな農業は何か。

⑶　地図中のBにある，現在も活動中の火山の名前を書きなさい。

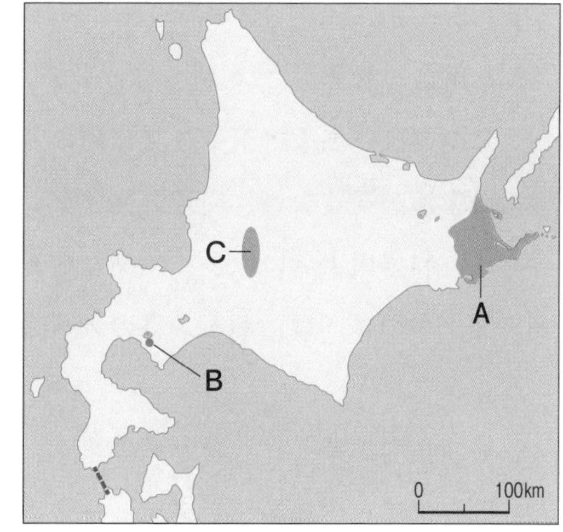

⑷　地図中のCの地域では，あるものが閉山になった後，人口が減った。何が閉山となったか。

得点UPコーチ

⑸北海道で生産された牛乳の多くは，北海道で加工される。　⑹寒流にすむ魚があてはまる。

2　⑵Aは根釧(こんせん)台地で，乳牛が多く飼われている。　⑷エネルギー源の中心が石油に変わったため。

定期テスト 対策問題

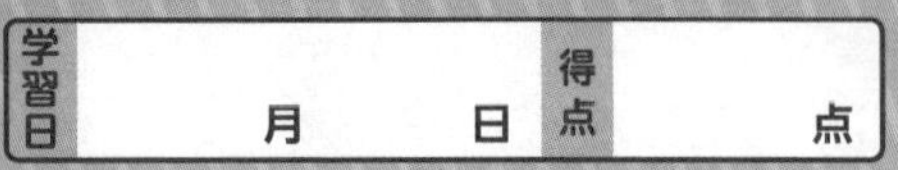

関東地方／東北地方／北海道地方

1 次の問いに答えなさい。

チェック P96, P97（(2)は完答　各8点×5　40点）

(1) 図１で示される地方の台地に広く分布する，古い火山灰の赤土を何というか。

図１ 2019年（●印は「データでみる県勢」2020年）
は東京23区
A
B
C
D
0　50km

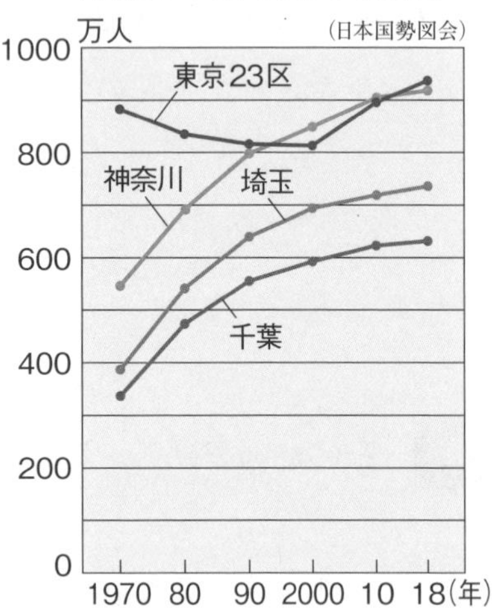

(2) 次の文で述べている県は，図１中のA～Dのどれか。また，その県名を書きなさい。

この県は，高原野菜や工芸作物の栽培や酪農などがさかんであり，上越新幹線や関越自動車道が通るなど，交通の発達がいちじるしい。また，首都圏の水がめ地帯として知られ，利根川上流には多くのダムがある。

(3) 図１中の●印は，ある工場の分布を示している。この工業を次の{　}から一つ選びなさい。

{ 石油化学工業　　自動車工業　　鉄鋼業　　セメント工業 }

(4) (3)の工場が内陸部にも進出した理由は，あるものがつくられ，交通の便がよくなったからである。あるものとは何か書きなさい。

(5) 図２を見て，東京23区と埼玉・千葉・神奈川3県について，人口の変化のちがいを簡潔に書きなさい。

2 次の地図を見て，次の問いに答えなさい。

チェック P110 1，P111 3，P123（各10点×4　40点）

⑴ 地図中の①～⑤は，火山活動によってできた湖である。これらの湖は，できかたからみて何と呼ばれるか。

⑵ 次のア～エの文は，地図中の［楕円］で示したA～Dのそれぞれの地域について述べたものである。Aの地域にあてはまるものを一つ選び，記号を書きなさい。

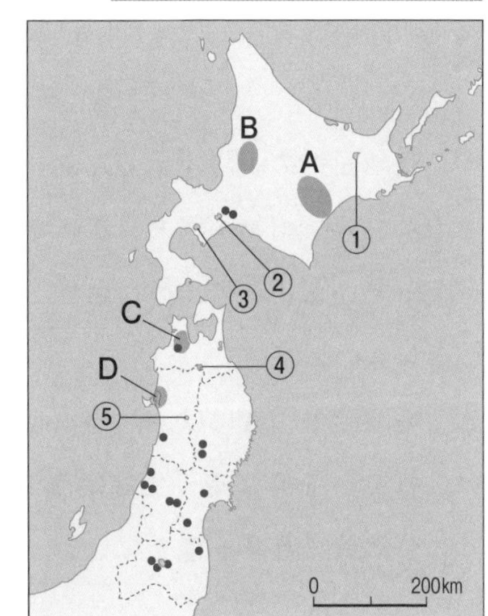

ア 稲の耐寒性品種の改良・普及により，寒冷な低湿地での栽培が行われるようになった。

イ 稲，メロン，小麦，だいずなどの栽培が干拓地でさかんに行われている。

ウ 大型の農業用機械を使用し，豆類，てんさい，じゃがいもなどの畑作物を栽培している。

エ りんご栽培や稲作だけでは収入が不安定なため，出かせぎが行われている。

⑶ 1970年代，アメリカ合衆国，旧ソ連などの主要水産国は200海里の排他的経済水域を設けた。このために，日本の漁業で最も深刻な影響を受けているものを，次の｛ ｝から一つ選んで書きなさい。

｛ 沖合漁業　　遠洋漁業　　沿岸漁業　　栽培漁業 ｝

⑷ 地図中の●印は，IC（集積回路）工場の分布を示したものである。これらの工場は交通の面からみて，一般にどのようなところに進出しているか。

3 次の問いに答えなさい。

チェック P111，P122 1，P123 3（各10点×2　20点）

⑴ 仙台市は東北地方の，札幌市は北海道地方の，行政や企業などを管理する機関が集中し，その地方の政治・経済の中心地となっている。このような都市を何というか。

⑵ 青森県の陸奥湾，北海道のサロマ湖・内浦湾でさかんに養殖されている水産物は何か。

総合問題

学習日　　月　　日　得点　　点

総合問題(1)

1　**略地図を見て，各問いに答えなさい。〈鹿児島県改題〉**

((5)は完答　各14点×5　70点)

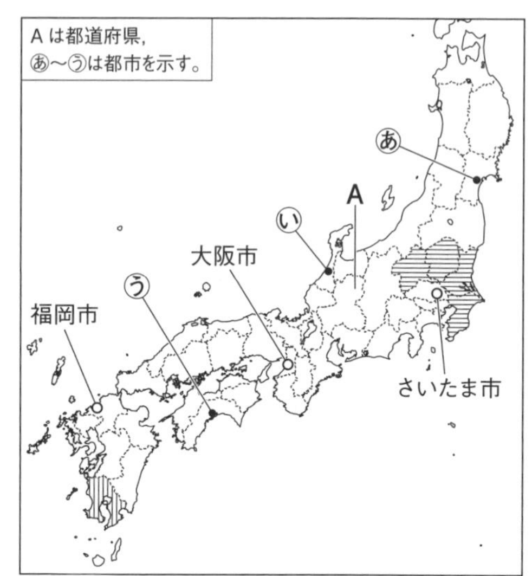

(1)　略地図中の（たてじま）で示した九州南部には，火山からの噴出物（ふんしゅつぶつ）が積もってできた台地がひろがっている。このような台地を何というか書きなさい。

(2)　略地図中のAには，北部に世界遺産に登録されている合掌造り（がっしょうづくり）で有名な白川郷（しらかわごう）がある。この都道府県名を書きなさい。

(3)　次のX～Zは，略地図中のあ～うのいずれかの都市の月別平均気温と月別降水量を示したものである。Xが示す都市はあ～うのうちのどれか，答えなさい。

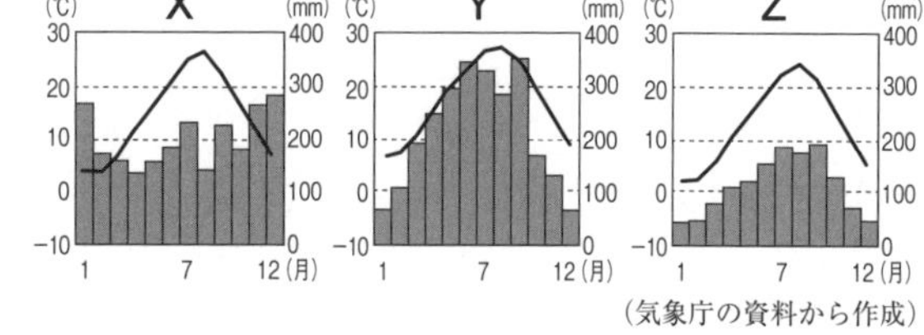

（気象庁の資料から作成）

(4)　略地図中の（よこじま）は，2017年の乳用牛の飼育頭数上位8位までの都道府県のうち，関東地方にある4県を示している。この4県に関して述べた次の文の［　　］に適することばを補い，これを完成させなさい。ただし，「時間」ということばを使うこと。

> 4県には，生産した生乳を，［　　］できるという，共通する特色がある。

(5)　資料は略地図中のさいたま市，大阪市，福岡市の昼夜間人口比率を示したものである。さいたま市に該当（がいとう）するものをア，イから選び，そう判断した理由を書きなさい。理由には「通勤や通学」ということばを使うこと。

資料　統計年次は2015年（総務省統計局資料から作成）

都市名	大阪市	ア	イ
昼夜間人口比率(%)	131.7	110.8	93.0

※昼夜間人口比率＝昼間人口／夜間(常住)人口×100

2　地図を見て，次の各問いに答えなさい。〈長崎県改題〉

（各10点×3　30点）

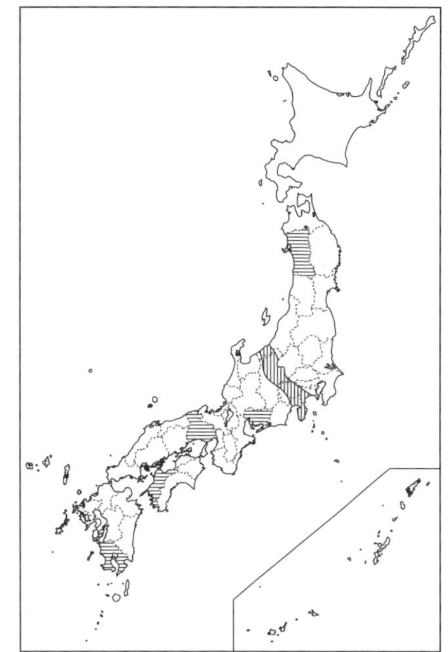

(1)　次の文は，地図の（よこじま）で示した5県のいずれかについて説明したものである。この県の県庁所在地名を漢字で書きなさい。

大手自動車会社の本社を中心として組み立て工場や部品工場が集まり，世界有数の自動車生産地域となっている。また，南部では夜間に照明を当てることで出荷時期を調整した電照菊（でんしょうぎく）の栽培（さいばい）が有名である。

(2)　地図の（たてじま）で示した地帯はフォッサマグナと呼ばれている。このフォッサマグナに関して述べた次のA，Bの文の正誤の組み合わせとして，正しいものを下のア～エから選び，記号で答えなさい。

A　フォッサマグナの東側には，日本アルプスとも呼ばれる標高3000m前後の三つの山脈が連なっている。

B　日本列島の山地のようすを大きくとらえると，フォッサマグナよりも西側の中国，四国地方では山地が南北方向に，東側の北海道，東北地方では山地が東西方向に連なっている。

ア　A＝正，B＝正　　イ　A＝正，B＝誤　　ウ　A＝誤，B＝正　　エ　A＝誤，B＝誤

(3)　表のP～Sは，ア～エのいずれかについて，47都道府県の平均値を100としたとき，地図の（よこじま）で示した5県それぞれの数値を，大きいものから順に並べている。Qにあてはまるものをア～エから一つ選び，記号で答えなさい。

ア　果実産出額

イ　畜産（ちくさん）産出額

ウ　人口密度

エ　65歳（さい）以上人口の割合

表

	1位	2位	3位	4位	5位
P	秋田 127.1	愛媛 115.0	鹿児島 110.3	兵庫 101.8	愛知 89.0
Q	鹿児島 439.5	愛知 130.0	兵庫 100.9	秋田 54.1	愛媛 41.6
R	愛媛 313.6	愛知 116.9	鹿児島 53.1	秋田 40.7	兵庫 19.2
S	愛知 426.4	兵庫 193.1	愛媛 71.2	鹿児島 52.4	秋田 25.5

（注）　データは2016年のものである。
（「データでみる県勢2019」などから作成）

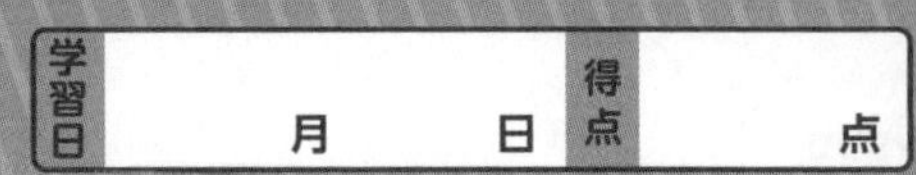

総合問題(2)

1 あとの各問いに答えなさい。〈三重県改題〉

(各20点×3 60点)

資料１は，世界遺産「日光(にっこう)の社寺」がある日光市の一部を示した2万5千分の1地形図で，資料２は5cmの長さを示したものである。この地形図について，各問いに答えなさい。

〈資料１〉

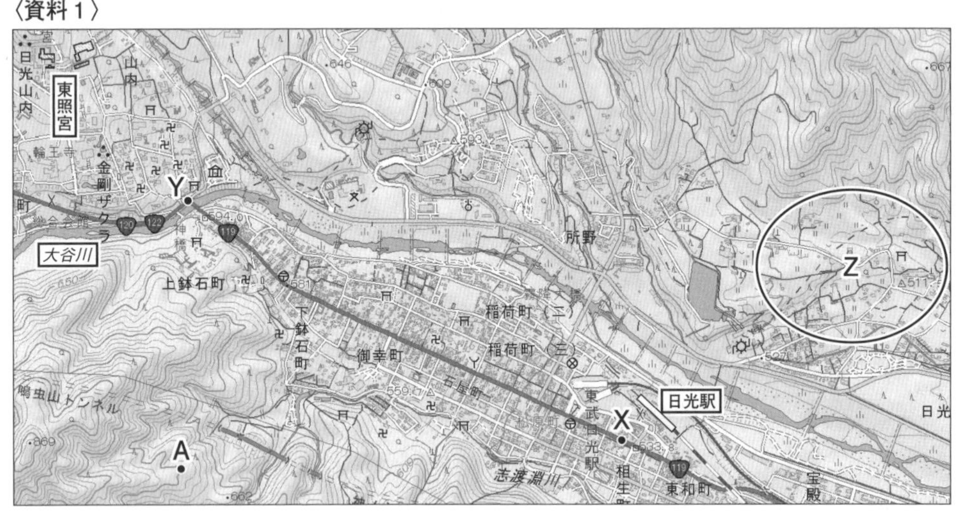

〈資料２〉

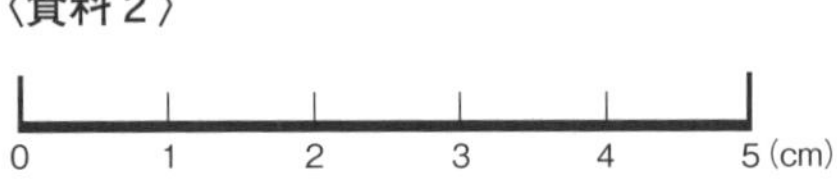

〈略地図１〉

(1) 略地図１は，関東地方を示したもので，日光市は略地図１に▒▒で示した県に属している。日光市の属する県の名称(めいしょう)は何か，{　　}から一つ選んで書きなさい。

{ 茨城県　　群馬県　　埼玉県　　栃木県 }

(2) 資料１から読み取れることを述べた文はどれか，次のア～カから二つ選び，記号を書きなさい。

ア　日光駅から見て，東照宮(とうしょうぐう)は北東の方角にある。

イ　A地点の標高は，600mである。

ウ　X地点から━━に沿ってY地点へ向かう途中に，郵便局が2か所，病院が1か所ある。

エ　○で囲まれたZ地域に，水田がある。

オ　大谷川(だいやがわ)は，西側が上流である。

カ　日光駅から東照宮までの実際の直線距離(きょり)は，5km以上ある。

2 地図や資料を見て，次の問いに答えなさい。〈青森県改題〉

(各10点×4　40点)

略地図

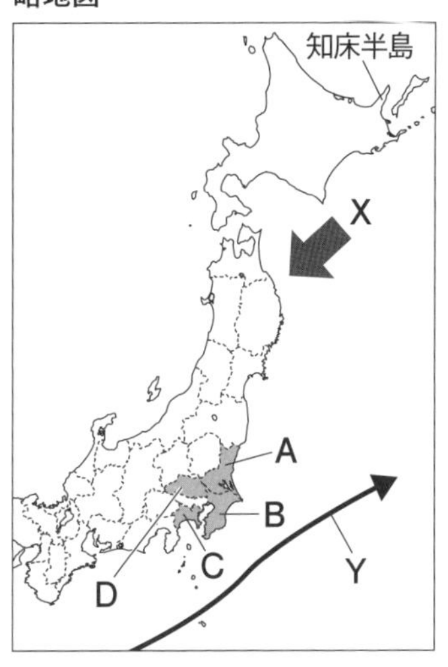

(1) 略地図中のXについて述べた次の文中の［　　］にあてはまることばを書きなさい。

> 夏に吹く冷たく湿った北東の風で［　　］と呼ばれ，冷害をもたらすことがある。

［　　　　］

(2) **資料1**は，**略地図**中の知床半島の高架木道を表している。これは，自然環境を維持しながら雄大な自然を体験するために設置された。このように自然環境や歴史，文化などを観光資源とし，その観光資源を損なうことなく，体験したり学んだりする観光の在り方を何というか，カタカナ七文字で書きなさい。［　　　　］

資料1

(3) **資料2**は，**略地図**中のA～Dの各県に計画的につくられた都市や地区を表している。これらがつくられた目的を「都市問題の解決に向けて，」に続けて，〈**集中，分散**〉の二語を用いて書きなさい。

資料2

A	筑波研究学園都市
B	幕張新都心
C	横浜みなとみらい21
D	さいたま新都心

都市問題の解決に向けて，

(4) **資料3**のア～ウは，北海道地方，東北地方，中部地方の各地方の畜産，野菜，果実，米の生産額を表している。各地方とア～ウの組み合わせとして適するものを，1～4の中から一つ選び，番号で答えなさい。［　　　　］

資料3

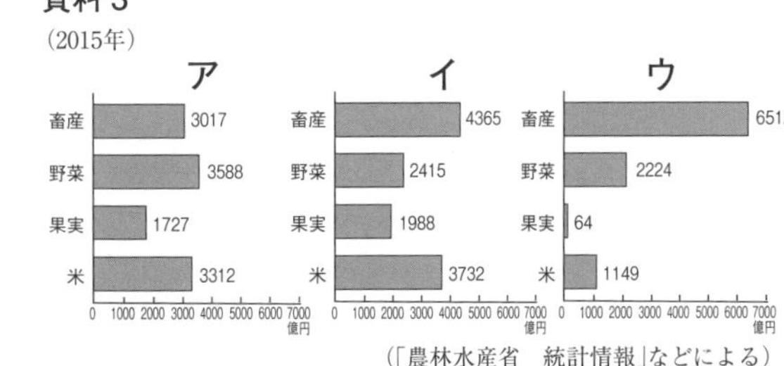

(「農林水産省　統計情報」などによる)

1　北海道地方―ア　東北地方―イ　中部地方―ウ

2　北海道地方―イ　東北地方―ウ　中部地方―ア

3　北海道地方―ウ　東北地方―イ　中部地方―ア

4　北海道地方―ウ　東北地方―ア　中部地方―イ

さくいん

あ

□IC(集積回路) …… 41
□愛知用水 …… 79
□会津塗 …… 111
□アイヌの人々（アイヌ民族） …… 122
□青森ねぶた祭 …… 111
□赤石山脈 …… 14, 78
□赤潮 …… 67
□明石海峡大橋 …… 52
□秋田竿燈まつり …… 111
□阿蘇山 …… 40
□渥美半島 …… 79
□有明海 …… 41
□アルプス・ヒマラヤ造山帯 …… 14
□安定大陸 …… 14
□池袋 …… 96
□石狩平野 …… 122
□イタイイタイ病 …… 79
□いちご …… 97
□揖斐川 …… 79
□インターネット …… 4, 27
□有珠山 …… 123
□雲仙岳(平成新山) …… 40
□エコタウン …… 40
□エコツーリズム …… 123
□蝦夷地 …… 122
□越後平野 …… 79
□エネルギー革命 …… 41
□置賜紬 …… 111
□奥羽山脈 …… 110
□大分市 …… 41
□大阪 …… 66
□大阪(京阪神)大都市圏 …… 66
□大阪国際空港 …… 67
□大館曲げわっぱ …… 111
□大鳴門橋 …… 52
□小笠原諸島 …… 97
□男鹿のナマハゲ …… 111
□沖縄 …… 40
□小千谷縮 …… 79
□尾道～今治ルート …… 52
□オホーツク海 …… 122
□親潮 …… 14
□尾鷲ひのき …… 67
□温帯 …… 14
□温暖湿潤気候 …… 15

か

□開拓使 …… 122
□化学工業 …… 53
□かき …… 53, 111
□加工貿易 …… 26
□鹿島臨海工業地域 …… 97
□過疎(化) …… 4, 53
□樺細工 …… 111
□上川盆地 …… 122
□過密(化) …… 4, 15, 96
□からっ風 …… 96
□火力発電 …… 26
□カルデラ …… 40
□カルデラ湖 …… 110
□環境モデル都市 …… 40
□関西国際空港 …… 67
□環太平洋造山帯 …… 14
□干拓 …… 41
□苅田町 …… 41
□関東平野 …… 96
□関東ローム …… 96
□紀伊山地 …… 66, 67
□聞き取り調査 …… 4
□季節風(モンスーン) …… 15
□木曽川 …… 79
□木曽山脈 …… 78
□北九州工業地域 …… 41
□客土 …… 122
□九州山地 …… 40
□九州新幹線 …… 40
□京都 …… 66
□清水焼 …… 66
□近郊農業 …… 27, 67, 97
□九谷焼 …… 79
□倉敷市 …… 53
□久留米市 …… 41
□黒潮 …… 14
□京浜工業地帯 …… 97
□京葉工業地域 …… 97
□兼業農家 …… 26
□減災 …… 5
□原子爆弾 …… 52
□原子力発電 …… 26
□原爆ドーム …… 52
□高温多雨 …… 52
□工業団地 …… 97, 111

□航空貨物――27
□航空路線――27
□高原野菜――79, 97
□耕作放棄地――53
□鉱産資源――26
□耕地整理――110
□高知平野――53
□甲府盆地――79
□神戸――67
□神戸～鳴門ルート――52
□神戸空港――67
□国際化――96
□国産材――27
□穀倉地帯――110
□国土地理院――4
□国立公園――97
□児島～坂出ルート――52
□混合農業――123
□根釧台地の酪農――123
□コンビナート――53

【さ】

□サービス業――27
□災害救助法――15
□再開発――15, 66, 97
□再生可能エネルギー――26
□栽培漁業――27, 53, 123
□桜島――40
□さくらんぼ(おうとう)―110
□札幌――122
□さとうきび――41
□讃岐平野――53
□鯖江――79
□山陰――52
□三角州――14
□産業の空洞化――5, 26
□さんご礁――40
□三陸海岸――110, 111
□潮境(潮目)――14, 111
□ジオパーク――123
□四国山地――52
□施設園芸農業――27, 41, 79
□持続可能な社会――40, 123
□自動車工業都市――78
□地場産業――79
□渋谷――96
□志摩半島――67
□縮尺――4
□首都圏――15, 96
□上越新幹線――78
□少子高齢化――5, 15
□庄内平野――110
□情報化社会――27
□情報通信技術(ICT)――27
□食料基地――122
□食料自給率――26
□白神山地――110
□シラス台地――40, 41
□シリコンアイランド――41
□知床――123
□真珠――67
□新宿――96
□浸食――14
□新千歳空港――122
□水田単作地帯――79
□水力発電――26
□図形表現図――4
□ストロー現象――52
□スマートフォン――27
□諏訪盆地――79
□西岸海洋性気候――15
□青函トンネル――122
□精密機械工業――79
□政令指定都市――78, 96, 111, 122
□世界自然遺産――97
□世界文化遺産――97
□石炭――26
□石油――26
□石油化学コンビナート――53, 78, 97
□瀬戸内――52
□瀬戸内の気候――53
□瀬戸内工業地域――53
□瀬戸内しまなみ海道――52
□瀬戸大橋――52
□瀬戸内海――52
□扇状地――14, 79
□仙台市――111
□仙台七夕まつり――111
□促成栽培――27, 41, 53
□育てる漁業――27

【た】

□ターミナル駅――66
□第一次産業――27

□第三次産業――27
□第二次産業――27
□台風――15
□台風の通り道――40
□大陸棚――14
□太平洋側の気候――96
□太平洋ベルト――26
□ため池――52
□筑豊炭田――41
□地形図――4
□地産地消――53
□千島海流――14
□地図記号――5
□地中海性気候――14
□地熱発電――40
□地方中枢都市――52, 111
□茶――79
□中央高地――78
□中京工業地帯――78
□中国山地――52
□津軽海峡線――122
□津軽塗――111
□津軽平野――110
□筑紫平野――41
□筑波研究学園都市――96
□対馬海流――14
□燕――79
□つぼ型人口ピラミッド――15
□嬬恋村――97
□梅雨(ばいう)――15
□泥炭地――122, 123
□鉄鉱石――26
□天下の台所――66
□伝統産業――66, 79, 111
□天童将棋駒――111
□東海工業地域――79
□東海――79
□東海道・山陽新幹線――40, 78
□東京国際空港(羽田空港)――97
□東京大都市圏――96
□等高線――5
□陶磁器――78
□東北自動車道――111
□東北三大まつり――111
□東北地方太平洋沖地震――110
□ドーナツ化現象――15
□十勝平野の畑作――123
□都心――96
□土地利用図――4
□ドットマップ――4
□鳥取砂丘の開発――53
□鳥取平野――53
□利根川――96
□苫小牧――123
□富岡製糸場――97
□豊川用水――79
□豊田――78
□屯田兵――122

な

□長野盆地――79
□長良川――79
□名古屋――78
□名古屋大都市圏――78
□奈良――66
□成田国際空港――97
□南部鉄器――111
□新潟水俣病――79
□二期作――41
□西陣織――66
□日光の社寺――97
□日本アルプス――14, 78
□日本海流――14
□日本の穀倉地帯――110
□日本の地域区分――15
□日本列島――14
□二毛作――41
□ニュータウン――66, 96
□濃霧(ガス)――122

は

□バイオマス発電――26
□排他的経済水域――27, 123
□花――97
□浜松――79
□早場米――79
□阪神・淡路大震災――67
□阪神工業地帯――67
□ヒートアイランド現象――96
□東日本大震災――110, 111
□飛騨山脈――78
□昼間人口――66, 96
□広島市――52

□広島湾……53
□琵琶湖……67
□品種改良……110
□ファインセラミックス……78, 79
□富栄養化……67
□フォッサマグナ……14
□福島わらじまつり……111
□副都心……96
□富士……79
□ぶどう……79
□平安京……66
□平和記念都市……52
□方位……4
□防災……4, 5
□防災マップ……15
□放射線状……96
□房総半島……97
□ポートアイランド……67
□北洋漁業……123
□北陸……78
□ほたて……123
□掘り込み港……97
□本州四国連絡橋……52

ま

□曲家……111
□牧ノ原……79
□幕張新都心……97
□松本盆地……79
□みなとみらい21……97
□水俣病……41
□南四国……52
□宮城伝統こけし……111
□宮崎平野……41
□無形文化財……111
□銘柄米（ブランド米）……110
□明治用水……79
□明治用水……79
□もも……79, 110
□モノカルチャー経済……5

や

□野外調査……4
□夜間人口……66
□屋久島……40, 41
□八幡製鉄所……41
□山形花笠祭り……111
□やませ……110
□輸送園芸農業……53
□輸入（材）……26, 27, 67
□養殖漁業……27, 53, 123
□抑制栽培……27, 79
□横浜港……97
□吉野すぎ……67
□四日市ぜんそく……78
□淀川……67

ら

□リアス海岸……14, 66, 110
□琉球王国……40
□流氷……122
□りんご……79, 110
□輪作……123
□ルートマップ……4
□冷害……110
□冷帯（亜寒帯）……122
□六甲アイランド……67
□六甲山地……67
□流線図……4

わ

□若狭湾……66
□輪島塗……79
□輪中……79

「中学基礎100」アプリ テスト前5科4択 で,
スキマ時間にもテスト対策!

問題集

日常学習
テスト1週間前

『中学基礎がため100%』
シリーズに取り組む!

アプリ

定期テスト直前!

テスト必出問題を
「4択問題アプリ」で
チェック!

アプリの特長

『中学基礎がため100%』の
5教科各単元に
それぞれ対応したコンテンツ!
*ご購入の問題集に対応した
コンテンツのみ使用できます。

テストに出る重要問題を
4択問題でサクサク復習!

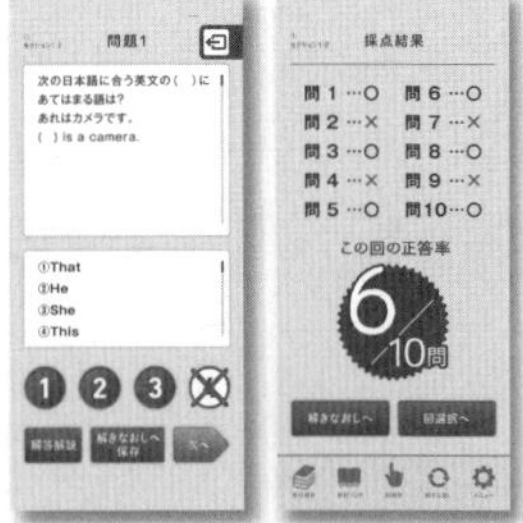

間違えた問題は「解きなおし」で,
何度でもチャレンジ。
テストまでに100点にしよう!

*アプリのダウンロード方法は,本書のカバーそで(表紙を開いたところ),または1ページ目をご参照ください。

中学基礎がため100%
できた! 中学社会
地理 下

2021年3月 第1版第1刷発行
2024年9月 第1版第3刷発行

発行人/泉田義則
発行所/株式会社くもん出版
〒141-8488
東京都品川区東五反田 2-10-2 東五反田スクエア 11F
☎ 代表 03(6836)0301
編集直通 03(6836)0317
営業直通 03(6836)0305

印刷・製本/TOPPAN株式会社

デザイン/佐藤亜沙美(サトウサンカイ)
カバーイラスト/いつか
本文デザイン/笹木美奈子・岸野祐美(京田クリエーション)
編集協力/株式会社カルチャー・プロ

ISBN 978-4-7743-3129-4

CD57526
くもん出版ホームページ https://www.kumonshuppan.com/
*本書は『くもんの中学基礎がため100% 中学社会 地理編 日本』を改題し,新しい内容を加えて編集しました。

日本の気候

●日本海側の気候

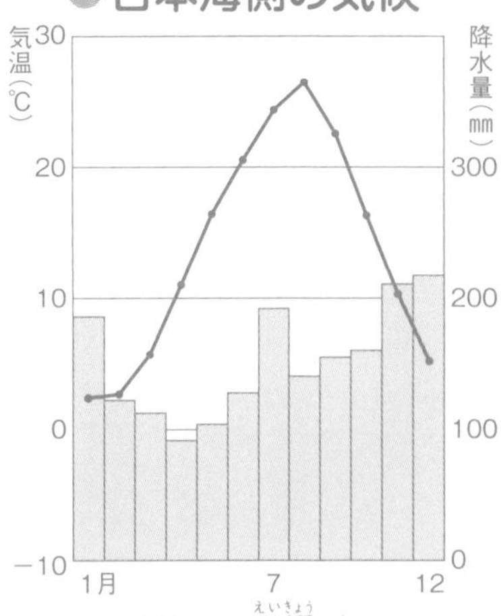

北西の季節風の影響(えいきょう)で，夏よりも冬に降水量が多くなっている。

●中央高地の気候

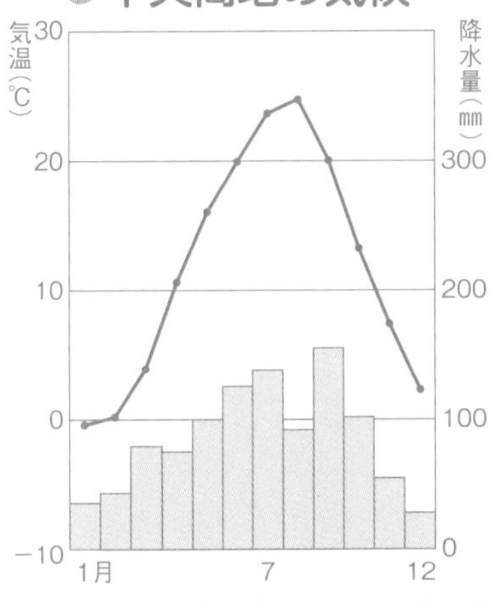

年間の降水量は少ないが，夏と冬の気温差が大きい。

●瀬戸内(せとうち)の気候

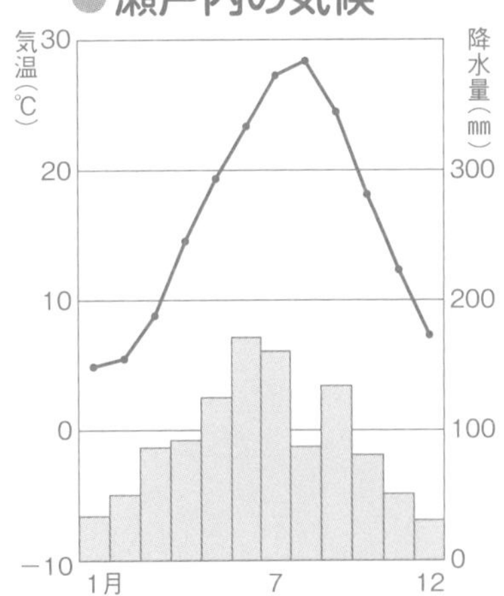

年間の降水量が少なく，一年中温和な気候である。

側の気候

岡山

瀬戸内の気候

気候

0 400km

中学基礎がため100%

できた！中学社会

地理 下

別冊

解答と解説

1 地域調査の手法

スタートドリル　P.6,7

1 (1)　(下の図)

(2)　ルートマップ　　(3)　イ
(4)　流線図

考え方　(4)　流線図は，人やものの動きの方向と量を示す地図。

2 (1)　(下の図)

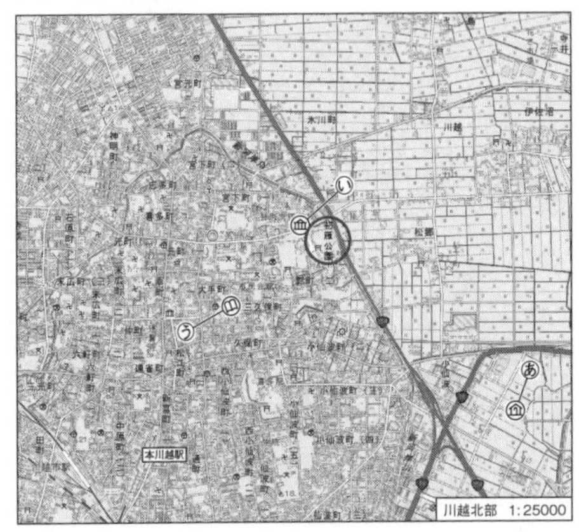

(2)　卍　　(3)　750m
(4)　㋐ オ　　㋑ ア　　㋒ イ

考え方　(3)　地図の「1：25000」は，2万5千分の1を示す。3cm×25000＝75000cm＝750mとなる。
(4)　㋐は2006年，㋑，㋒は2002年から使われるようになった。

1 地域調査の方法　P.8,9

1 (1)　自然　　(2)　人口　　(3)　産業
(4)　歴史や文化

考え方　(1)　地形，気候，災害などから，その地域の自然のようすがわかる。
(3)　農業や工業などのようすである。
(4)　地域の過去のことがわかる。

2 (1)　文献(ぶんけん)調査　　(2)　聞き取り調査
(3)　野外調査　　(4)　ルートマップ
(5)　レポート

考え方　(4)　歩くコースをかき込(こ)んだ地図。2万5千分の1か5万分の1の地形図を利用することもできる。
(5)　報告，報告書などの意味の言葉。

3 (1)　南西　　(2)　ア，ウ
(3)　ルートマップ　　(4)　イ

考え方　(1)　八方位とは，右の図のこと。

北
北西　北東
西　東
南西　南東
南

(2)　ア地形図の北部の99は標高を表している。
イは3cm×25000を計算すると75000cmは750mとなる。

2 身近な地域の調査　P.10,11

1 (1)　縮尺　　(2)　北　　(3)　等高線
(4)　20m　　(5)　急

考え方　(3)(5)　土地の起伏(きふく)のようすが，等高線によって表されている。等高線の間隔(かんかく)がせまいところは傾斜(けいしゃ)が急で，広いところはゆるやかである。

2 (1)　5万分の1
(2)　㋐　市役所　　㋑　小・中学校

㋒　郵便局　　㋓　果樹園

考え方 (1)　地形図中に示されている。
(2)　㋑は学校で学ぶ文字の「文」を記号化したもの。㋒は昔の呼び名である逓信省(テイシンショウ)のテを図案化したもの。

3　(1)　東　　(2)　南西　　(3)　北東
(4)　田（水田）　(5)　2000m
(6)　㋑　工場　　㋒　桑畑(くわばたけ)
㋓　寺院
(7)　80〜90m　　(8)　洪水(こうずい)

考え方 (1)　特に方位記号がない場合，地図では上が北になる。

まとめのドリル　P.12,13

1　(1)　国土地理院　　(2)　等高線
(3)　B

考え方 (3)　等高線の間隔(かんかく)がせまい所を選ぶ。

2　(1)　イ　　(2)　エ
(3)　ア

考え方 (1)　100mと150mの等高線の間に4本の線があるので，10mごとに等高線が引かれている。
(2)　**ア**は，間に標高130mの山があるので見えない。**イ**のQは広葉樹林の記号。**ウ**は，この地図からはいいきれない。**エ**は，団地から学校へは下り坂である。

3　(1)　ウ　　(2)　1.5km
(3)　ア，ウ

2　日本の特色①

スタートドリル　P.16,17

1　(1)　（下の図）

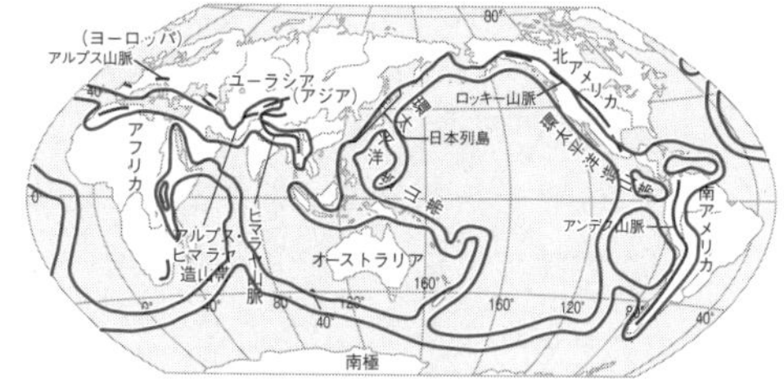

(2)　アンデス山脈，ロッキー山脈
(3)　アルプス山脈，ヒマラヤ山脈
(4)　環太平洋造山帯(かんたいへいようぞうざんたい)

考え方 (1)　環太平洋造山帯は太平洋周辺地域に分布する山地・山脈の連なり。アルプス・ヒマラヤ造山帯はユーラシア大陸の南の縁(ふち)を東西に走る山地や山脈のつながりのこと。世界の高い山脈は，この二つの造山帯(変動帯)に集中している。
(4)　日本列島は，ほぼ全域が環太平洋造山帯に属している。

2　(1)　（下の図）

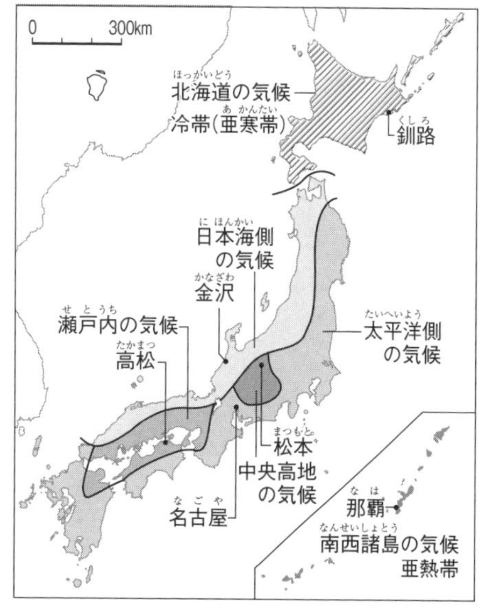

(2) 冷帯（亜寒帯）

(3) ① 太平洋側の気候

② 中央高地の気候

③ 日本海側の気候

④ 瀬戸内の気候

(4) 亜熱帯

考え方 (2) 冬の寒さが厳しい北海道は，冷帯(亜寒帯)に属している。
(4) 南西諸島は温帯に属しているが，温暖であることから亜熱帯と呼ばれることもある。

3 (1) 津波 (2) 噴火 (3) 気象災害
(4) 台風 (5) 防災マップ

考え方 (1) 高潮は，台風や発達した低気圧によって海面の水位が高くなる現象。
(3) 干害は雨が降らないことで起こる気象災害。それに対して(2)の噴火は火山という地形(土地)が深くかかわる土地災害。
(5) 防災マップは「ハザードマップ」と呼ばれることが多い。

4 (1) （下の図）

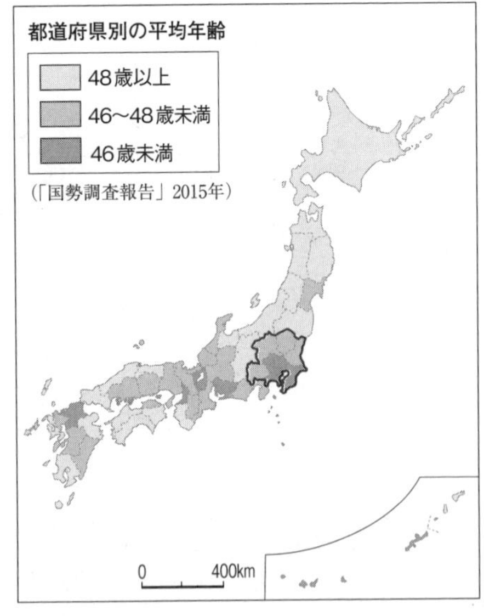

(2) 低い (3) 中国・四国
(4) 5分の1

考え方 (3) 46歳未満の階級にあてはまるのは東京・埼玉・神奈川・千葉・愛知・滋賀・大阪・福岡・沖縄の9都府県。

1 日本の自然環境

P.18,19

1 (1) 環太平洋造山帯
(2) アルプス・ヒマラヤ造山帯
(3) 日本アルプス
(4) フォッサマグナ

考え方 (1) アンデス山脈は南アメリカ大陸西部，ロッキー山脈は北アメリカ大陸西部に，それぞれ南北に連なる山脈である。
(2) ユーラシア大陸南部を東西に連なる。
(3) ヨーロッパのアルプス山脈になぞらえて「日本アルプス」と呼ばれる。飛騨山脈は北アルプス，木曽山脈は中央アルプス，赤石山脈は南アルプスと呼ばれている。

2 (1) 黒潮 (2) 温暖湿潤気候
(3) リアス海岸 (4) 三角州

考え方 (3) わが国では三陸海岸，若狭湾，志摩半島などがよく知られる。ノルウェー沿岸部などに見られるフィヨルドは，氷河によって削られてできた海岸地形である。
(4) 川が海や湖に注ぐ河口付近にできる。

3 (1) C・エ (2) B・ウ
(3) E・ア (4) D・オ
(5) A・イ

考え方 **ア**～**オ**の雨温図のうち，冬の降水量が多い**ウ**は日本海側の気候，夏の降水量が多いエは太平洋側の気候であることがわかる。残る三つはいずれも年間降水量が少ないが，1・2月の気温が高い順に，アが瀬戸内の気候，オが中央高地の気候，イが北海道の気候と判断できる。なお，アは岡山，イは旭川(北海道)，ウは新潟，エは東京，オは松本(長野県)にあてはまる。

4 (1) **大陸棚** (2) **扇状地**
(3) **潮境（潮目）**

考え方 (2) 河口付近に堆積してできる三角州と区別する。

2 自然災害と防災への取り組み P.20,21

1 (1) **津波** (2) **土石流** (3) **干害**
(4) **高潮**

考え方 (2) 火砕流は，火山噴火のとき，熱いガスと火山灰などとともに流れ下る現象。
(4) 「潮境」は「潮目」ともいい，暖流と寒流がぶつかるポイント。

2 (1) A **公助** B **共助** C **自助**
(2) ① A ② C ③ B

考え方 国や地方公共団体に任せるだけでなく，日頃から災害に対して，自分で準備しておくことが大切である。

3 (1) **災害救助法**
(2) **被害状況の報告**
(3) **自衛隊**

考え方 (1) 「災害救助法」は，災害時の緊急支援が中心。避難所・仮設住宅・物資の供給・医療活動などが行われる。
(3) 救助活動や復旧支援などが行われる。

4 ① **減災**
② **ハザードマップ（防災マップ）**

考え方 自然災害は，人間の力ではなくすことはできないため，ハザードマップや，防災計画は，可能な限り被害を減らすという考え方で作成されている。

3 人口に見る日本の特色 P.22,23

1 (1) **15** (2) **65** (3) **ドーナツ化**
(4) **過疎** (5) **少子化**

考え方 (1)(2) 0～14歳までを年少人口，65歳以上を老年人口，15～64歳までを生産年齢人口と呼ぶ。
(5) 「都市化」は建物の高層化などの都心部の形成の変化，または都市の生活習慣や文化が，周辺の地域に拡大することをいう。

2 (1) **人口ピラミッド**
(2) **イ，ア，ウ**

3 (1) **生産年齢人口** (2) **老年人口**
(3) ① **50（52/51.7）** ② **都市圏**
③ **東京圏**

考え方 (2) 継続して割合が増加しているのは，65歳以上の老年人口。年少人口，生産年齢人口は減少傾向。

4 (1) **少子高齢化**
(2) **ドーナツ化現象**

まとめのドリル P.24,25

1 ⓐ **中部地方** ⓑ **北陸**
ⓒ **茨城県** ⓓ **長野県**
ⓔ **愛知県** ⓕ **兵庫県**

考え方　日本の地域区分のうち，47都道府県(1都1道2府43県)とともによく用いられるのは，日本を北海道，東北，関東，中部，近畿，中国・四国，九州の七地方に分けるものである。このうち中部地方を中心に，北陸，中央高地，東海の三つに分けられる。中国・四国地方を，山陰，瀬戸内，南四国の三つに分けることもある。

2　(1)　**奥羽山脈**　(2)　**最上川**

考え方　(1)　飛騨・木曽・赤石の三つの山脈は，3000m前後の高山が連なることから，「日本の屋根」「日本アルプス」などと呼ばれる。
(2)　山形県を南北に貫いて流れる川。山形盆地は果樹栽培が，庄内平野は稲作がさかんなことで知られる。

3　(1)　Ⓐ　**上越**　Ⓑ　**東京**
(2)　**北西の季節風**　(3)　**梅雨**

考え方　(1)　Ⓐは冬の降水量が多いことから日本海側の気候，Ⓑは夏の降水量が多いことから太平洋側の気候と判断できる。
(2)　北陸に雪が多く降るのは，ユーラシア大陸から吹く北西の季節風が，暖流の対馬海流が流れる日本海を通るときに多くの水蒸気を含み，越後山脈などの山地にあたって上昇し雲をつくるためである。こうして日本海沿岸部に多くの雨や雪をもたらした季節風は，乾いた風となって太平洋側に吹きおろすため，関東地方などでは冬の間，晴天が続くことになる。
(3)　日本付近に停滞する梅雨前線の影響で，6月から7月にかけて多くの雨が降ることになる。

4　(1)　**ウ**　(2)　**つぼ型**　(3)　**死亡**

考え方　出生率と死亡率が高いと，富士山型となる。医療などが発達してくると，つりがね型に変わり，少子高齢化が進むとつぼ型に変わる。

3 日本の特色②

スタートドリル　P.28,29

1　(1)　**(下の図)**

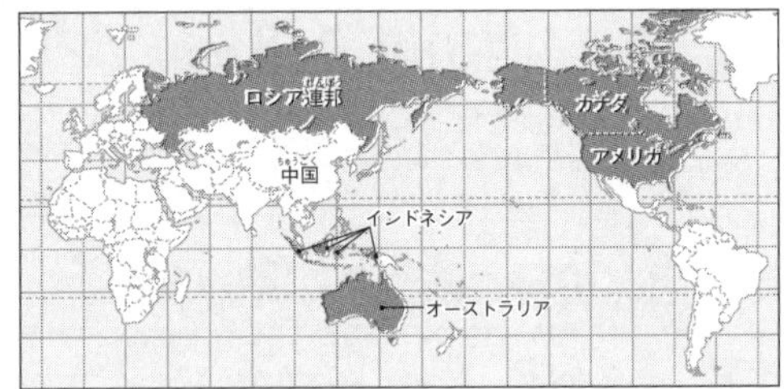

(2)　**オーストラリア，インドネシア**

考え方　(2)　石油の産出地域が西アジアに集中しているのに対して，石炭は世界に広く分散している。日本はオーストラリアや東南アジア，北アメリカなどいろいろな地域から輸入している。

2　(1)　**火力発電**
(2)　**原子力発電**
(3)　**再生可能エネルギー**

考え方　(1)　日本の火力発電所は石油・石炭・天然ガスなど，ほとんどが外国から輸入される燃料で発電するため，臨海部につくられる。水力発電所は川の上流にあるダムを利用して発電するため，内陸部に多い。
(3)　再生可能エネルギーは二酸化炭素を出さない，資源が減らないなどの利点があるが，天候などの外部環境に左右されるという欠点がある。

3 (1) (下の図)

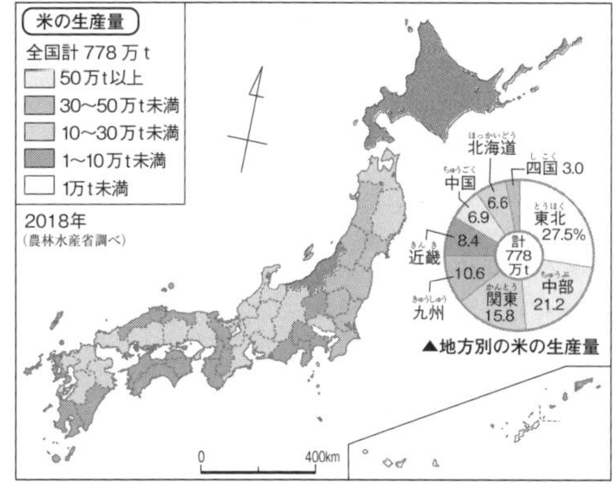

(2) **北海道，新潟県**

(3) **東北**

考え方 (2) 2018年における都道府県別の米の生産量で50万t以上は，新潟・北海道。続いて秋田の49万tで，年によって順位の変動はあるが，ほとんどの年でこの３道県が上位を占めている。

(3) 秋田平野や庄内平野など，多くの水田単作地帯のある東北地方は，全国の米の生産量の約４分の１を占めている。

4 (1) (下の図)

(2) **ウ**

考え方 (2) 関東地方では，千葉県には新幹線は通っていない。

1 日本の資源と工業

P.30,31

1 (1) **石炭** (2) **火力発電**

(3) **太平洋**

考え方 (1) 石油や石炭，天然ガスなどのような，地中に堆積した動植物などが，長い年月をかけて変成してできたもののうち，燃料として用いられるものを化石燃料という。化石燃料はいずれも炭素を含むため，燃やすと二酸化炭素が生じる。

(2) 火力発電は，石油，石炭，天然ガスなどを燃焼させて得た熱で水を沸騰させ，発生した水蒸気の力でタービンを回すなどして，発電する方法である。

2 (1) **サウジアラビア，アラブ首長国連邦**

(2) **オーストラリア，インドネシア**

(3) **オーストラリア，ブラジル**

考え方 (1) 石油は，全輸入量の8割以上をペルシャ湾沿岸地域から輸入している。化石燃料の一つである天然ガスは二酸化炭素排出量が比較的少なく，近年，輸入量が増えてきている。また，アメリカ合衆国からシェールガスの輸入も始まっている。シェールガス，シェールオイルは化石燃料ではない天然燃料として注目されている。

3 (1) ① **北陸工業地域**

② **阪神工業地帯**

③ **瀬戸内工業地域**

④ **北九州工業地域**

(2) **太平洋ベルト**

(3) **中京工業地帯**

(4) **京葉工業地域**

(5) ① **加工貿易**

② **貿易摩擦**

③　空洞化

考え方　(4)　京葉工業地域では，市原などに石油化学工業が発達している。

2 日本の農林水産業と商業　P.32,33

1　(1)　食料自給率　(2)　高齢化
(3)　せまく　(4)　機械化
(5)　高い

考え方　(1)　食料自給率とは，国民が消費する食料のうち，国内の生産でまかなえる比率。日本の食料自給率は，他の先進国と比べても37%（2018年）と低い。
(2)　基幹的農業従事者の68.5%が，65歳以上の高齢者となっている（2018年）。
(5)　アメリカなどでは広い農地で大型の機械を使い，労働者をやとって効率よく生産する企業的な農業が行われ，農産物の価格が安い。また，アジアなどでは人件費が安いことから，農産物を安く生産できる。

2　(1)　輸入材　(2)　200
(3)　養殖漁業

考え方　(1)　海外から安い木材を輸入するようになったため，国内の林業は生産がのびなやんでいる。
(2)　1970年代以降，各国が沿岸から200海里（約370km）以内の海域を排他的経済水域とし，外国漁船の操業を制限するようになったため，日本の遠洋漁業は打撃を受けた。
(3)　いけすやいかだなどを利用して，魚や貝，海草などを育てて出荷するもの。栽培漁業とともに，「育てる漁業」と呼ばれる。

3　(1)　80　(2)　だいず，小麦
(3)　米　(4)　安い

考え方　(4)　外国産に対して，国内の農作物は，品質の良さや安全性などを発信することで対抗している。

4　(1)　第一次
(2)　加工して生産をする
(3)　第三次

考え方　(1)　農林水産業を第一次産業という。
(3)　デジタルのアニメなどは，サービス業と同じ第三次産業。

3 世界と日本の結びつき　P.34,35

1　(1)　ハブ　(2)　IC
(3)　①　石油　②　自動車

考え方　(1)　日本のおもなハブ空港は，東京国際空港（羽田空港），成田国際空港である。
(2)　航空輸送は重い貨物の輸送には適さず，運賃も高い。しかし，ICなどの電子部品や貴金属は，小型で軽量であるため輸送に問題はなく，価格が高いため航空機を利用しても採算がとれる。近年は生鮮食料品の輸送に利用されることも多くなってきている。
(3)　船による輸送は時間がかかるが，一度に大量の貨物を運べるため，輸送費は安く済む。そのため，石油や石炭，液化天然ガスなどの資源・原料や，自動車のような大型の工業製品の輸送に船が利用される。

2　(1)　高速道路　(2)　短縮
(3)　ICT　(4)　スマートフォン
(5)　約80%

考え方 (1) 一方で，地方の都市では人口減少のため公共交通機関が廃止（はいし）されるといった問題もおきている。

3 (1) 自動車　(2) 鉄道
(3) 減っている。

考え方 (3) グラフの輸送重量を示す数値に注目する。

4 (1) インターネット
(2) ㋐ スマートフォン　㋑ 固定電話
(3) 情報化社会

考え方 (3) このような社会の傾向（けいこう）がさらに高まることを高度情報化社会と呼ぶこともある。

まとめのドリル　P.36,37

1 (1) ① f・サウジアラビア
② h・オーストラリア
(2) 鉄鉱石
(3) ＬＮＧ

考え方 (1) ①世界有数の産油国。日本にとって最大の輸入相手国である。②日本にとって石炭や鉄鉱石の最大の輸入先。
(2) 1位のオーストラリア，2位のブラジルは覚えておこう。

2 ア 阪神（はんしん）工業地帯
イ 京浜（けいひん）工業地帯
ウ 瀬戸内（せとうち）工業地域
エ 中京工業地帯

考え方 機械工業の割合が60％以上ある**エ**は中京工業地帯。同じく機械工業の割合が50％を超（こ）える**イ**が京浜工業地帯である。また，化学工業の割合が20％以上を占（し）める**ウ**は瀬戸内工業地域。金属工業の割合の高い**ア**は阪神工業地帯である。

3 (1) A 北海道　C 埼玉県
D 和歌山県　E 高知県
(2) C 近郊（きんこう）農業
E 施設（しせつ）園芸農業，促成栽培（そくせいさいばい）

考え方 (1) 農業産出額が最も多く，特に畜産（ちくさん）の産出額が多いAは北海道。農業産出額がAに次いで多く，やはり畜産の産出額が多いBは鹿児島県。人口が最も多いCは埼玉県。果物（くだもの）の産出額が多いDは和歌山県。野菜の産出額が多いEは高知県である。

4 (1) ① 制限　② 約９分の１
(2) 栽培漁業

考え方 (1) 1970年代以降，各国が設定するようになった排他的（はいたてき）経済水域(経済水域ともいう)は，沿岸から200海里(約370km)以内の海域の水産資源や鉱産資源について，沿岸国に権利を認めるもの。したがって，この海域での外国漁船の操業は制限される。

定期テスト対策問題　P.38,39

1 (1) ㋐ 信濃（しなの）川　㋑ 利根（とね）川
(2) 日本アルプス（日本の屋根）
(3) Ⅰ 鹿児島　Ⅱ 上越（じょうえつ）
(4) A 雪どけ　B 台風

考え方 (3) Ⅰは夏に雨の多い太平洋側の気候，Ⅱは冬の降水量が多い日本海側の気候である。
(4) Aは最上（もがみ）川の中流付近。この地点で4月の流量が最も多くなっているのは，上流の山地の雪どけ水が流入するためである。Bは吉野川の中流付近。この地点では9月の流量が最も多くなっているが，これは台風や秋雨前線の影響で，この時期に多くの雨が降ることによる。

2 (1) ① オ　② エ　③ ウ
(2) A　京浜工業地帯
B　中京工業地帯
(3) 太平洋ベルト
(4) 栽培漁業

考え方 (1) ①は高知平野，②は野辺山原など八ヶ岳山ろく，③は埼玉県から茨城県にかけての地域。
(4) 養殖漁業と混同しないようにすること。

3 (1) ア　(2) ① 西　② 果樹園
(3) 扇状地　(4) 博物館（美術館）

考え方 (1) Aの標高は約440m，Bの標高は738mである。等高線が10mごとに引かれていることに注意する。
(2) ① 川の東側と西側の等高線を見ると，東側の方が標高が高い。
(3) 河川が山地から平野に出たところに土砂が堆積してできる地形である。水はけが良く，果樹栽培に向いている。

4 九州地方

スタートドリル　P.42,43

1 (1) ① （下の図）　② 阿蘇山
③ 熊本（市）

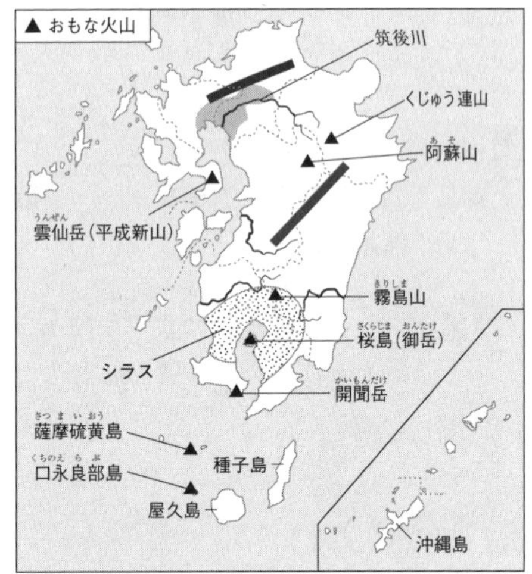

(2) 筑紫平野　(3) シラス

2 (1) ① （下の図）　② さんご礁
③ 屋久島

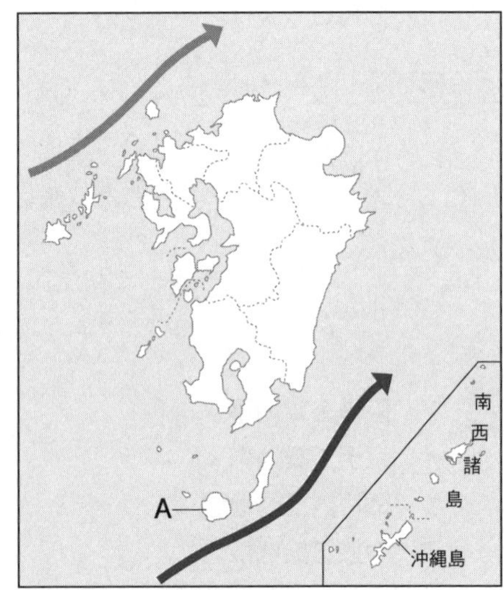

(2) 台風　(3) 高潮

考え方 (1) ②沖縄では，1月の平均気温が15℃以上の地域がほとんどである。
(3) 高潮は，大気の圧力が低下することによる海面の上昇と，強風により湾の奥に海水が吹きよせられることによる海面の上昇の二つの原因がある。

3 (1) (下の図)

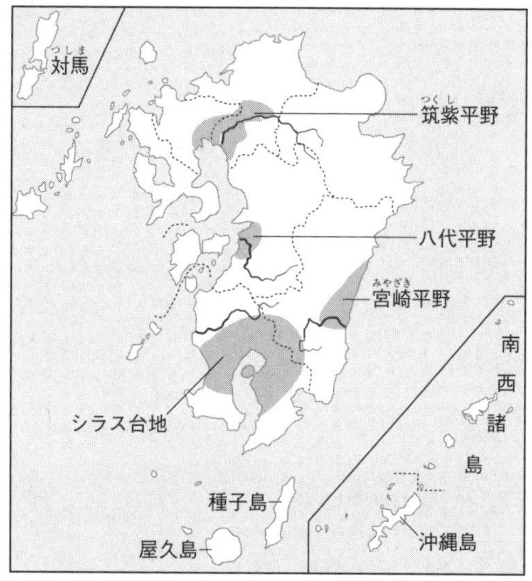

(2) 二毛作

(3) ① 宮崎平野 ② 筑紫平野

考え方 (2) 米のあとにつくる作物を裏作という。熊本地方では，畳表の原料となるいぐさを栽培する。

4 (1) (下の図) (2) (下の図)

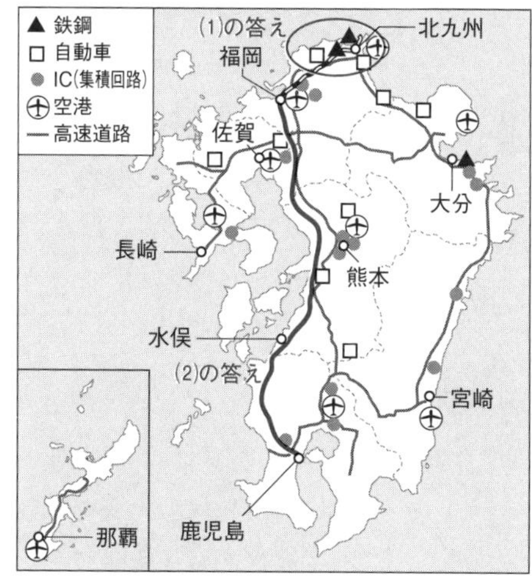

(3) IC(集積回路)工場

(4) ① 北九州 ② 水俣
③ 那覇

考え方 (2) 2011年に博多(福岡県)～新八代(熊本県)が開業し，全線が開通した。

1 自然と交通 P.44,45

1 (1) 九州山地 (2) 阿蘇山
(3) 別府 (4) 福岡 (5) 沖縄島

考え方 (1) 九州を南北に分けている山地。
(2) 九州のほぼ中央にある火山。
(5) 沖縄は第二次世界大戦で，日本で唯一の住民をまきこんだ地上戦が行われ，多数の死傷者が出た。

2 (1) 高潮 (2) 赤土
(3) エコタウン

考え方 (1) 台風は洪水や土砂くずれなども引きおこす。

3 (1) 筑紫山地 (2) B 筑紫平野
C 宮崎平野 (3) シラス台地
(4) 地熱発電所 (5) ア・福岡(市)

考え方 (4) 地中の熱水や熱い水蒸気を利用してタービンを回し，発電するしくみ。

4 (1) 亜熱帯 (2) 台風

考え方 (2) 沖縄は台風の通り道にあたっている。また，沖縄は5月中旬から6月末にかけて，梅雨となる。

2 九州の農業 P.46,47

1 (1) 有明海 (2) 米
(3) 施設園芸農業 (4) みかん
(5) さとうきび

考え方 (2) 筑紫平野は，九州有数の米の産地。

⑷　南向きの斜面で栽培されており，九州で全国の約4分の1を生産。

2　① シラス　② 畑作
③ ビニールハウス　④ 促成栽培

考え方　①②　白っぽい色をした火山の噴出物。水を通しやすいので，田としては利用できない。
③④　ビニールハウスや温室を使った施設園芸農業が行われている。

3　⑴ 筑紫平野　⑵ 宮崎平野
⑶ ① 黒潮（日本海流）
② あたたかい（温暖な）
⑷ シラス
⑸ ㋐ 鹿児島　㋑ 宮崎
⑹ ブランド　⑺ 二期作

考え方　⑺　二期作は，同じ作物を一年に二度つくること。二毛作は異なる作物をつくること。

3 九州の工業　P.48,49

1　⑴ 八幡　⑵ オーストラリア
⑶ 石油　⑷ 自動車

考え方　⑶　エネルギー革命という。また，海外からも安い石炭が輸入された。

2　⑴ 苅田町　⑵ 水俣
⑶ 長崎　⑷ 久留米
⑸ 大分

考え方　⑴　福岡県の苅田町や宮若市に自動車工場がつくられた。
⑶　鎖国時代に，中国・オランダとの貿易の窓口であった。

3　⑴ 金属（工業）　⑵ 八幡製鉄所
⑶ 筑豊炭田　⑷ エネルギー革命

考え方　⑵　この製鉄所の建設によって，この地域の工業が発展していった。
⑶　八幡製鉄所の創業によって，ますます発展していった炭田。最盛期には，全国の半分以上の石炭を産出していた。

4　⑴ シリコンアイランド
⑵ 高速道路沿い，空港の近く
⑶ ① 軽い　② 高い

考え方　⑴　ＩＣは，シリコンを材料としてつくられている。
⑶　軽くて高価なため，航空機で輸送しても採算がとれる。

まとめのドリル　P.50,51

1　⑴ ア・福岡（市）
⑵ 沖縄県・那覇市
⑶ ① 鹿児島　② シラス
③ 豚　⑷ 高い

考え方　⑴　九州地方の政治・経済・文化の中心となっている。
⑶　第二次世界大戦後，用水路の建設など開発が進み，畑作や畜産がさかんになった。

2　⑴ 石炭　⑵ 北九州
⑶ Ｄ・水俣（市）　⑷ 環境
⑸ シリコンアイランド
⑹ 高速道路
⑺ 高価・軽い・小さい

考え方　⑴　筑豊炭田など多くの炭田と炭鉱があったが，1960年代のエネルギー革命により石炭の需要が減ったことと，海外から安い石炭が輸入されるようになったことから，すべての炭鉱が閉鎖に追いこまれた。

(3) 1950～60年代に，化学肥料工場が海に流したメチル水銀が原因で，水俣病と呼ばれる公害病が発生した。

5 中国・四国地方

スタートドリル P.54,55

1 (1) (下の図)

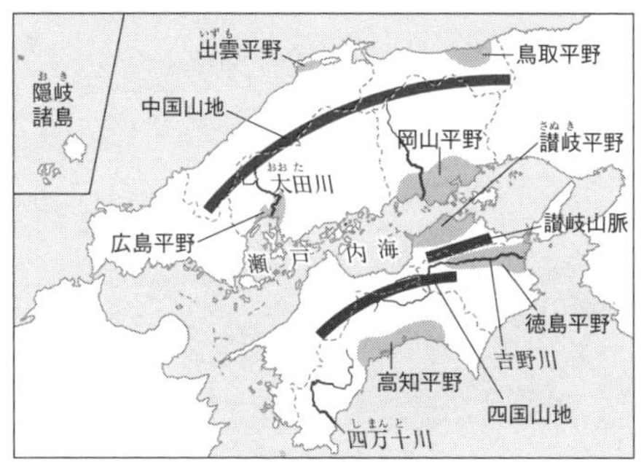

(2) **山陰** (3) **太平洋側**
(4) **季節風** (5) **イ**
(6) **讃岐平野**

考え方 (2) 中国地方のうち，中国山地より南の地域は山陽と呼ばれることもある。
(5) 年間降水量が少ないことがポイントになる。
(6) 近年は吉野川の水を引く香川用水から水を得られるようになったため，ため池は減ってきている。

2 (1) (下の図)

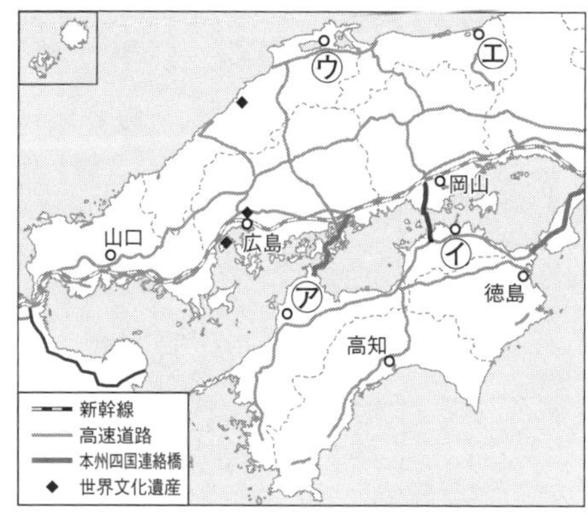

(2) ㋐ **松山(市)** ㋑ **高松(市)**
㋒ **松江(市)** ㋓ **鳥取(市)**
(3) **広島(市)**

考え方 (1) 三つのルートからなる本州四国連絡橋のうち，最も早く開通した。
(2) 県名と県庁所在地名がちがう県は，中国・四国地方には三つある。

3 (1) **瀬戸内工業地域**
(2) (下の図)

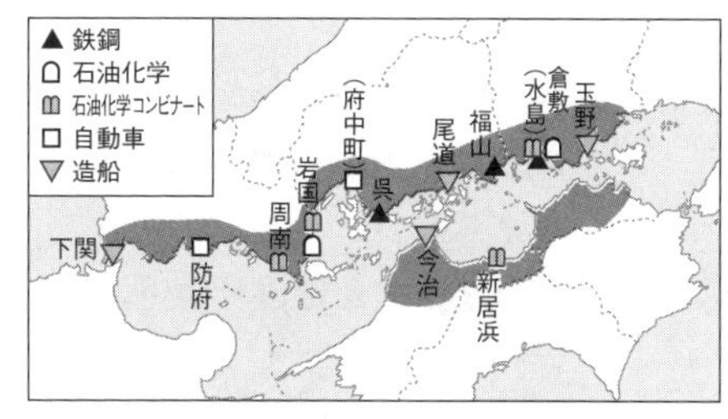

(3) **石油化学工業** (4) **造船業**
(5) **化学工業**

考え方 (2) 瀬戸内海沿岸に発達した工業地域。第二次世界大戦前からのせんいや造船などに加え，戦後，鉄鋼や石油化学などの重化学工業が発展した。
(5) グラフから判断する。

4 (1) ① **讃岐平野** ② **高知平野**
③ **鳥取平野** ④ **岡山平野**
⑤ **広島県** ⑥ **愛媛県**

(2) (下の図)

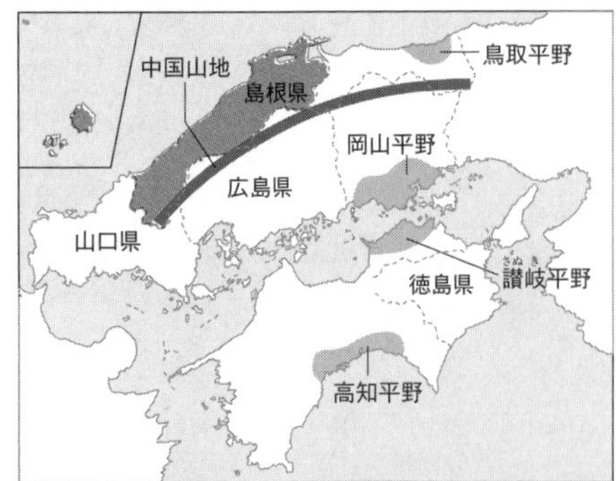

考え方 (1) ②ビニールハウスでなすやきゅうり，ピーマンなどの夏野菜を，秋から春にかけて栽培している。
⑤広島湾を中心に行われている。

1 自然と交通 P.56,57

1 (1) 瀬戸内 (2) 四国山地
(3) 瀬戸内
(4) 山陰
(5) 児島～坂出

考え方 (1) 瀬戸内海をはさんだ地域のこと。
(4) 夏に雨が多いのは，太平洋の沿岸である。
(5) 岡山県倉敷市と香川県坂出市を結ぶルートである。

2 ① 原子爆弾 ② 平和記念都市
③ 地方中枢都市 ④ 自動車工業

考え方 ② 原水爆禁止を世界にうったえる都市づくりを行ってきた。

3 (1) 鳥取 (2) A 中国山地
B 四国山地
(3) C 明石海峡大橋
D 大鳴門橋 E 瀬戸大橋

4 (1) A 対馬海流
B 黒潮（日本海流）
(2) 北西の季節風 (3) 冬

考え方 (1) 中国・四国地方を表しているので，Bは親潮ではない。
(2) 大陸から太平洋に向かって吹く風である。

2 瀬戸内の産業 P.58,59

1 (1) A 機械 B 化学
C 金属 (2) 倉敷，周南

考え方 (1) 全国の順位は機械・金属・化学の順であるが，瀬戸内は機械・化学・金属の順になる。
(2) 周南(かつての徳山)には石油化学コンビナートがある。

2 (1) みかん (2) 宇和海
(3) かき (4) 栽培漁業
(5) レモン

考え方 (1)(2) 宇和島を中心とする宇和海沿岸が，みかん栽培の中心である。
(5) レモン・みかんはブランド化され，全国に出荷されている。

3 (1) ① 瀬戸内海 ② 塩田
(2) 瀬戸内工業地域
(3) (石油化学) コンビナート

4 (1) 讃岐平野
(2) (例) 雨が少ないという気候。
(3) みかん

考え方 (1) 吉野川の水を引く香川用水が完成したため，ため池の数は減ってきている。

3 山陰・南四国の産業 P.60,61

1 (1) 高知平野 (2) なし
(3) 砂丘

考え方 (3) くろまつなどの防砂林をつくって砂の移動を防ぎ，スプリンクラーでかんがいして，耕地化を進めた。鳥取砂丘での開発は，世界各地の砂漠地域の緑化事業に生かされている。

2 (1) ⓐ 黒潮 ⓑ 施設園芸農業 ⓒ 促成栽培 ⓓ 輸送園芸農業
(2) ウ

考え方 (1) ⓑ施設園芸農業とは，都市に出荷するために，ビニールハウスや温室などの施設を使って野菜，果物，花などをつくること。ⓓ大都市から遠い地方では，フェリーやトラックを使って輸送している。

3 (1) 過疎(化) (2) 見られる 理由：(例) 若者の割合が少なく，高齢者の割合が多いから。
(3) 地産地消

考え方 (1) 市町村の過疎が進むと，税金による収入が減るため，市町村が医療や教育などの公的サービスを十分に提供できなくなる。
(2) 過疎の地域では，若者が都会へ移ってしまうことにより，急速に高齢化が進む場合もある。
(3) 雇用の創出など地域の経済を活性化させ，地域の資源を生かした新たな価値を生むことにつながる。

4 (1) 高知平野 (2) 促成栽培
(3) なす，きゅうり

考え方 (2) ビニールハウスの暖房などに費用はかかるが，他の産地のものが出回らない時期に出荷するので，高い値段で販売することができる。

まとめのドリル

P.62,63

1 (1) 愛媛(県) (2) X エ Y ア (3) 瀬戸大橋
(4) 岡山(市)・イ
(5) (石油化学)コンビナート
(6) Ⓒ ウ Ⓔ ア

考え方 (2) Xは，宮崎平野とおなじように野菜づくりがさかんである。Yは，瀬戸内工業地域の一部である。
(4) bは県庁所在地でもある。
(6) 島根県は，工業はあまり発達していないが，水産業がさかん。

2 (1) 四国山地 (2) 平和記念都市
(3) かき (4) 鉄鋼業
(5) 鳥取 (県)

考え方 (3) 貝の養殖がさかんである。
(5) 平野の丘陵地で栽培されている。

定期テスト対策問題

P.64,65

1 (1) 対馬海流 (2) イ，エ
(3) かき
(4) ① 尾道〜今治ルート
② ウ (5) シラス台地
(6) (例) 冬でも温暖な気候を利用し，ビニールハウスで野菜を生産する促成栽培がさかんである。

考え方 (2) ㋐は大分県。なお，**ア**は福岡県，**ウ**は長崎県，**オ**は熊本県にあてはまる。
(3) ㋑は広島湾。かきの養殖がさかんなことで知られる。
(4) ㋒は，本州四国連絡橋のうちの尾道〜今治ルート。なお，②の**ア**は児島〜坂出ルート，**イ**は神戸〜鳴門ルートにあてはまる。

2 (1) ① ア

② シリコンアイランド

(2) 鉄鋼業　(3) 船

(4) A 金属(工業)　B 機械(工業)

C 化学(工業)

考え方 (1) IC(アイシー)は小型・軽量であるため輸送が容易であり，高価であるため航空機での輸送やトラックによる長距離(ちょうきょり)輸送を利用しても採算がとれる。

(4) 北九州工業地域はかつては金属工業の割合が最も高かったが，1980年代以降，鉄鋼の生産がのびなやんだことから，現在は機械工業の割合が最も高くなっている。一方，瀬戸内(せとうち)工業地域は，化学工業の割合が高くなっている点が特色である。

6 近畿(きんき)地方

スタートドリル　P.68,69

1 (1) (下の図)

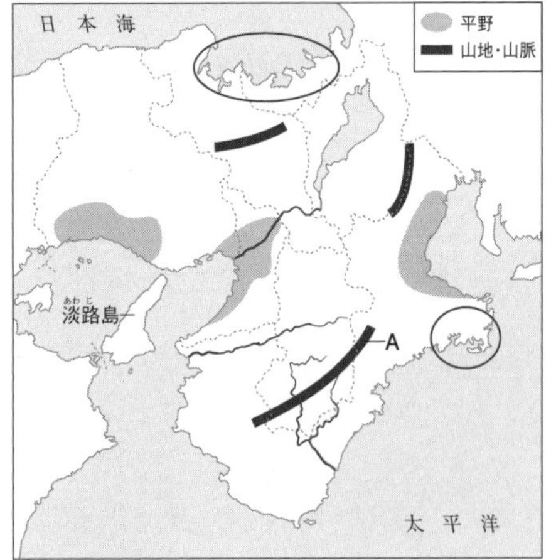

(2) 琵琶湖(びわこ)

(3) 日本海側の気候

(4) リアス海岸

(5) 紀伊(きい)山地

(6) 阪神(はんしん)・淡路大震災(あわじだいしんさい)（兵庫県南部地震）

考え方 (1) 多くの支流があるため，流域面積が広い川として知られる。

(4) 若狭湾(わかさわん)と志摩(しま)半島である。

(5) 降水量が多いことと，林業がさかんなことで知られる。

(6) 神戸(こうべ)市などに特に大きな被害(ひがい)を出した。

2 (1) ① 大阪　② 京都

③ 神戸

(2) (下の図)

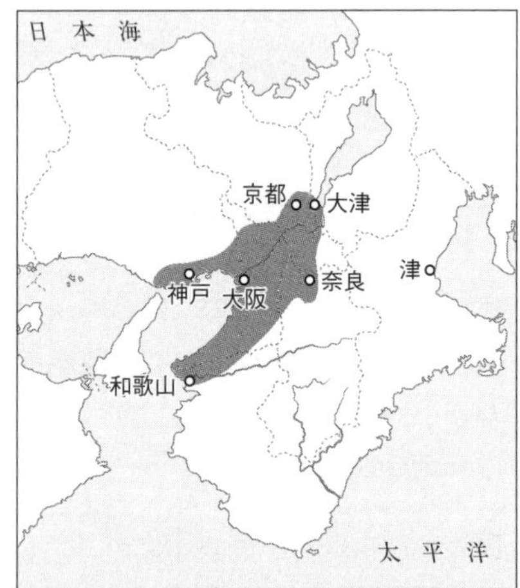

考え方 (1) ②金閣寺(きんかく)など多くの文化財が世界文化遺産に登録されている。

3 (1) 阪神工業地帯

(2) 機械(工業)

(3) 中小工場

(4) 関西国際空港

考え方 (1) 第二次世界大戦前は，国内最大の工業地帯であった。

4 (1) 近郊(きんこう)農業

(2) 京都

(3) (右の図)

(4) 和歌山県　　(5) 紀伊山地

考え方 (1) 野菜などを新鮮なまま出荷でき，輸送費が少くて済む。
(4) 日当たりのよい山の斜面などで栽培されている。紀ノ川流域で特にさかん。

1 自然と大阪大都市圏　P.70,71

1 (1) 丹波高地　(2) 紀伊山地
(3) 若狭湾，志摩半島
(4) 大津，津，神戸

考え方 (1)(2) 中国・四国地方と同様に，北部はなだらかな高原状の地域が広がり，南部にはけわしい山地がある。
(3) 山がちの地形が沈降してできた複雑な海岸地形。
(4) 滋賀県・三重県・兵庫県の県庁所在地である。

2 (1) 中央低地　(2) 南部
(3) ニュータウン

考え方 (1) 近畿地方の中央低地は高地や山地にはさまれているため，雨が少ない。
(2) 紀伊半島は，日本の最多雨地域の一つである。
(3) 大都市の郊外に，計画的に新しくつくられた都市のこと。日本の場合は，東京や大阪に通勤する人々のために，郊外の丘陵地を開発してつくられた。

3 (1) 尾鷲　(2) A 紀伊山地
B 丹波高地　(3) 琵琶湖
(4) リアス海岸

考え方 (1) 夏に雨の多い典型的な太平洋側の気候。三重県尾鷲市は，特に降水量の多い都市として知られる。

4 ① 京都　② 大阪（京阪神）
③ ニュータウン
④ ターミナル駅　⑤ 高齢化

2 大阪，京都・奈良，神戸　P.72,73

1 (1) 大阪　(2) 京都　(3) 神戸
(4) 奈良

考え方 (2) 伝統産業もさかんで，西陣織，清水焼などがある。

2 (1) 関西国際空港
(2) 京都市

考え方 (1) 大阪国際空港は，伊丹市などの市街地にあるため騒音が問題となり，夜間の離着陸が制限されている。そのため，新しい空港が海上につくられた。

3 (1) ㋐ ポートアイランド
㋑ 六甲アイランド　(2) 六甲山地
(3) 神戸空港　(4) 関西国際空港
(5) 昼間人口

考え方 (2) 神戸市の北部にある山地をけずって海を埋め立て，そのあとに住宅団地をつくった。

4 (1) 京都（市） (2) 大阪（市）
(3) 神戸（市）

考え方 (1) 友禅染などもよく知られる。
(2) 江戸時代には商業の中心地として栄え,「天下の台所」と呼ばれた。
(3) 1995年の阪神・淡路大震災で大きな被害を受けたが，復興事業が進められた。

3 近畿地方の産業 P.74,75

1 (1) 中小工場 (2) 琵琶湖
(3) 近郊農業 (4) 真珠
(5) 紀伊山地

考え方 (1) 大阪湾沿岸には大工場が建ち並んでいるが，内陸部には部品や雑貨などをつくる中小工場が多い。
(3) 京都盆地や奈良盆地などで行われている。
(4) 英虞湾は，日本の真珠養殖の発祥の地である。
(5) 紀伊半島は，暖流の黒潮の上を通って吹いてくる南東の季節風が，山に当たって上昇し，雨雲をつくることから，降水量が非常に多くなる。

2 ① 生活排水 ② 赤潮
③ 合成洗剤 ④ ラムサール条約

考え方 ② プランクトンの異常発生により，えらにつまり呼吸ができなくなったり，水中の酸素不足を引き起こし，大量の生物が死んでしまう。

3 (1) 琵琶湖 (2) リン
(3) 近郊農業 (4) 阪神工業地帯
(5) 紀伊山地
(6) 吉野すぎ，尾鷲ひのき
(7) 高齢化，後継者 (8) 真珠

考え方 (2) 化学肥料にも用いられる物質。生活排水の中にこれが含まれていると，湖や海の水が富栄養化し，赤潮の原因となる。
(5) 和歌山県，奈良県，三重県にまたがっている。
(6) どちらも高級材として知られる。
(8) 英虞湾や五ヶ所湾などでさかんである。

まとめのドリル P.76,77

1 (1) 淀川 (2) リアス海岸
(3) 津（市） (4) ㋒
(5) ① すぎ ② ひのき
(6) 神戸（市）

考え方 (3) 近畿地方で，県名と県庁所在地名が異なるのは，兵庫県(神戸市)，滋賀県(大津市)，三重県(津市)である。
(4) 地図中の㋐は豊岡(兵庫県)，㋑は大阪，㋒は潮岬(和歌山県)。
(6) 「二つの人工島」は，ポートアイランドと六甲アイランド。

2 (1) 大阪（京阪神）大都市圏
(2) ニュータウン
(3) ターミナル駅
(4) 阪神工業地帯 (5) 中小工場

考え方 (1) 東京大都市圏に次ぐ人口をもっている。

3 (1) 琵琶湖 (2) 天下の台所
(3) 関西国際空港
(4) 伝統産業 (5) 真珠

考え方 (3)　大阪湾の泉南沖の海上に建設された。海上空港なので，24時間発着が可能である。

(4)　京都の西陣織，清水焼，奈良の墨などが有名。

7 中部地方

スタートドリル　P.80,81

1 (1)（下の図）

(2)　**日本アルプス（日本の屋根）**

(3)　**北陸**　(4)　**濃尾平野**

(5)　A　**名古屋（市）**　B　**長野（市）**

C　**金沢（市）**

考え方 (1)　千曲川と犀川が長野盆地で合流し，北東に流れて信濃川となる。

(4)　「木曽三川」と呼ばれる木曽川・長良川・揖斐川の三つの川の下流域に広がっている。

(5)　中部地方の県で，県名と県庁所在地名が異なるのは，名古屋市(愛知県)，甲府市(山梨県)，金沢市(石川県)。

2 (1)（下の図）

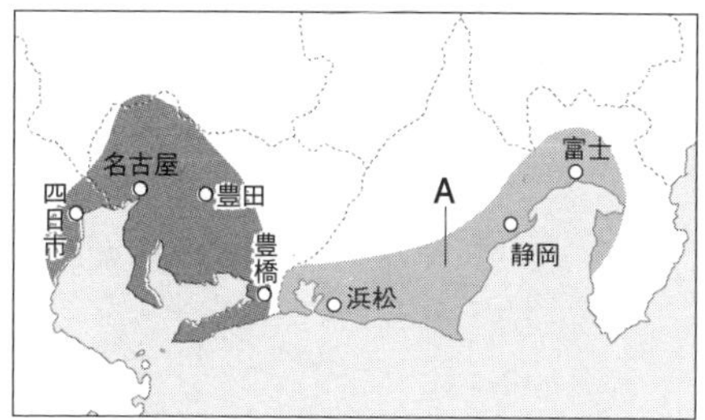

(2)　**中京工業地帯**　(3)　**㋑**

(4)　①　**東海工業地域**　②　**浜松**

考え方 (2)　伊勢湾沿岸とその周辺に広がっている。

(3)　機械工業の割合が60％を超えている。

(4)　①　静岡県の太平洋沿岸部を中心に広がる。

3 (1)（下の図）

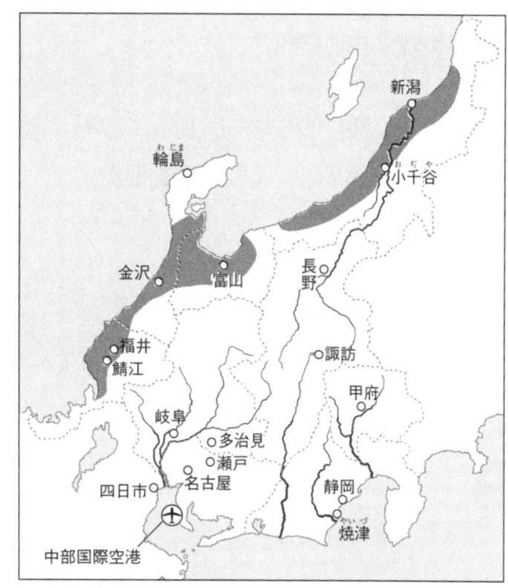

(2)　**北陸工業地域**　(3)　**地場産業**

(4)　**陶磁器**

考え方 (3)　冬は積雪のため農業ができないことから，農家の副業として織物や漆器などの生産が行われるようになった。

(4)　瀬戸は愛知県，多治見は岐阜県の都市。地元で産出される陶土を用いて陶磁器の生産が行われている。

4 (1) (下の図)

(2) 高原野菜（高冷地野菜）
(3) 牧ノ原
(4) X 長野　Y 山梨
Z 静岡

考え方 (2) 夏でも冷涼な気候を生かしてレタスやキャベツなどの野菜を栽培し，他の産地のものが出回らない7，8月を中心に出荷される。

1 自然と交通　P.82,83

1 (1) 飛驒山脈，木曽山脈，赤石山脈
(2) 信濃川　(3) 越後平野
(4) 濃尾平野

考え方 (1) 飛驒山脈を北アルプス，木曽山脈を中央アルプス，赤石山脈を南アルプスという。

2 (1) 北陸　(2) 太平洋側の気候
(3) 東海道新幹線

考え方 (1) 冬に雪が降るのは，日本海側の地方である。特に北陸は，積雪が多い。
(2) 夏は南東の季節風が吹き，雨が多い。
(3) 日本で初めてつくられた新幹線。東京オリンピックの開催に合わせて建設され，1964年10月1日，東京～新大阪間で開通した。

3 (1) 新潟
(2) 日本アルプス（日本の屋根）
(3) 信濃川

考え方 (1) 降水量の最も多い月が12月である。冬に降水量が多いのが，日本海側の気候の特色である。
(2) ヨーロッパのアルプス山脈にちなんでつけられた。
(3) 全長が367kmある。千曲川と犀川が長野盆地で合流して信濃川となる。

4 (1) A 上越新幹線
B 東海道・山陽新幹線（東海道新幹線）
(2) 北陸自動車道
(3) 東名高速道路

考え方 (1) A東京と新潟を結ぶ新幹線。越後山脈を横断するため，トンネルが多い。B東京と博多(福岡)を結んでいるので，東海道・山陽新幹線と呼ばれることが多いが，正確には東京～新大阪間が東海道新幹線，新大阪～博多間が山陽新幹線である。

2 名古屋と中京工業地帯　P.84,85

1 ① 城下町　② 三重
③ 大都市圏

考え方 ① 名古屋には，「金のしゃちほこ」で有名な名古屋城がある。名古屋は，東京と京都の中間にあるので，中京とも呼ばれている。

2 (1) 中京工業地帯　(2) ① 瀬戸
② 豊田　③ 四日市

考え方 (1) 1990年代末に京浜工業地帯を抜き，国内最大の工業地帯となった。
(2) ①国内最大の陶磁器の町として

知られる。③石油化学工場が排出した亜硫酸ガス(二酸化硫黄)が原因で，公害病の「四日市ぜんそく」が発生した。

3 (1) ア　(2) エ・機械（工業）
(3) 陶磁器
(4) ファインセラミックス
(5) 自動車工業（輸送機械工業）
(6) 石油化学コンビナート，四日市ぜんそく
(7) 名古屋（市）

考え方 (1) 中京工業地帯の工業生産額は，全国1位である。
(2) 豊田の自動車，名古屋の自動車，航空機などが工業の中心となっているため，中京工業地帯は機械工業が全工業生産額の半分以上を占めている。

3 東海の産業　P.86,87

1 (1) 浜松　(2) 製紙・パルプ
(3) 輪中　(4) 茶　(5) みかん

考え方 (1) 浜名湖の東に位置する都市。
(3) 昔から，洪水になやまされてきた。そのため，まわりを堤防で囲んで洪水を防いできた。

2 ① 矢作　② 明治　③ 木曽
④ 愛知　⑤ 天竜　⑥ 豊川
⑦ 施設園芸

考え方 愛知県の東部は台地のため，水不足で開発がおくれていた。西側から愛知用水，明治用水，豊川用水を引いて水を送り，畑作中心の農業が行われている。

3 (1) 木曽川，長良川，揖斐川
(2) 輪中　(3) 茶，牧ノ原
(4) ㋐ 愛知用水　㋑ 明治用水
㋒ 豊川用水　(5) 矢作川
(6) 施設園芸農業
(7) 楽器，オートバイ

考え方 (1) 三つの川は，木曽三川と呼ばれている。長良川は，鵜飼でも有名。

4 中央高地の産業　P.88,89

1 (1) 長野県　(2) 抑制栽培
(3) 浅間山　(4) 高原野菜
(5) 甲府盆地

考え方 (1) 中部地方で最も面積の広い県である。静岡県は東海，新潟県は北陸にある。

2 ① 諏訪　② 製糸業
③ 精密機械　④ 中央

考え方 ① 中央に諏訪湖がある。
② 生糸をつくるせんい工業。
④ 東京―長野県―名古屋を結ぶ自動車道路。

3 (1) りんご　(2) ぶどう，もも
(3) 高原野菜（高冷地野菜）
(4) 諏訪盆地

考え方 (1) 長野県は，青森県に次ぐ生産量である。
(2) ともに，山梨県が日本一の生産。
(3) 夏でも涼しい気候を利用して，野菜を生産。高冷地野菜ともいう。

4 (1) イ　(2) (例) 夏でも涼しい気候。
(3) 高い

考え方 (1) 茨城県は，春と秋に出荷されているのに対して，長野県は夏ごろに出荷している。

(3) ほかの産地のレタスと出荷時期をずらすことで，値段が高い時期に売ることができる。

5 北陸の産業　P.90,91

1 ① ユーラシア
② 季節風（モンスーン）
③ 対馬海流　④ 200

考え方 ③ この暖流の水分を含むため，大雪となる。

2 (1) 単作　(2) ① 漆器
② 織物　(3) 鯖江　(4) 神通川

考え方 (2) ①輪島塗のこと。②小千谷紬や小千谷縮が有名。
(3) 鯖江は福井県中部の都市。眼鏡のフレームで国内生産量の9割以上を占めており，海外へも輸出している。
(4) 上流にある神岡鉱山の廃液に含まれていたカドミウムが原因。

3 (1) 水田単作地帯
(2) （例）冬に雪が積もるから。
(3) 日本の穀倉（穀倉地帯）
(4) 早場米

考え方 (2) 冬に積雪があるので，農作業ができない。

4 (1) A 小千谷縮（小千谷紬）
B 輪島塗　(2) 北陸工業地域
(3) 新潟水俣病（第二水俣病）

考え方 (1) A小千谷縮は麻織物，小千谷紬は絹織物。　B漆器である。
(3) Dは阿賀野川。

まとめのドリル　P.92,93

1 (1) ① イ　② ア　③ ウ
(2) 木曽　(3) 名古屋
(4) A群 輪島　B群 漆器
(5) A ぶどう　B りんご
(6) イ

考え方 (3) 中部地方の百万都市は，この市だけである。

2 (1) A 越後平野　B 濃尾平野
(2) 高原野菜（高冷地野菜）
(3) 精密機械（工業）　(4) 豊田（市）

考え方 (2) 夏でも涼しい気候を利用して，レタス・はくさいなどを栽培。
(3) Dは諏訪盆地である。
(4) 都市名と自動車会社の名が同じ。

定期テスト対策問題　P.94,95

1 (1) 2　(2) ① B　② F
(3) ① え　② う
(4) 飛驒山脈

考え方 (1) 2は大阪市。冬でも温和で，一年を通して降水量が少ない。瀬戸内海沿岸の気候である。
(4) 富山・岐阜・長野の三県の県境付近に位置している。

2 (1) ① 大阪　② 名古屋
③ 京都　④ 神戸　⑤ 新潟
(2) リアス海岸　(3) 精密機械工業
(4) 名古屋　(5) 茶

考え方 (3) Cは諏訪盆地。第二次世界大戦前は岡谷や諏訪を中心に製糸業がさかんであった。戦後は時計・カメラなどの精密機械工業が発達し，現在は電子機器の生産もさかん。

8 関東地方

スタートドリル　P.98,99

1　(1)　(下の図)

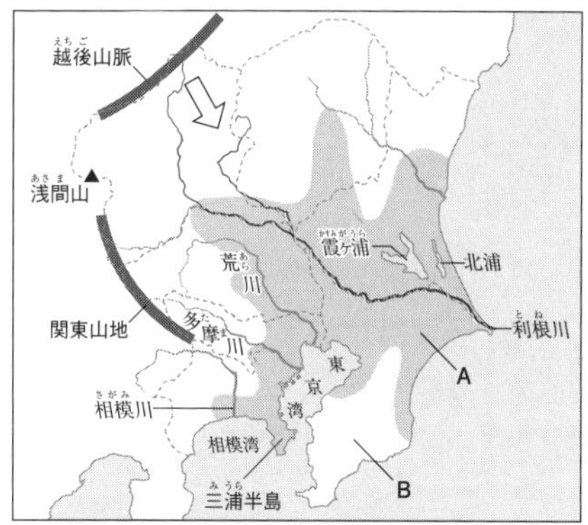

(2)　**関東平野**　(3)　**関東ローム**
(4)　**からっ風**　(5)　**房総半島**

考え方　(1)　長さは信濃川に次いで全国2位である。
(3)　数万年前に積もった火山灰の層で，赤土になっている。
(4)　冬に吹く北西の季節風を，関東地方ではこのように呼ぶ。

2　(1)　**首都圏**　(2)　(下の図)

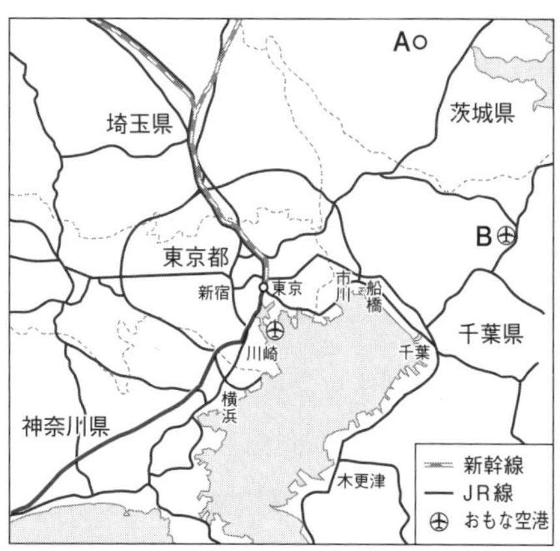

(3)　**副都心**　(4)　**筑波研究学園都市**
(5)　**成田国際空港**

考え方　(1)　約4000万人が住んでいる。そのうち都心から50km圏に約3000万人が住む。
(4)　茨城県のつくば市とその周辺を指す。
(5)　日本の空の玄関であり，最大の貿易港である。

3　(1)　(下の図)

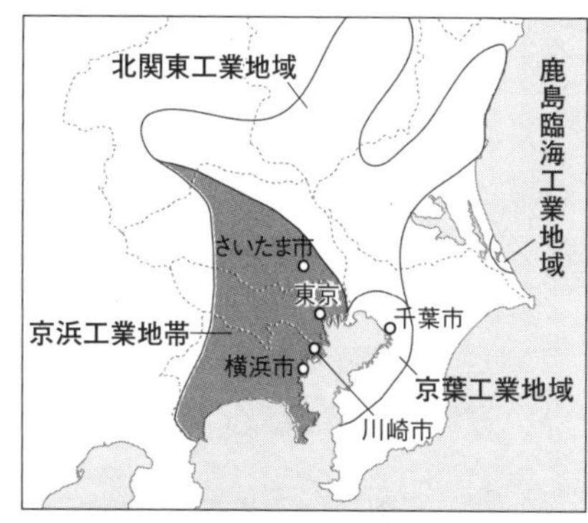

(2)　**京浜工業地帯**
(3)　**京葉工業地域**
(4)　**ア　神奈川　　イ　機械**

考え方　(3)　千葉や君津には鉄鋼業が，市原には石油化学工業が発達している。
(4)　関東地方で最も工業生産額が多いのは，神奈川県である。

4　(1)　**近郊農業**　(2)　(下の図)
(3)　(下の図)

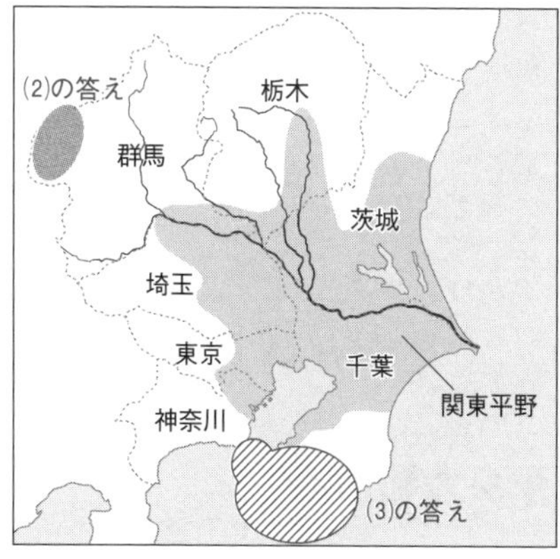

(4)　**X　茨城　　Y　群馬**

考え方　(2)　群馬県の嬬恋村など。
(3)　房総半島南部では，野菜や花の

栽培がさかんである。
(4) Zは千葉県を示す。

1 自然と首都・東京 P.100,101

1 (1) 関東平野 (2) 利根川
(3) 房総半島 (4) 関東山地

考え方 (1) 河川の流域が低地で，あとはほとんどが台地となっている。
(4) 荒川，多摩川，千曲川の源流となっている山地。

2 (1) ヒートアイランド (2) 関東ローム
(3) 政治 (4) 都心 (5) 新宿

考え方 (3) 東京は，日本の政治・経済・文化の中心であるが，国会議事堂などは政治の中心である。

3 (1) 関東ローム (2) 利根川
(3) からっ風

考え方 (2) 流域面積が日本一，長さは信濃川についで2位。
(3) からっ風は，上州(群馬県)の名物といわれている。

4 (1) 経済の中心 (2) 都心
(3) 副都心 (4) 昼間人口

考え方 (2) 東京の場合は東京駅周辺。
(3) 都心の役割の一部を受けもっている地域で，ターミナル駅を中心にして発達している。

2 東京大都市圏 P.102,103

1 ① 東京大都市圏 ② 放射状
③ 横浜 ④ 政令指定都市
⑤ 高齢化

考え方 ①② 騒音などの環境の悪化や地価の上昇などが原因で都心部の人口が減り，周辺部の人口が増加する現象が起こり，その分布の形から「ドーナツ化現象」と呼ばれたが，1990年代以降，都心部や臨海部の再開発が進み，超高層マンションなどが多数建設されたことで，都心の人口は再び増加してきている(都心回帰)。

2 (1) 山梨県 (2) 多摩
(3) 千葉県 (4) 研究学園都市
(5) みなとみらい 21

考え方 (2) 多摩市を中心につくられている。
(4) 都心から60kmほどの筑波山ろくにつくられている。

3 (1) 神奈川県 (2) 山梨県
(3) 高齢 (4) 筑波研究学園都市

考え方 (2) 山梨県を加えて首都圏という。
(3) 東京都の西部につくられた。大規模なニュータウン。

4 (1) 東京国際空港
(2) みなとみらい 21 (3) 千葉県

考え方 (1) 国内線が中心だったが，空港が拡張され，国際便も運行している。一般に「羽田空港」と呼ばれる。

3 京浜工業地帯 P.104,105

1 (1) 京浜工業地帯
(2) 京葉工業地域
(3) 鹿島臨海工業地域 (4) 横浜
(5) 東京

考え方 (3) 鹿島灘の砂丘地帯に，堀り込み式の人工港をつくった。
(4) 神奈川県の県庁所在地。

2 ① せんい　② 北関東
③ 機械　④ 太田

考え方 (1) 群馬県の桐生や伊勢崎，栃木県の足利などで，織物の生産がさかんであった。

3 (1) A 京浜工業地帯
B 京葉工業地域
C 鹿島臨海工業地域
(2) 横浜（港）
(3) 川崎市　(4) 印刷業
(5) A ア　B エ
（例）機械工業の割合が低く，化学工業の割合が高い。

考え方 (2) 東京につぐ，日本第二の都市でもある。

4 関東平野の農業と観光　P.106,107

1 (1) 畑　(2) 近郊農業
(3) 嬬恋村　(4) 花　(5) いちご

考え方 (3) キャベツを首都圏の市場に大量に出荷している。
(5) いちごは野菜である。

2 ① 日光　② 上信越高原
③ 富士箱根伊豆　④ 高速道路

考え方 ② 温泉やスキー場が多い。
④ 東名高速道路や関越自動車道，東北自動車道などを利用。

3 (1) ① 日光　② 富岡製糸場
③ 国立西洋
(2) 小笠原

考え方 (1) ③7か国にまたがる「ル・コルビュジエの建築作品―近代建築運動への顕著な貢献―」の構成資産の一つ。

4 (1) 近郊農業　(2) いちご
(3) 高原野菜（高冷地野菜）
(4) 花　(5) 富士箱根伊豆国立公園

考え方 (4) Cは房総半島の南部。沖合を黒潮が流れているので，冬でも温暖である。

まとめのドリル　P.108,109

1 (1) イ　(2) ア
(3) （例）通勤・通学のため東京に来る人口が多く，鉄道利用の人の割合が高いから。

考え方 (1) 利根川は河川の長さは日本で第2位，流域面積は日本で第1位。アは信濃川，ウが石狩川，エが北上川。
(2) ヒートアイランド現象は都市部の気温がまわりより高くなる現象のこと。
(3) 図を見ると，東京に通勤・通学する人が多いことがわかる。また，鉄道を利用する人の割合も高いことがわかる。

2 (1) 利根川　(2) 京浜工業地帯
(3) 砂丘を掘り込む。
(4) 京葉工業地域　(5) 工業団地

考え方 (2) 東京と横浜が中心となっている。
(3) 鹿島灘の砂丘地帯に，掘り込み式の人工港をつくった。
(4) 火力発電所がつくられ，鉄鋼と石油化学のコンビナートが形成されている。

9 東北地方

スタートドリル　P.112,113

1 (1) (下の図)

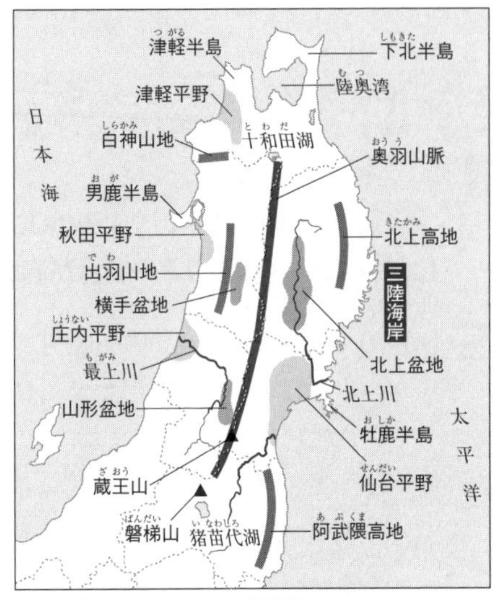

(2) **北上川**　(3) **白神山地**
(4) **リアス海岸**　(5) **男鹿半島**
(6) **仙台平野**

考え方 (3) 青森県と秋田県の県境付近にある。
(4) 山地が沈降し，谷間に水が入りこんでできた複雑な海岸地形。

2 (1) (下の図)

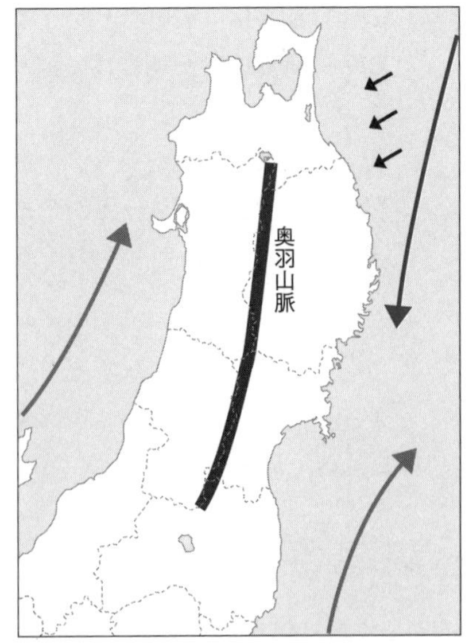

(2) **やませ**　(3) **対馬海流**
(4) **日本海側の気候**

考え方 (1) 北海道や東北地方の太平洋側の沖合いを南下する寒流で，三陸沖で暖流の黒潮とぶつかる。
(2) この風が吹くと夏でも気温が上がらず，冷害が起きやすい。

3 (1) ① **米**　② **X 青森**
Y 山形　**Z 岩手**
(2) (下の図)

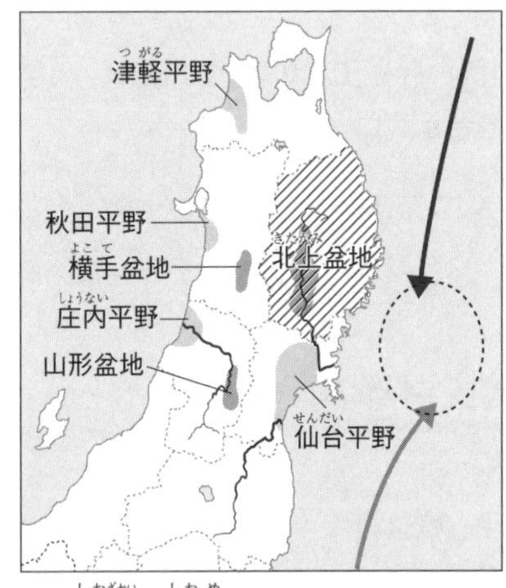

(3) **潮境 (潮目)**

考え方 (1) ①米だけを生産する水田単作地帯が多く見られる。
(3) プランクトンが多いので魚が多く集まり，好漁場となる。

4 (1) (下の図)

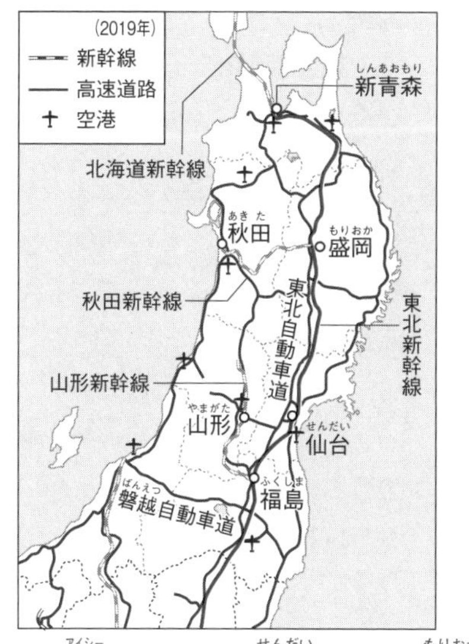

(2) IC (3) ① 仙台 ② 盛岡

考え方 (1) 2010年に八戸～新青森間が開業し，全線が開通した。

1 自然の様子 P.114,115

1 (1) 奥羽山脈 (2) 仙台平野
(3) 白神山地 (4) 三陸海岸
(5) 十和田湖

考え方 (2) 秋田平野は秋田県，庄内平野は山形県，仙台平野は宮城県にある。

2 (1) ㋑
(2) ① 親潮 ② 対馬海流

考え方 東北地方は，太平洋側を寒流の親潮が，日本海側を暖流の対馬海流が流れているので，同緯度でも夏の気温は日本海側の方が高くなる。

3 (1) 奥羽山脈
(2) 庄内平野，最上川
(3) リアス海岸 (4) 青函トンネル
(5) やませ (6) 冷害
(7) (例) 日本海側を暖流が，太平洋側を寒流が流れているから。

考え方 (2) 川は全長229kmもある大河だが，山形県のみを流れている。河口に酒田市がある。
(4) 1988年に営業が開始された，北海道と本州を結ぶ大動脈。

2 東北地方の農林水産業と文化 P.116,117

1 (1) 穀倉地帯 (2) 庄内平野
(3) 冷害 (4) ねぶた祭 (5) 潮境

考え方 (5) 三陸沖では，暖流の黒潮(日本海流)と寒流の親潮(千島海流)がぶつかる。

2 (1) 津軽平野 (2) りんご
(3) 山形盆地 (4) もも

考え方 (2) 青森県のりんごの生産量は，全国の約半分を占めている。
(3) 山形県のさくらんぼ(おうとう)の生産量は，全国の約7割を占めている。生産の中心は，山形盆地である。

3 (1) ㋐ 秋田平野 ㋑ 庄内平野
㋒ 仙台平野 (2) ㋓ りんご
㋔ さくらんぼ
(3) A ほたて B かき
(4) 水産加工業
(5) (例) 暖流と寒流が出合い，えさのプランクトンが多いため。

考え方 (2) ㋓は津軽平野，㋔は山形盆地。
(3) Aは陸奥湾，Bは松島湾。
(4) ともに水産業がさかんである。
(5) 暖流と寒流が出合うところは上昇流が起きやすく栄養がまざりやすいため，プランクトンが豊富である。

3 東北地方の工業と都市 P.118,119

1 (1) 津軽塗 (2) 南部鉄器
(3) 天童将棋駒 (4) 置賜紬
(5) 宮城伝統こけし

考え方 (2) 現在の岩手・秋田・青森の各県にまたがる地域は南部地方と呼ばれ，江戸時代には盛岡藩(南部藩)が置かれていた。また，北上川流域は，かつては砂鉄の産地であった。
(3) 天童市は山形県中部の都市。

2 (1) IC (2) 伝統的工芸品
(3) 仙台

考え方 (1) 九州地方の「シリコンアイランド」に対し，東北地方は「シリコンロード」と呼ばれることがある。

3 (1) 仙台藩（伊達藩）
(2) 地方中枢都市
(3) 政令指定都市

考え方 (1) 江戸時代初期に，伊達正宗が仙台城をつくった。
(3) 政令(内閣の命令)で指定される大都市。県並みの権限があたえられる。

4 (1) A 津軽塗 B 置賜紬
C 会津塗 (2) IC(工場)
(3) 東北新幹線
(4) 東北地方太平洋沖地震

考え方 (1) Aは弘前，Bは米沢，Cは会津若松である。
(2) 電子機器の部品工場

まとめのドリル P.120,121

1 (1) ① イ ② 奥羽山脈
(2) ① P ② (例) 寒流の親潮（千島海流）の上を通って吹いてくるから。
③ 冷害
(3) ① 東北新幹線 ② ねぶた祭
(4) さくらんぼ

考え方 (1) ①断面図の線が秋田県と岩手県を通っていることから考える。庄内平野は山形県の最上川下流に広がる平野である。
(2) ①やませは冷たい北東の風。
(3) ①2010年に八戸～新青森間が開通し，全線が開通した。②竿燈まつりは秋田市，七夕まつりは仙台市の祭りである。

2 (1) リアス海岸
(2) 最上川
(3) りんご
(4) 七夕まつり

考え方 (1) ㋐は三陸海岸の南部で，かつて山地であったところが海に沈んでできた地形。

10 北海道地方

スタートドリル P.124,125

1 (1) (下の図)

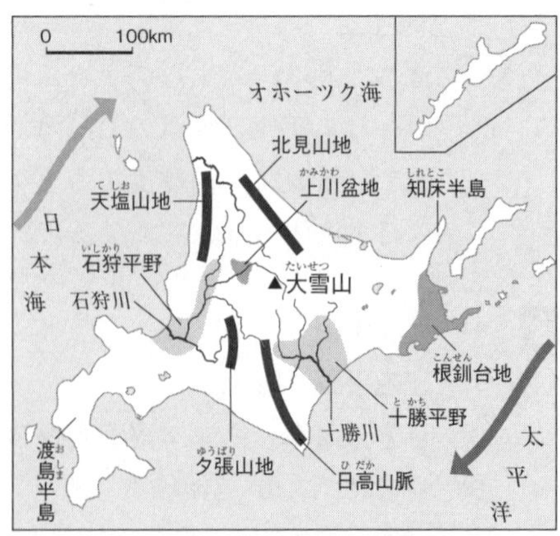

(2) 冷帯 (3) 親潮（千島海流）
(4) オホーツク海 (5) 知床半島

考え方 (2)　夏は高温となるが，冬は長く，寒さが厳しい。

(3)　北海道の南東部は，濃霧のために夏の気温が上がらないことが多い。

2 (1)　**アイヌの人々（アイヌ民族）**

(2)　**屯田兵**　　(3)　**札幌**

(4)　**（下の図）**

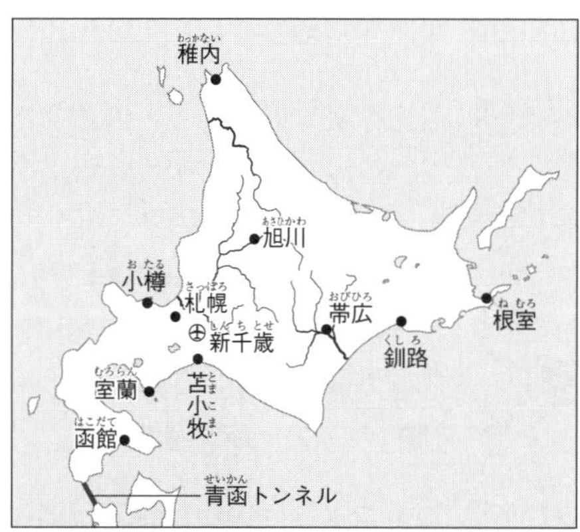

(5)　**新千歳空港**

考え方 (1)　明治政府により，日本人への同化政策が進められた。現在は，その独自の文化を守ろうとする動きがさかんになってきた。

3 (1)　**畑作中心**　　(2)　**（下の図）**

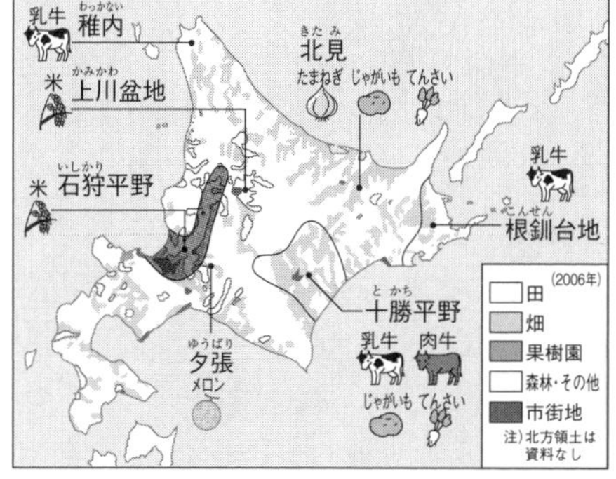

(3)　**客土**　　(4)　**根釧台地**

(5)　**十勝平野**　　(6)　**混合農業**

考え方 (2)　夏に高温となるため，稲作がさかんである。

(4)　第二次世界大戦後，開拓が進んだ。

(5)　じゃがいも，あずき，てんさいなどの栽培がさかんである。

4 (1)　**（下の図）**

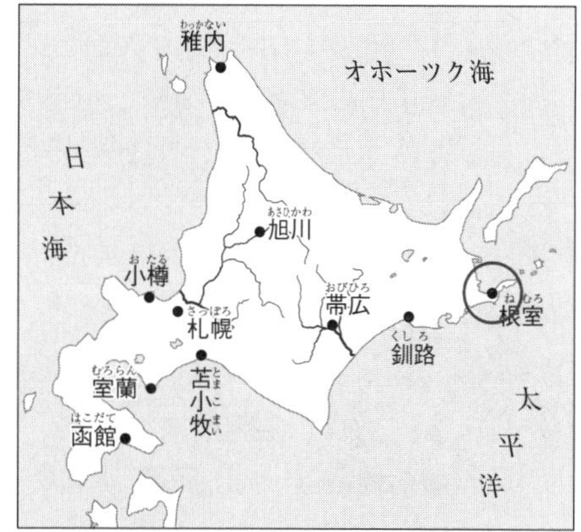

(2)　**栽培漁業**　　(3)　**食料品工業**

(4)　**観光業**

考え方 (1)　北洋漁業はオホーツク海や北太平洋などで行われる漁業であるが，多くがロシアなどの経済水域となったため，漁獲量は大きく制限されるようになった。

1 自然と交通

P.126,127

1 (1)　**石狩川**　　(2)　**日高山脈**

(3)　**青函トンネル**　　(4)　**札幌**

(5)　**夕張**

考え方 (2)　南部に，高くてけわしい山脈がある。

(4)　石狩川の河口近くにある。

2 (1)　**㋑**

(2)　**ウ**

考え方 (2) オホーツク海沿岸は，冬から春先まで流氷に閉ざされてしまう。

3 (1) アイヌの人々（アイヌ民族）
(2) 蝦夷地(えぞち) (3) 屯田兵(とんでんへい)
(4) 札幌(さっぽろ)，旭川(あさひかわ) (5) 札幌
(6) 濃霧(のうむ)（ガス），親潮（千島海流(ちしま)）
(7) 北方領土 (8) 新千歳空港(しんちとせ)

考え方 (4) 旭川は内陸の中心都市。
(8) 千歳空港は自衛隊と共用であったので，民間航空用に新しくつくられた。

2 北海道の農牧業 P.128,129

1 ① 25 ② 食料基地
③ 牧草地 ④ 火山灰地

考え方 ① 北海道の農家の一戸あたりの耕地面積は，全国平均の約10倍である。

2 (1) 石狩平野(いしかり)，上川盆地(かみかわぼんち)
(2) 十勝平野(とかち) (3) 根釧台地(こんせん)
(4) 石狩平野

考え方 (1) 上川盆地は内陸にあるため，夏は高温となる。

3 (1) 米（稲(いね)） (2) A 石狩平野
B 上川盆地 (3) （例）低温だから。
(4) 火山灰土

4 (1) 根釧台地 (2) 濃霧
(3) バター，チーズ

考え方 (1) 根室(ねむろ)と釧路(くしろ)の間にある台地。
(3) 他にヨーグルトなどもある。

3 北海道の産業 P.130,131

1 (1) 北洋漁業 (2) 200 海里
(3) 釧路 (4) さけ (5) ほたて

考え方 (1) ロシア連邦(れんぽう)やアメリカ合衆国の排他的(はいたてき)経済水域となったため，日本漁船の操業が大きく制限されることになった。
(4) 北海道の各地の川で，さけの人工ふ化が行われている。

2 (1) 食料品 (2) 鉄鋼
(3) 製紙・パルプ

考え方 (1) 札幌ではビール・乳製品，北見(きたみ)では砂糖，釧路では水産加工がさかん。
(2) 室蘭(むろらん)は重工業が発達している。

3 (1) 北洋漁業 (2) 200
(3) 釧路 (4) 栽培漁業(さいばい)

考え方 (1)(2) アメリカ合衆国の200海里内で漁をすることができなくなり，ロシア連邦の200海里内の漁も減らされている。

4 (1) エコツーリズム (2) 札幌
(3) 水産加工業

考え方 (2) 北海道庁が置かれている都市。

まとめのドリル P.132,133

1 (1) ① てんさい（ビート）
② 製紙・パルプ
(2) A い・札幌 B お・帯広(おびひろ)
C か・釧路 D え・苫小牧(とまこまい)
(3) 客土 (4) 屯田兵 (5) エ
(6) さけ・すけとうだら

考え方 (2) Aは北海道で唯一(ゆいいつ)人口百万人を超(こ)える政令指定都市。Bは十勝平野の中心都市。Cは1991年まで水あげ量が日本一の都市。Dは日本最初の掘(ほ)り込(こ)み港を建設。

(5) 生産された牛乳の多くは，地元で加工されている。

2 (1) アイヌの人々（アイヌ民族）
(2) 酪農(らくのう) (3) 有珠山(うすざん) (4) 炭鉱

考え方 (1) アイヌはアイヌ語で「人間」という意味。
(4) Cは石狩(いしかり)炭田を示している。ここは多くの炭鉱が閉山し，人口が減ってきている。

定期テスト対策問題 P.134,135

1 (1) 関東ローム (2) A・群馬県
(3) 自動車工業 (4) 高速道路
(5) （例）東京23区は人口の減少が続いていたが，2000年以降，再び増加している。埼玉・千葉・神奈川3県は人口の増加が続いている。

考え方 (2) 上越(じょうえつ)新幹線，関越自動車道，利根(とね)川上流をヒントとする。
(3) 工場が内陸にも分布している。石油化学工業や鉄鋼業は，原料の大部分を輸入しているので，海岸沿いに分布している。

2 (1) カルデラ湖 (2) ウ
(3) 遠洋漁業
(4) （例）空港や高速道路のインターチェンジの周辺。

考え方 (1) 噴火(ふんか)によって，火山の山頂付近が落ちこんでできたくぼ地(カルデラ)に水がたまってできた湖。

3 (1) 地方中枢(ちゅうすう)都市
(2) ほたて

考え方 (1) 九州地方の福岡，中国・四国地方の広島も同じ性格をもっている。

総合問題(1) P.136,137

1 (1) シラス台地 (2) 岐阜県
(3) ㋑ (4) （例）大消費地に短い時間で輸送
(5) イ・（例）昼間は通勤や通学で東京などへ人が移動していて，夜間人口に比べ昼間人口が少なくなると考えられるから。

考え方 (1) シラスは，九州南部に厚く積もった火山灰土。栄養分が少なく，水持ちが悪いため，水田には向かない。
(2) 合掌造(がっしょうづく)り集落は豪雪(ごうせつ)地域にある白川郷(しらかわごう)の特色ある建築。
(3) 雨温図Xは金沢(かなざわ)市，Yは高知市，Zは仙台(せんだい)市。Xのグラフは，冬の降水量(降雪量)が多く，日本海側の特色を示している。
(4) 関東地方では東京という大消費地が控(ひか)えており，生乳ばかりでなく，野菜も新鮮(しんせん)なうちに東京の市場に届けられる。
(5) さいたま市は首都東京に隣(とな)り合っているので，昼間は人が流出する。

2 (1) 名古屋（市） (2) エ
(3) イ

考え方 (1) 地図にある5県は，秋田県，愛知県，兵庫県，愛媛県，鹿児島県。この中で，説明文にある「大手自動車会社の本社」があり，南部で「電照(でんしょう)菊(ぎく)の栽培(さいばい)」がさかんなのは愛知県。
(2) フォッサマグナは，日本アルプスの東側に位置するので，Aは誤り。Bのフォッサマグナの西側の中国山地や紀伊(きい)山地は東西に，東側では奥羽(おうう)山脈をはじめとして，南北に山脈が連なっている。したがって，Bも誤り。
(3) 1位の県に着目して考えよう。

Pは秋田県が1位で4位が兵庫県，5位が愛知県。人口の多い県ほど順位が低いことに気づきたい。高齢化が進んでいる順と考えよう。Rの愛媛県は果実生産がさかんな県，Sは人口が多い県が上位にいることから考えよう。

総合問題(2) P.138,139

1 (1) 栃木県　(2) エ，オ

考え方 (1) 日光市は栃木県にある市。群馬県と茨城県にはさまれている。
(2) 日光駅から見て東照宮は，左上なので北西(**ア**)。A地点の少し東側に，662mの地点がある。A地点はそこより標高は高い(**イ**)。X地点からY地点までの間に，郵便局は２か所，病院は見られない(**ウ**)。日光駅から東照宮までは，およそ２kmなので，**カ**も誤り。

2 (1) やませ　(2) エコツーリズム
(3) (例)〔都市問題の解決に向けて,〕東京の中心部に集中する都市機能を各地に分散させようとしたため。
(4) 3

考え方 (3) 東京の一極化を軽減するために，周辺地域に機能を分散させるねらいで建設された施設。
(4) 各地方の特色を考えよう。米の生産額が最も多い**イ**は東北地方と推測できる。次に，畜産がどこよりもさかんな**ウ**は北海道と気づきたい。残る**ア**は中部地方となる。